FIDES

Jacques Michon

FIDES

La grande aventure éditoriale du père Paul-Aimé Martin

FIDES

Typographie et mise en pages: Folio Infographie
Maquette de la couverture: Gianni Caccia

Données de catalogage avant publication (Canada)
Michon, Jacques, 1945-
Fides: la grande aventure éditoriale du père Paul-Aimé Martin
Comprend des réf. bibliogr.
ISBN 2-7621-1951-0
1. Fides (Firme) - Histoire.
2. Martin, Paul-Aimé, 1917-.
3. Éditeurs - Québec (Province) Histoire
I. Titre
Z483.F5M52 070.5'09714'28 C98-940526-5

Dépôt légal: 2e trimestre 1998
Bibliothèque nationale du Québec

Les Éditions Fides remercient le ministère du Patrimoine canadien du soutien qui leur est accordé dans le cadre du Programme d'aide au développement de l'industrie de l'édition. Les Éditions Fides remercient également le Conseil des Arts du Canada et la Société de développement des entreprises culturelles du Québec (SODEC).

« Depuis quarante ans, Fides et le P. Martin sont à ce point identifiés l'un à l'autre qu'il semble impossible de parler de l'un sans parler de l'autre. »

MARCEL LALONDE, c.s.c., allocution prononcée à l'occasion de la réception organisée en l'honneur du départ du père Martin, le 26 juin 1978.

« Le travail de l'éditeur appartient avant tout au domaine de la pensée. Pour une part, c'est à lui qu'il revient de découvrir les besoins de son milieu et d'engager les auteurs à y répondre par des ouvrages appropriés. L'idéal pour lui est de grouper les écrivains désireux de se concerter ou dont les préoccupations sont communes. Ainsi, il donnera naissance à de grandes collections qui, en pratique, seront animées par ses soins. L'œuvre qu'il aura accomplie brillera par sa qualité et s'inscrira dans le patrimoine culturel d'une nation. »

Paul-Aimé MARTIN, propos cités par Clément Trudel « Un homme et son œuvre : P.-A. Martin, éditeur », dans *Antennes*, n° 18, 1980, p. 45.

Sigles et abréviations

Sigles

AAQ	Archives de l'archidiocèse de Québec
ACEF	Archives de la Corporation des Éditions Fides
APAM	Archives personnelles du père Paul-Aimé Martin, c.s.c.
CDU	Classification décimale universelle
CEF	Corporation des Éditions Fides
GRÉLQ	Groupe de recherche sur l'édition littéraire au Québec, Université de Sherbrooke
JEC	Jeunesse étudiante catholique
JOC	Jeunesse ouvrière catholique
PUL	Les Presses de l'Université Laval

Abréviations

c	copyright	n. d.	non disponible
chap.	chapitre	n°, n^{os}	numéro(s)
coll.	collection	nouv.	nouvelle
couv.	couverture	p.	page
dir.	direction	s. é.	sans éditeur
éd.	édition	t.	tome
et al.	*et alii*	trad.	traduction
f.	feuillet	vol.	volume

Référence abrégée

Dans les notes, le mot « Document » renvoie au manuscrit suivant : « Fides au fil des jours, 1937-1978. Notes sur ma vie, mes activités et les principales réalisations des Éditions Fides », rédigées par le père Paul-Aimé Martin à l'intention de Jacques Michon, documents n°s 1 à 28, 1993-1997, 700 p.

PRÉAMBULE

Dans le monde du livre au Québec, les Éditions Fides occupent une place à part. À la fois maison d'édition religieuse et entreprise commerciale, cette société fait le pont entre la longue tradition cléricale du Canada français et le renouveau intellectuel du Québec dans la seconde moitié du XXe siècle. Héritière des organisations de l'Action catholique mais aussi de l'édition professionnelle des années 1920 et 1930, Fides s'est distinguée des autres sociétés de publication à vocation religieuse en adoptant, dès sa fondation, les objectifs et les stratégies d'une maison littéraire et commerciale complète.

Le renouveau de l'Action catholique soutenu par le pape Pie XI favorisait, à la fin des années 1930, ce genre d'initiatives et d'actions fondées sur la collaboration de prêtres et de laïcs. L'Église cherchait alors à élargir son champ d'action et à toucher toutes les sphères de la vie civile et professionnelle. Cette orientation, largement discutée et diffusée par les catholiques progressistes, a été bien formulée par Jacques Maritain qui, entre les deux grands modèles politiques de l'heure, le fascisme et le communisme, proposait une troisième voie, celle de « l'humanisme intégral ».

La religion du refus, hostile à la modernité, avait fait son temps et devait être remplacée par une Église ouverte aux réalités du XXe siècle. Il était d'ailleurs urgent de passer à l'action, de récupérer les acquis de l'art, de la science et des nouvelles techniques de communication sociale afin de reconquérir une partie de la population qui avait déserté ses rangs. Cette conviction animait, entre autres, le mouvement de la Jeunesse étudiante catholique (JEC). Une nouvelle conception chrétienne du livre, de la littérature et de l'édition s'était progressivement imposée et devait marquer toutes les productions issues de sa direction. Pour les dirigeants d'action catholique, il s'agissait de créer un milieu favorable à la mobilisation en formant des équipes mixtes, composées de laïcs et de religieux, spécialisées dans plusieurs domaines et mues par une volonté commune de renouvellement.

Depuis la fin du XVIIIe siècle, le rôle de l'éditeur avait singulièrement évolué en Occident. Sous l'Ancien Régime, quand il s'agissait de répondre à la demande des pouvoirs politique et religieux, l'imprimeur et le libraire assumaient surtout des fonctions techniques et se concevaient comme des prestateurs de service. Avec le temps, l'autorité morale et intellectuelle de l'éditeur s'était affermie. Au XIXe siècle, l'autonomisation progressive de la profession, liée au développement de la sphère publique, a donné à l'éditeur un pouvoir important dans la sélection et le contrôle idéologique de la création. Ce médiateur professionnel est devenu un industriel, un homme d'affaires capable d'imposer ses propres orientations et un agent indispensable au lancement de nouvelles collections et à l'approvisionnement de publics toujours plus nombreux.

Avec l'essor du capitalisme commercial et de l'économie de marché, l'éditeur professionnel se voit attribuer la tâche d'établir les structures matérielles nécessaires à la diffusion des productions de l'esprit. À cet égard, il joue de plus en plus le rôle dévolu autrefois aux pouvoirs hiérarchiques. Il acquiert progressivement le monopole de la découverte et de la première publication. Il s'impose comme le principal médiateur de la communication écrite et comme l'agent le plus efficace dans la sélection des ouvrages, l'établissement des réputations littéraires et la diffusion des idées.

Pour mettre cette nouvelle réalité professionnelle au service de l'Action catholique spécialisée, il fallait des circonstances favorables et un terrain fertile. L'occasion se présenta au Scolasticat des Pères de Sainte-Croix, à Montréal en 1937, lorsqu'un jeune homme pénétré de l'esprit de la JEC et qui se destinait à la prêtrise conçut l'idée d'une revue de documentation et de bibliographie afin de venir en aide aux jeunes étudiants dont on venait de constater l'indigence en matière de lecture. Ainsi la revue *Mes Fiches* prit naissance avec la collaboration des religieux du Scolasticat et avec l'accord du supérieur de la maison qui était également l'aumônier de la JEC et l'oncle du jeune fondateur. Cette initiative était conforme aux objectifs du mouvement compatible avec la mission de la Congrégation de Sainte-Croix dont la principale mission était de nature éducative. Le jeune Paul-Aimé Martin, qui ne se sentait pas particulièrement doué pour l'enseignement — débouché naturel pour les prêtres de Sainte-Croix —, décida de consacrer toutes ses énergies à cette activité éditoriale qui connut rapidement une envergure inattendue.

On a souvent raconté les débuts modestes de Fides, entre autres à l'occasion d'anniversaires et de lancements. Ces narrations ont surtout servi les fins publicitaires de la maison. Compte tenu de ce que nous savons aujourd'hui et de la richesse des archives disponibles, il convient d'aller plus loin et de présenter le plus objectivement possible les conditions concrètes d'existence et de développement de cette Corporation qui, sous le mandat de son fondateur, devint la première maison d'édition du Canada français. L'histoire sociale et économique de l'entreprise permet de toucher à tous les secteurs vitaux du monde du livre, depuis la fabrication matérielle des publications jusqu'à leur diffusion commerciale et institutionnelle. En plus d'être une maison d'édition de littérature générale, Fides était, à une certaine époque, propriétaire d'une imprimerie, de plusieurs revues, d'un hebdomadaire, d'un important réseau de librairies et entretenait des relations professionnelles étroites avec les dirigeants de l'Action catholique, le milieu des bibliothèques et les institutions d'enseignement. Ces liens de collaboration assuraient à la maison d'édition une influence et un rôle de premier plan dans le contrôle idéologique et moral des publications disponibles sur le territoire.

Ainsi découvre-t-on au moins deux histoires de la maison d'édition : celle qui découle de l'administration générale de l'entreprise qui fixe les grandes orientations éditoriales et celle de la direction intellectuelle dont l'évolution est intimement liée à l'histoire des idées. Ces deux aspects retiendront particulièrement notre attention. Nous avons essayé de garder un équilibre entre les éléments qui concernent la réalité socio-économique de la maison et ceux qui relèvent plus directement des choix idéologiques et culturels de l'éditeur. À cette fin, nous avons fait alterner les chapitres consacrés à l'édition et aux collections avec les chapitres portant plus directement sur l'organisation de l'entreprise et sur ses stratégies commerciales. Six chapitres (2, 3, 6, 11, 12 et 13) sont donc consacrés au premier aspect et six autres (4, 5, 7, 8, 9 et 10) au second. L'évolution de la première réalité permet d'éclairer les fluctuations de la seconde et de comprendre en particulier pourquoi certaines collections ont été créées puis d'autres abandonnées et pourquoi plusieurs auteurs sont disparus du catalogue alors que certains s'y sont maintenus pendant plus de quarante ans. Dans le domaine de l'édition, en effet, l'analyse de la production doit être menée de front avec l'étude des conditions matérielles d'existence du livre. Celles-ci sont elles-mêmes indissociables des luttes idéologiques, des conflits sociaux et des fluctuations économiques qui souvent en découlent, comme nous le verrons en abordant notamment la question des effets du rapport Bouchard et de la Révolution tranquille sur les grandes orientations de l'entreprise.

Avant d'aborder toutes ces questions, il convient d'examiner, dans les deux premiers chapitres, la vie du fondateur lui-même et ses années de formation ainsi que les circonstances qui l'ont amené à choisir le métier d'éditeur. Tout au long de ce travail, on verra comment les positions du père Martin ont été intimement liées à celles de la maison qu'il a dirigée jusqu'en 1978. Quant aux événements qui ont amené son départ, ils feront l'objet du dernier chapitre.

Ce livre n'aurait pu voir le jour sans la généreuse collaboration du père Martin lui-même qui, au cours des quatre dernières années, a consacré une grande partie de son temps à nous expliquer oralement et par écrit le mode de fonctionnement des nombreux services de Fides. Le père Martin était aussi la personne indispensable pour nous guider dans le labyrinthe des Archives de la Corporation. Une vingtaine de rencontres ont donné lieu à la rédaction de vingt-huit documents relatant les événements qui ont marqué la vie personnelle et professionnelle du directeur général et l'évolution de la maison d'édition. Ces documents ont été abondamment utilisés ici et cités pour étayer et illustrer le récit de cette étonnante aventure éditoriale. À la lumière de ces informations, nous avons poursuivi parallèlement des recherches dans les archives des Éditions Fides. Arrivés au terme de ces travaux, le père Martin avait rédigé 700 pages de notes historiques et autobiographiques et, de notre côté, nous avions enregistré une cinquantaine d'heures d'entrevues et accumulé assez de renseignements pour présenter cette histoire générale et socio-culturelle d'une maison qui a joué un rôle prépondérant dans le monde du livre et de l'édition au Canada français au cours des quarante premières années de son existence et qui, au lendemain de son soixantième anniversaire, continue à occuper une place unique dans les domaines de la religion et des sciences humaines.

CHAPITRE I

LA NAISSANCE D'UNE VOCATION

LE 12 FÉVRIER 1917, en l'église de la paroisse de Saint-Laurent, les familles Martin et Deguire se réunissent pour porter sur les fonts baptismaux le premier enfant, né de la veille, de J.-Arthur Martin et de Laurida Deguire, mariés dans la même paroisse un an plus tôt. Les Martin et les Deguire sont deux anciennes familles canadiennes-françaises établies sur l'île de Montréal depuis l'époque de la Nouvelle-France. Les Martin sont surtout des brasseurs d'affaires ; chez eux, de père en fils, on est entrepreneur, comptable ou courtier. Les Deguire sont plutôt portés vers le service civil et la religion. En effet, l'histoire de cette famille est intimement liée au développement de la paroisse de Saint-Laurent placée sous la protection de la Congrégation de Sainte-Croix depuis le milieu du XIXe siècle. Le petit Paul-Aimé, baptisé au lendemain de sa naissance, grandira à l'ombre des institutions de Sainte-Croix et au confluent de ces deux grandes familles qui vont lui laisser en héritage des dispositions à la fois pour les affaires et pour l'action communautaire.

Le premier ancêtre paternel, Étienne-Pierre Martin, était venu de Pithiviers, en France, au XVIIIe siècle. Sa descendance s'était installée à Saint-Henri-des-Tanneries vers 1873, puis à Sainte-

Cunégonde en 1887. C'est là qu'Herménégilde Martin, son arrière-arrière-petit-fils et le grand-père de Paul-Aimé, s'établissait peu après son mariage pour devenir un prospère entrepreneur en construction. Sa fortune devait reposer en partie sur le développement des quartiers bourgeois de Montréal qui s'accentua à la fin du XIXe siècle alors qu'il fit bâtir des maisons familiales et des immeubles administratifs[1].

Son fils J.-Arthur, le père de Paul-Aimé, était lui aussi doué pour les affaires. Herménégilde l'avait inscrit, comme pensionnaire au Collège de Longueuil, dirigé par les Frères des Écoles chrétiennes pour qu'il y fasse des études commerciales. Aux environs

1. « Il a surtout construit des maisons, dont certaines devaient avoir une allure bourgeoise, écrit le père Martin, si l'on en juge par celle que l'on peut voir encore actuellement à Outremont, à l'angle nord-ouest du chemin de la Côte Sainte-Catherine et du chemin Rockland (maison construite en 1913) ; il a construit aussi de grands édifices comme l'Académie Richard, à Verdun, et l'hôtel de ville de Sainte-Cunégonde ; ce dernier édifice, érigé en 1904, existe toujours, même si la ville de Sainte-Cunégonde a été annexée à Montréal en 1905, en même temps que Saint-Henri. Avec le temps, il amasse une petite fortune et mène une vie aisée. Ainsi, en 1907, il fait construire dans le quartier Sainte-Cunégonde, au numéro 2372 de la rue Saint-Antoine, un vaste immeuble avec façade en pierre de taille comportant dix logements de sept pièces et un autre de douze pièces qu'il réserve pour sa famille. À l'arrière se trouvent de nombreuses dépendances utilisées pour l'entreprise de construction, une écurie pour les chevaux, un hangar pour les voitures, et plus tard un garage pour les automobiles qui lui appartiennent.

« En annonçant son décès, le 6 novembre 1934, ajoute le père Martin, un journal anglais de Montréal en parlait comme d'un "well-known contractor". *La Presse* donnait, le 9 novembre, un compte rendu de ses "imposantes funérailles" à l'église de la paroisse Sainte-Cunégonde. Funérailles imposantes en effet, car de nombreux membres du clergé avaient pris place dans le chœur de l'église ; en ce qui me concerne, pour la première fois de ma vie, j'assistais le célébrant à la messe comme sous-diacre. Dans la nef, se trouvaient, outre les enfants du défunt et leurs conjoints, de nombreux parents, amis et connaissances, parmi lesquels on remarquait particulièrement le maire de Montréal, M. Camilien Houde, et plusieurs échevins. » Document, n° 4, p. 1.

de 1910, à la fin des ses études, J.-Arthur assumait la fonction de comptable dans l'entreprise de son père. Puis, à partir de 1913 et au moment de la naissance de son premier fils, il avait commencé à exercer parallèlement le métier de courtier d'assurances. Avec les années, le domaine de l'assurance devait l'accaparer totalement[2]. Ne manquant aucune occasion de faire des affaires, J.-Arthur profitera de ses relations familiales pour décrocher des contrats ; ainsi il assurera les maisons construites par son père et, plus tard, il vendra des polices à un cercle étendu d'amis et de relations. Paul-Aimé gardera de son père et de son grand-père cet esprit d'initiative et ce sens des affaires.

La famille maternelle, elle, était profondément enracinée dans la vie communautaire de Saint-Laurent. Les Deguire y étaient installés depuis le début du XVIIIe siècle. François Guire était arrivé en Nouvelle-France en 1665, comme soldat du régiment de Carignan. Il avait épousé une « fille du Roy », Marie-Rose Colin, vers 1670 et s'était établi à Saint-Ours. Bientôt, il était désigné sous le nom de François Deguire dit Larose. L'un de ses petits-fils, Louis, s'était installé à Saint-Laurent en 1736. Au milieu du XIXe siècle, sa descendance s'épanouira à l'ombre des institutions de la Congrégation de Sainte-Croix.

François Deguire, l'arrière-arrière-petit-fils de Louis et le grand-père de Paul-Aimé, né en 1840, était un cultivateur prospère de la localité. Maire de la paroisse de 1890 à 1902, c'est sous son mandat que la ville de Saint-Laurent avait été fondée en 1893. Son fils, nommé également François, eut moins de chance que son père et mourut très jeune en 1898, à l'âge de 31 ans. Il laissa dans

2. « En 1923 ou 1924, il ouvre un bureau de courtier dans l'édifice de l'Union Saint-Joseph, rue Notre-Dame ouest, à Montréal ; en 1932, il s'installe au numéro 515 de la rue Atwater et crée un bureau d'assurances qui porte son nom. » Document, n° 2, p. 1. Peu de temps après sa mort, en 1940, le bureau a été enregistré sous le nom de J.-A. Martin et Fils ; en 1960, il a été incorporé et est connu depuis lors sous le nom de J.-A. Martin et Fils limitée.

le deuil sa femme Exilda Legault dit Deslauriers et trois enfants, Victor, Laurida et Émile. C'est dans la maison d'Exilda, veuve depuis dix-huit ans, que Laurida et son mari s'étaient installés en 1916 peu après leur mariage et où est né Paul-Aimé un an plus tard.

En 1920, lorsque le jeune couple quitte la maison d'Exilda pour Montréal dans le quartier Sainte-Cunégonde où J.-Arthur va s'établir pour ses affaires, la jeune famille compte deux autres enfants : Charles, né en 1918, et Cécile, née en 1919[3]. Mais Paul-Aimé, qui a alors à peine trois ans, ne suivra pas sa famille et demeurera chez sa grand-mère qui l'élèvera comme son propre fils. Paul-Aimé sera ainsi séparé très tôt de ses parents naturels qu'il ne reverra qu'à l'occasion des anniversaires, des fêtes et des rencontres familiales. Pendant ce temps, rue Saint-Antoine à Sainte-Cunégonde, dans un logement bâti par Herménégilde, la famille Martin grandira et s'enrichira de trois autres enfants : Marguerite, Laurence et Victor[4].

---

3. Charles-Arthur, connu sous le nom de Charles, né le 12 avril 1918, entre au bureau d'assurances de son père en 1933 après des études commerciales au Collège de Saint-Laurent. Il lui succède en 1940. Il prend sa retraite en 1985 tout en demeurant président du conseil d'administration de la compagnie J.-A. Martin et Fils limitée. Il a épousé Germaine Girard le 15 février 1941, et six enfants sont nés de cette union.

Cécile est née le 5 septembre 1919. Après avoir obtenu son B.A. en 1938 au collège Basile-Moreau à Saint-Laurent, elle fait partie du personnel de la revue *Mes Fiches*, puis de celui des Éditions Fides, jusqu'à son mariage, le 16 mai 1953, avec Armand Potvin, employé à la Société des postes, à Montréal. De cette union naissent trois enfants. De 1967 à 1985, elle suit son mari qui remplit les fonctions de « maître de poste » à Saint-Félix-de-Valois. À cette époque, de 1969 à 1979, elle est chef du Service de la bibliothèque de l'hôpital Saint-Charles à Joliette.

4. Marguerite, née le 2 janvier 1921, travaille comme secrétaire et demeure célibataire. On l'emploie quelque temps chez Fides à la fin des années 1940. Laurence meurt en 1923, dix sept mois après sa naissance, Victor, né le 30 mai 1923, entre aux Éditions Fides en 1944, après des études classiques au

Peu de temps après l'accouchement de Victor, Laurida, qui n'a que 27 ans, meurt des suites de la fièvre puerpérale. Elle est suivie par sa fille Laurence qui disparaît à son tour, à l'âge de dix-sept mois. La petite famille durement éprouvée doit être à nouveau divisée. Ainsi Cécile va rejoindre, chez sa grand-mère Exilda, son frère Paul-Aimé qui vient d'avoir six ans, tandis que les autres enfants sont pris en charge par des tantes du côté paternel : Charles et Victor vont habiter chez la tante Philomène (Mme Alphonse Bourdon) et Marguerite chez la tante Hortense (Mme Hector Legault).

C'est donc dans la maison de la grand-mère Exilda, bâtie vers 1901 et située au 10, rue de l'Église (autrefois rue Decelles), au coin de la rue Filiatrault, que se déroule l'enfance de Paul-Aimé jusqu'à son entrée au noviciat[5]. Dès lors, son avenir est scellé et va se préciser au contact des membres de la Congrégation de Sainte-Croix qui l'initient aux lettres et aux mystères de la foi. De 1922 à 1923, il fréquente le « cours préparatoire » à l'académie Saint-Alfred dirigée par les Sœurs de Sainte-Croix. En septembre 1923, il est inscrit à l'école Beaudet, dirigée par les Frères de Sainte-Croix, pour y terminer ses études primaires. Puis, en septembre 1928, après sa cinquième année, il fait son entrée au Collège de Saint-Laurent, dirigé par les pères de la même congrégation. Habituellement, l'entrée au cours classique se fait après la sixième année ; mais grâce à des cours privés de latin que lui donne durant

---

Collège de Saint-Laurent. Il y œuvre jusqu'à sa retraite, en 1983. Il a épousé Raymonde Simard le 8 mai 1948. De cette union sont nés huit enfants. Raymonde Simard-Martin travaille de nombreuses années aux Éditions Fides. Elle quitte la maison d'édition en 1979, et passe un temps aux Éditions Leméac, avant de fonder les Éditions du Méridien en 1982.

5. À l'ouest de la maison se trouve l'hôtel de ville de Saint-Laurent et la caserne des pompiers. Ces immeubles, avec la maison de la grand-mère Exilda, ont été démolis pour faire place à l'actuelle bibliothèque municipale de Saint-Laurent.

les vacances un ami de la famille, le père Joseph Fiset, c.s.c., il peut commencer plus tôt que prévu et même s'inscrire en « syntaxe spéciale », sans faire ses classes d'éléments latins. Le père Fiset est alors l'aumônier de la Maison Saint-Joseph à Montréal, dans le quartier Côte-des-Neiges. Paul-Aimé aime bien le rencontrer à son bureau rempli de beaux ouvrages et dont il ne ressort jamais sans un livre. La lecture est l'une des activités favorites de Paul-Aimé et de sa sœur Cécile :

> Lorsque nous étions très jeunes, dit le père Martin, grand-mère, qui avait fait ses études au couvent de Saint-Laurent, nous lisait des contes et des récits le soir, après souper ; par la suite, nous nous mîmes à dévorer les nombreux ouvrages qui se trouvaient à la maison et qui, pour la plupart, étaient des livres de prix mérités par notre mère et ses deux frères ; nous fréquentions aussi assidûment une bibliothèque située dans le couvent des Sœurs de Marie-Réparatrice, à Saint-Laurent[6].

Précoce et éveillé pour son âge, Paul-Aimé est donc admis directement en syntaxe à l'âge de onze ans. En 1930-31, il fait partie de la classe de versification du père Émile Legault, c.s.c., alors professeur de français, qui lui fait découvrir les beautés des œuvres du répertoire. Il y découvre aussi les qualités littéraires de la Bible.

> C'est pour moi une révélation, écrit-il. Je connaissais naturellement les Évangiles ; ils étaient même au programme des études ; et j'avais parcouru déjà bien souvent, dans mon missel, durant la messe, la traduction française des lectures bibliques qui se faisaient alors en latin. Mais je ne m'étais jamais rendu compte que certains textes de la Bible, surtout de l'Ancien Testament, pouvaient prendre place parmi les chefs-d'œuvre de la littérature universelle[7].

6. Document, n° 6, p. 2.
7. Document, n° 6, p. 3.

Il termine sa rhétorique (équivalent de la première année de cégep aujourd'hui) en 1933. Élève doué, parmi tous les candidats des collèges affiliés à l'Université de Montréal, il se classe au premier rang en grec et au septième rang pour la moyenne générale des notes.

Paul-Aimé lit beaucoup pour un jeune homme de son âge. Il parcourt les œuvres de Jules Verne et de Paul Féval et tous les livres de récompense qui lui tombent sous la main, entassés au fil des ans dans la maison de sa grand-mère Exilda. Il se souvient aujourd'hui d'avoir lu *La Colonisation de la Nouvelle-France* d'Émile Salone, *Les Anciens Canadiens* et les *Mémoires* de Philippe Aubert de Gaspé, *L'Appel de la race* de Lionel Groulx et *Pour la patrie* de Jules-Paul Tardivel, aussi l'*Histoire d'une âme* de sainte Thérèse de l'Enfant-Jésus et *L'Un des vôtres... le scolastique Paul-Émile Lavallée...* de Jean-Marie-Rodrigue Villeneuve[8].

Au cours de ses études de philosophie et de théologie, entre 1934 et 1940, Paul-Aimé est amené à lire *Humanisme intégral* et *Religion et culture* de Jacques Maritain, *La Teste bien faicte* de François Charmot, *La Vie intellectuelle* du père Sertillanges[9], *Perfection chrétienne et contemplation* de Réginald Garrigou-Lagrange, *Une âme d'élite: Gérard Raymond (1912-1932)* et le *Journal* de Gérard Raymond[10], *Menaud, maître-draveur* de Félix-Antoine Savard. Le père Martin se rappelle également d'avoir lu, à cette

8. « Dans une lettre datée du 29 septembre 1945, écrit le père Martin, je communiquais à l'auteur, devenu entre-temps cardinal, que Fides acceptait de rééditer *L'Un des vôtres...*, ouvrage, disais-je, "que j'ai lu et relu à un moment où il pouvait contribuer puissamment à l'orientation de ma vie". » Document, n° 7, p. 1.

9. « Ouvrage que j'ai lu, relu et résumé, écrit le père Martin. Je possède encore l'exemplaire que j'utilisais alors et qui est annoté de la première page à la dernière. » Document, n° 7, p. 1.

10. Il publiera une brève recension de cet ouvrage dans *Mes Fiches*, n° 12, 15 octobre 1937, couv. p. 3, sous le pseudonyme de J.-H. Langoumois.

époque, *Le Renouveau catholique dans la littérature* de Jean Calvet et *L'Europe tragique* de Gonzague de Reynold.

Paul-Aimé se mêle peu aux activités sportives. Il aime mieux collaborer à la rédaction du *Laurentien*, revue de l'Association laurentienne qui regroupe les élèves du collège demeurant à Saint-Laurent durant l'été. L'Association organise des activités pour les jeunes, des soirées de cinéma et des excursions. La revue, imprimée par l'Imprimerie populaire, donne des informations sur la vie collégiale. Paul-Aimé y signe quelques articles. À l'époque, le père Émile Legault est déjà très actif dans le domaine du théâtre et mobilise ses élèves en leur faisant jouer les pièces du répertoire. Sa mise en scène d'*Athalie* de Jean Racine, en mai 1933, impressionne beaucoup le jeune collégien.

Durant ses études classiques, Paul-Aimé sera marqué par l'enseignement du père Roméo Boileau, c.s.c., son professeur de rhétorique en 1932-1933, qui a été formé aux cours d'été en bibliothéconomie de l'Université McGill, la première université canadienne à donner des cours en français dans ce domaine. Le père Boileau communique à ses élèves non seulement le goût de la lecture, mais il leur montre aussi comment prendre des notes et les classer. Paul-Aimé Martin est ainsi initié aux principes de la classification décimale universelle. Il a alors seize ans, le temps est venu de songer à son avenir et de penser à sa vocation.

À l'époque, à peu près chaque famille de Saint-Laurent avait son prêtre[11]. La famille Deguire, elle, en comptait deux. Les deux fils d'Exilda, Victor et Émile, les oncles de Paul-Aimé, étaient entrés dans les ordres au début du siècle. Le second, Émile, eut une influence déterminante sur son entourage. Sa personnalité exubérante, son enthousiasme et sa ferveur devaient servir de modèle et ouvrir la voie à son neveu qui songea tout naturellement

---

11. « Le père Émile Deguire, c.s.c, soixante ans de sacerdoce », *L'Oratoire*, vol. 70, n° 2, mars-avril 1981, p. 11.

et très tôt, lui aussi, à devenir un prêtre de Sainte-Croix. Le père Deguire, né en 1896 (qui mourra en 1992 à l'âge de 95 ans), était entré en communauté en 1915, après s'être occupé du *Laurentien* durant ses études classiques. Professeur de 1920 à 1923, il avait été nommé à l'Oratoire à l'âge de 26 ans pour y diriger les *Annales de Saint-Joseph.*

Depuis leur arrivée et leur installation à Saint-Laurent, en 1847, les œuvres de la Congrégation de Sainte-Croix n'avaient jamais cessé de croître. La paroisse, le collège, le couvent et les écoles primaire et secondaire étaient dirigés par des prêtres, des frères et des religieuses de la communauté. Au tournant du siècle, un modeste frère, Alfred Bessette, portier au collège Notre-Dame, connu sous le nom de frère André, avait bouleversé la vie de la congrégation et lui avait donné un rayonnement inattendu et spectaculaire qui avait débouché sur une aventure à la fois spirituelle et matérielle inusitée pour les héritiers de Basile Moreau, traditionnellement voués à l'enseignement et à la formation de la jeunesse.

Le père Deguire, ordonné prêtre en 1920, fut entraîné dans ce tourbillon et devint un témoin privilégié et ébloui de cet événement considérable qui avait grandi au rythme des guérisons miraculeuses, des déplacements de foule et des visions surnaturelles du frère André. Il était entré au service de la cause de Saint-Joseph dès les premières années de son sacerdoce avec la direction des *Annales* qui, sous sa gouverne, devaient connaître un essor considérable. Menant l'affaire de main de maître durant neuf ans, il lui imprima un nouveau dynamisme. Alors que l'on croyait l'avenir des *Annales* menacé par le décès de leur ardent propagandiste, Joseph Malenfant, celles-ci devaient atteindre au contraire des sommets sans cesse inégalés : les abonnements passèrent de 7000 à plus de 100 000 exemplaires en quelques années.

> Quiètement, sans se donner l'air d'y toucher, écrit le père Émile Legault, le père Deguire, bien appuyé de collaborateurs, va jongler avec les chiffres du tirage. Quand il quitte après neuf ans de

manœuvre entre deux séances au confessional ou au bureau de direction, les presses libèrent chaque mois 130 000 exemplaires des *Annales.* Et ce chiffre est assuré de se maintenir, grâce à une organisation solidement établie de zélateurs et de zélatrices, maintenus en haleine par des contacts fréquents sur le plan apostolique[12].

Chaque dimanche, le père Deguire se retrouve chez sa mère, Exilda, où son neveu et sa nièce, Paul-Aimé et Cécile, l'écoutent avec admiration raconter sa semaine. « Il nous parlait de son activité pastorale, dit le père Martin, des entretiens qu'il avait avec le frère André et surtout de la revue dont il s'efforçait d'améliorer le contenu et la présentation et d'augmenter le nombre d'abonnés[13]. » Dans une allocution prononcée à l'Oratoire Saint-Joseph en 1980 à l'occasion du 60e anniversaire de sacerdoce de son oncle, le père Martin évoquera encore l'influence déterminante de l'oncle Émile sur sa propre destinée :

> Pour ma part, déclare-t-il, je ne puis passer sous silence tout ce que j'ai reçu du P. Deguire. Durant mon enfance, il venait à la maison tous les dimanches soirs. Il était à ce moment-là directeur des *Annales de Saint-Joseph* et avait l'insigne privilège de vivre à l'Oratoire en compagnie du frère André. L'influence du père Deguire fut, certes, très grande sur le collégien que j'étais et plus tard son exemple m'a indiqué la route à l'âge où un adolescent s'oriente dans la vie. Par la suite, j'ai toujours pu compter sur son appui et sa collaboration. Sans lui, beaucoup des initiatives que j'ai prises se seraient avérées impossibles[14].

Dans une maison sans père de famille, l'oncle Deguire apporte une présence et un modèle masculin qui va déterminer en partie la vocation du jeune homme. Ainsi, après ses études classiques, il

12. Émile Legault, « Notre aumônier », *JEC*, octobre 1936, p. 3.

13. Document, nº 5, p. 1.

14. Paul-Aimé Martin, « Allocution prononcé à l'Oratoire Saint-Joseph, le dimanche 5 octobre 1980... », *L'Oratoire*, vol. 70, nº 2, mars-avril 1981, p. 5.

entre, le 2 août 1933, au noviciat de la Congrégation de Sainte-Croix, à Sainte-Geneviève. C'est son père qui le conduit en voiture, en compagnie de sa grand-mère, de son frère Charles et de sa sœur Cécile. Il prend l'habit le 15 août. Un an plus tard, le 16 août 1934, il prononce ses vœux temporaires et poursuit ses études de philosophie de 1934 à 1936. Il habite alors avec les autres étudiants scolastiques au Séminaire Moreau situé sur le campus du Collège de Saint-Laurent où il suit ses cours. En juin 1936, il obtient son baccalauréat ès arts de l'Université de Montréal, avec la mention « grande distinction ».

Entre-temps, son père a fondé une nouvelle famille en se remariant avec Imelda Saint-Aubin, le 27 août 1932. Trois enfants naissent de la nouvelle union : Pauline (1933), Jacqueline (1934) et Jacques (1939)[15]. La famille, jusque-là dispersée, peut être enfin réunie ; Charles, Marguerite et Victor, qui vivaient hors du foyer depuis la mort de leur mère, réintègrent la maison paternelle[16].

Au moment où Paul-Aimé fait son entrée au Scolasticat de Sainte-Croix en 1936, le père Deguire en est le supérieur depuis quatre ans. De 1900 à 1930, les scolastiques de Sainte-Croix devaient faire leurs études au Grand Séminaire de Québec. À partir de 1931, grâce à une entente avec les Messieurs de Saint-Sulpice qui va durer jusqu'en 1941 et avant que les autorités de Sainte-Croix ne créent leur propre Scolasticat à Sainte-Geneviève

---

15. « Pauline, née le 21 juin 1933 ; elle a épousé Jacques Berthiaume, pharmarcien, le 7 septembre 1957 ; de cette union sont nés deux enfants, dont un est mort en bas âge ; elle occupa un poste de cadre dans la compagnie J.-A. Martin et Fils limitée ; Jacqueline, née le 2 novembre 1934 ; elle a épousé Ernest Roy-Hobbs le 3 mai 1958 ; elle a fait carrière avec son mari dans le domaine de l'assurance, ils ont eu deux enfants ; Jacques, né le 28 septembre 1939, a épousé Claire Chalifoux le 20 mai 1967 ; de leur union sont nés deux enfants. Économiste de formation, Jacques a fondé un bureau de conseillers en gestion. » Document, n° 2, p. 2.

16. J.-Arthur Martin mourra du cancer en 1940, à l'âge de 49 ans.

de Pierrefonds, les Pères de Sainte-Croix reçoivent leur formation au Grand Séminaire de Montréal et les scolastiques sont logés temporairement dans un immeuble situé rue Atwater. C'est là que l'idée de *Mes Fiches* prendra forme et connaîtra ses premiers succès.

Le Scolasticat est alors un véritable bouillon de culture, grâce en particulier à la direction du père Deguire qui y a installé le secrétariat de la JEC dont il est l'aumônier depuis 1935. Un voyage d'initiation en Europe auprès des mouvements spécialisés de l'Action catholique l'avait mis en contact avec les JEC belge et française. Il en était revenu établi en conviction[17].

À l'époque, Benoît Baril est président de l'organisme et le père Émile Legault est responsable de la rédaction de *JEC*, journal jéciste mensuel. Dès son entrée au Scolasticat, Paul-Aimé est invité à participer au comité de rédaction. Il est amené à écrire quelques articles. Le Scolasticat est alors en pleine effervescence. Le père Deguire, qui a des relations dans les milieux de l'Action catholique, fait venir régulièrement des conférenciers pour initier les scolastiques à l'esprit du mouvement. C'est l'occasion de rencontres stimulantes qui éveillent les futurs pères aux questions sociales. Le père Martin se souvient, entre autres, d'une rencontre avec le père Henri Roy, l'aumônier fondateur de la Jeunesse ouvrière catholique (JOC).

Le Scolasticat est doté d'une bibliothèque qui reçoit plusieurs publications et de nombreuses revues catholiques qui vont contribuer à la formation des étudiants comme *La Revue des jeunes*, *Sept*, *La Documentation catholique*, *La Relève*, *La Nouvelle Revue théologique*, *La Vie intellectuelle*, *La Revue de l'Université Laval* et *La Revue trimestrielle canadienne*. Pour profiter au maximun de leurs études, les jeunes scolastiques font des fiches de lecture qui sont polycopiées et distribuées à tous les pensionnaires. De là naît, chez le père Martin, l'idée d'élargir cette activité pour en faire

17. Legault, « Notre aumônier », p. 3.

profiter tous les membres de la JEC. En effet, une enquête interne de l'organisme vient d'identifier un problème de lecture chez les jeunes[18]. Le moment semble donc bien choisi pour mettre en œuvre une telle opération. Pour réaliser le projet, il faut encore des arguments économiques et la permission des autorités. Or l'occasion se présente un jour de janvier 1937, alors que le père Deguire prononce une conférence au cours de laquelle il évoque, devant les scolastiques, les problèmes financiers de l'établissement. Paul-Aimé saisit la balle au bond et expose son projet de publication au supérieur.

> Je me disais, explique-t-il, que la revue, si elle avait du succès, pourrait rapporter des revenus à la maison, sous forme d'une petite rétribution pour le travail effectué par les scolastiques. [...] J'hésitais à exposer mon projet au père Deguire. Il ne faut pas oublier que je n'ai pas encore vingt ans et que je ne suis qu'au début de mes études théologiques. [...] Sans doute plus intéressé par l'avantage escompté pour les jeunes que par la perspective assez aléatoire d'un revenu pour le Scolasticat, le père Deguire me donne l'autorisation de mettre mon projet à exécution[19].

---

18. Les résultats de cette enquête ne seront pas publiés. Le journal *JEC* se contente de mentionner l'enquête dans son numéro de mars 1937, p. 8-9. Le père Martin nous dit que l'enquête aurait montré que les jeunes lisaient peu, n'importe comment et n'importe quoi. Une action s'imposait : développer un goût pour la lecture et surtout pour des lectures structurées. Dans l'Église, l'ère de la censure répressive était révolue. Aux interdits du passé, on opposait une action positive et une action concertée avec les laïcs. Il s'agissait moins d'interdire les mauvaises lectures que de donner au lecteur les outils nécessaires pour le prémunir contre les influences néfastes. Il s'agissait d'orienter le jeune lecteur vers des œuvres de qualité, de haut niveau intellectuel, recommandables, et dans tous les domaines du savoir. Les interdits devaient être remplacés par une invitation à une lecture chrétienne des textes et des œuvres. Aux lectures hétérodoxes d'ouvrages devenus incontournables, on opposait une lecture adaptée et compétente.

19. Document, n° 8, p. 1-2.

Dès le numéro de janvier du journal de la JEC, le père Martin publie une initiation au système de fiches avec un exposé sur la méthode et le plan détaillé qui sera bientôt celui de la publication[20]. Les deux premiers numéros de la revue sont préparés avec la collaboration du père Émile Doublard et de plusieurs autres confrères habitués à la rédaction de fiches. Le père Roméo Boileau, qui avait initié ses élèves au principe de la classification, se joint bientôt au groupe. Entre-temps, le père Deguire parle de la revue aux dirigeants de la JEC qui acceptent d'en assurer le lancement.

Ainsi le premier numéro de *Mes Fiches* est lancé en mars 1937[21]. Une publicité, parue en février, donne une description détaillée du format et des objectifs de la revue :

> Dès le premier mars, la JEC éditera une revue d'un genre unique au Canada : 16 fiches sous couverture (format 5½ x 8½) papier glacé donnant la synthèse avec références des meilleurs articles parus depuis peu dans les revues européennes et canadiennnes. Parfois aussi une fiche bibliographique [...] pour aider au travail scolaire. Chaque fiche, isolée, avec double référence : système alphabétique et système décimal. *Mes Fiches* paraissant deux fois le mois (les mois de vacances exceptés), il sera possible de se constituer à brève échéance une documentation de première valeur et de se tenir à la page, au point de vue littéraire, social, intellectuel, religieux, artistique. *Mes Fiches* se vendront à l'unité (5 sous) ou par abonnement (1,00 $ par

---

20. Paul-Aimé MARTIN, « Garde-toi de lire intelligemment... », *JEC*, janvier 1937, p. 3.

21. La formule des *Cahiers d'action religieuse et sociale*, revue dirigée par le père Sauvage, s.j., est retenue. À la différence de celle-ci qui fait paraître des articles en unités détachables, avec un code de classification qui lui est propre, la revue *Mes Fiches* ne publie pas d'articles, mais des résumés de livres et d'articles auxquels sont attribués des cotes de la classification décimale universelle.

année). Dès maintenant, on s'inscrit au Secrétariat de la JEC, 3530 Atwater, Montréal[22].

Pour assurer la réussite du lancement, le père Martin sollicite l'appui des autorités religieuses, des dirigeants de l'Action catholique et d'éditeurs européens connus[23]. En avril, la revue publie les témoignages enthousiastes du père Sauvage, s.j., des *Cahiers d'action religieuse et sociale* et du père Alphonse de Parvillez, s.j., de la revue *Études*[24]. Ces lettres d'encouragement sont reproduites dans les publicités. Ne reculant devant rien, Paul-Aimé Martin écrit même au cardinal Villeneuve pour obtenir son soutien :

> Éminence, il est des libertés très irrévérencieuses, telle celle d'un jeune directeur de revue, venant vous informer de ses activités et d'un projet de propagande qui l'occupe fort. Née il y a quelques mois, en mars dernier, de l'idée de fournir à nos jeunes une documentation abondante et variée, et surtout de leur inspirer une méthode de travail et le goût des lectures, la revue *Mes Fiches* atteint chaque quinzaine quelque huit mille lecteurs. Toutefois, beaucoup d'étudiants ignorent encore ou son existence, ou le profit qu'ils peuvent en tirer. De plus, l'accueil fait à la revue par le clergé et les milieux intellectuels nous invite à la présenter sans crainte au grand public. Aussi avons-nous résolu d'intensifier la propagande, et à cette fin, de recueillir les témoignages de personnages autorisés. Or, nous sommes d'une prétention peu banale, et nous n'avons cru rien de mieux que de recourir, en tout premier lieu, au premier Prélat de l'Église, en terre canadienne. Les jeunes ont parfois de ces audaces. Mais à tout bien considérer, ils ne sont peut-être pas les plus coupables ; et vous devez avouer, Éminence, que vous avez favorisé un peu leur démarche. De vous avoir vu si souvent préoccupé des jeunes, de leurs initiatives, allant jusqu'à rehausser de l'éclat de votre

22. « *Mes Fiches*, une réalisation de la JEC au service de toute la masse étudiante », *JEC*, février 1937, p. 16.

23. *JEC*, mars 1937, p. 8-9.

24. *JEC*, avril 1937, p. 16.

pourpre leurs manifestations, cela nous a donné beaucoup d'amour et beaucoup de confiance en celui qui, à l'exemple du pape des jeunes, s'est fait le cardinal des jeunes[25].

La réponse du cardinal ne se fait pas attendre. Elle est aussitôt reproduite dans *JEC* avec un article du père Albert Montplaisir, c.s.c., qui parle du « tout jeune homme qui a conçu l'idée de l'œuvre et qui s'est associé des aides [qui] se sont proposé d'être utiles à des jeunes comme eux, en les faisant bénéficier de la documentation qu'ils recueillent au cours de leurs travaux[26] » ; la lettre du cardinal et son texte d'accompagnement sont repris dans *Le Devoir.* Avec pareil appui et une telle publicité, la rédaction peut espérer les meilleurs succès non seulement auprès des dirigeants de l'enseignement secondaire mais aussi du grand public.

La revue *Mes Fiches* fait alors partie des nombreuses publications de l'Action catholique et en particulier de celles de la JEC. À côté du journal qui s'adresse à la masse des étudiants et de la série de bulletins réservés aux dirigeants (chefs d'équipe, responsables régionaux et nationaux) et aux éducateurs (*Cahiers d'action catholique*), le périodique créé par le père Martin se présente

---

25. Lettre de Paul-Aimé Martin à Son Éminence le cardinal J.-M.-R. Villeneuve, o.m.i., 24 novembre 1937, AAQ.

26. Albert MONTPLAISIR, « *Mes Fiches* », *JEC*, janvier-février 1938, p. 13-15, reproduit dans *Le Devoir* du 29 janvier 1938 sous le titre « Une œuvre de jeune pour les jeunes ». La réponse du cardinal Villeneuve se lit comme suit : « Québec, le 30 novembre 1937 / Mon cher Père, / Je reçois depuis le début, je crois, grâce à un abonnement d'honneur, votre périodique, *Les Fiches* [*sic*]. Il m'a frappé dès l'abord par son opportunité. En effet, pour nos jeunes qui veulent s'instruire par des travaux personnels, *Mes Fiches* peuvent leur servir de bibliothèque, puisqu'elles leur résument avec autant de clarté que de commodité les études parues dans les livres ou revues courants. Avouerai-je que j'ai moi-même trouvé profit à garder *Mes Fiches* que d'autres ont voulu aussi m'emprunter. J'encourage donc votre initiative et j'en bénis le bel apostolat doctrinal. Bien vôtre en Notre-Seigneur et Marie Immaculée. / J. M. Rodrigue Villeneuve / Arch. de Québec », APAM.

comme un service documentaire d'appoint[27] dont la direction ne relève pas directement de la JEC, mais en poursuit les mêmes objectifs d'éducation et d'encadrement.

Cette action intellectuelle intéresse et passionne le jeune scolastique qui y consacre toutes ses énergies. La voie semble dorénavant toute tracée. S'ouvre devant lui une carrière inattendue qui sera vouée à la formation des lecteurs. Le jeune homme qui ne manifestait pas de dispositions particulières pour l'enseignement, mais qui avait eu sous les yeux l'exemple de son oncle à la direction des *Annales*, trouvera là un défi à sa mesure et le sens d'une vocation qui, à la faveur des circonstances, sera finalement entièrement destinée à la propagation du bon livre et de la bonne lecture.

27. Voir Gérard Pelletier, « Rapport de la JEC au conseil général de l'ACJC (12 octobre 1940) », *Cahiers d'action catholique*, n° 2, novembre 1940, p. 47-52.

CHAPITRE II

MES FICHES

Les premières années de *Mes Fiches* ont été vouées à la mise en place d'un système de documentation et d'une organisation des lectures qui visaient à satisfaire les besoins du milieu étudiant. La direction n'épargna aucun effort pour faciliter l'accessibilité de son système et produire des outils adaptés à ses objectifs. L'aménagement d'un bureau de production et la collaboration de la JEC devaient assurer une diffusion du périodique à l'échelle du Canada français.

Publiée deux fois par mois, chaque livraison contenait un jeu de seize fiches comprenant les références complètes et les synthèses d'articles ou de chapitres de livre choisis pour leur valeur exemplaire. Chaque fiche offrait un résumé sous forme de schéma. La publication sur des feuilles volantes invitait le lecteur à classer les fiches selon ses besoins. Une cote décimale, le sujet de la fiche et le nom de l'auteur, imprimés en tête de chaque fiche constituaient autant d'éléments pour un classement utile. Le numéro et la date de livraison imprimés sur chaque fiche, avec la pagination et le numéro de fiche, rendaient aussi le système réversible et permettaient au lecteur de choisir l'ordre qui lui convenait, décimal, alphabétique ou chronologique. Ainsi le professeur et l'étudiant[1] étaient-ils interpellés en lecteurs organisés, invités à gérer leurs lectures en fonction de leurs besoins.

Pour faciliter ce travail, l'éditeur fournissait un soutien matériel et offrait des produits d'appoint, comme des boîtes pour ranger les fiches, des chemises de classement, des « cahiers à anneaux » et des reliures prêtes à utiliser. La revue publiait des index et des « Tables des matières » destinés à aider la consultation, voire à secourir le lecteur négligent qui n'aurait pas pris la peine d'ordonner ses fiches. Les index permettaient de retracer rapidement un article consacré à un sujet particulier. Ils contribuaient également à résoudre le problème des fiches relevant de plusieurs sujets. Tous ces outils complémentaires visaient donc à soutenir l'effort de classement et à faciliter l'exploitation de toutes les ressources documentaires de la revue. Les numéros épuisés furent en plus réédités pour répondre à la demande croissante des lecteurs nouveaux soucieux de compléter leur collection.

Dès les premiers numéros de *Mes Fiches*, on reconnaît l'esprit des campagnes de la JEC pour amener les étudiants à prendre leur destinée en main et « à travailler plus activement à leur propre éducation[2] ». La collection se donne un rôle de formation. Le lecteur est invité, une fois initié au système décimal, à rédiger ses propres synthèses et à leur attribuer des cotes. La revue sert ainsi d'initiation à la classification décimale. Une fois la méthode acquise, l'étudiant peut l'exploiter selon ses besoins. D'ailleurs dès

1. Selon la rédaction, la revue est d'abord destinée à deux catégories de lecteurs, les professionnels de la formation, prêtres, professeurs, bibliothécaires, et les personnes en formation, élèves et étudiants. Aux premiers, on donne des outils pour faciliter leur travail de formation et d'information ; aux seconds, on offre des modèles de lecture et des connaissances de base dans tous les domaines. Voir *Mes Fiches*, n° 101, 5 mars 1942, p. 1.

2. Gabriel Clément, *Histoire de l'Action catholique au Canada français*. Commission d'étude sur les laïcs et l'Église, deuxième annexe au rapport, Montréal, Fides, 1972, p. 210.

le début, pour venir en aide à ses lecteurs actifs, l'éditeur publie un guide d'initiation aux principes de la CDU[3]. Les lecteurs sont donc conviés à participer à leur propre formation et à choisir leurs lectures en fonction de leurs centres d'intérêt. Pour les aider encore dans leurs choix ou leurs acquisitions, la revue fait paraître, sur les pages de couverture de chaque livraison et dans des numéros spéciaux, des bibliographies sélectives et de brefs comptes rendus d'ouvrages récents.

Ce système est à la fois ouvert et sécurisant pour le lecteur. Il lui offre le sentiment de pouvoir contrôler à tout moment le contenu de ses lectures et le laisse relativement libre de s'orienter lui-même. La souplesse de la formule est sans doute à l'origine du succès de la revue. En plus de faire appel à l'esprit d'initiative et à la participation de l'étudiant, qui est perçu non plus comme un être passif mais comme un sujet actif, la collection initie ce dernier à un rituel classificatoire et à un système à plusieurs entrées qui semble pouvoir s'adapter à tous les besoins et à toutes les situations. L'éditeur prend également la peine d'insérer cette pratique dans l'espace familier du lecteur en élaborant dans sa publicité de petits scénarios pour montrer comment l'usage des fiches peut s'adapter aux activités quotidiennes[4].

3. Mes Fiches, *comment les classifier ?*, Montréal, Éd. de la JEC, 1937, 32 p.

4. « *Aux élèves* spécialement, *Mes Fiches* serviront encore de modèle pour la rédaction de notes personnelles, [...] pour éclairer une leçon du professeur ou charpenter un discours. *Aux prêtres*, elles apporteront de nombreux résumés d'articles solides sur les sciences religieuses et sociales, [...] résumés qui de par leur disposition schématique ont déjà fourni à plus d'un le plan d'une conférence ou d'un sermon. *Aux éducateurs*, [...] la revue fournira de nombreux aperçus sur la matière qu'ils enseignent, que ce soit la philosophie ou les sciences naturelles, les beaux-arts ou la littérature, l'histoire du Canada ou l'histoire générale. *Aux professionnels*, en plus de suggérer le plan de quelques discours qu'ils devront improviser, *Mes Fiches* présenteront une foule d'idées qu'il faut se remémorer sans cesse si l'on veut demeurer quelqu'un à qui rien

Classification et présentation schématique des matières[5], adaptées aux besoins d'une consultation rapide, publication destinée à une clientèle étudiante, formule souple et système ouvert sur l'ensemble des connaissances, alliance stratégique et fructueuse avec la JEC dont elle remplit l'un des objectifs de formation, voilà autant d'éléments qui vont contribuer au succès de la revue, qui paraîtra pendant tout près de trente ans, de 1937 à 1965, et donnera bientôt naissance à une maison d'édition.

Premières publications

L'organisation des lectures et les stratégies qui l'accompagnent dans *Mes Fiches* sont parfaitement rodées dès la première année. L'essor est rapide, le succès immédiat. Le premier numéro qui paraît le 1er mars 1937, tiré à 2000 exemplaires, doit être réimprimé presque aussitôt à 8000 exemplaires. Dès lors, la revue sera publiée à 10 000 exemplaires et ce niveau sera maintenu pendant plusieurs années, avec parfois des pointes de 20 000 exemplaires pour satisfaire la demande de certains numéros spéciaux. La JEC, qui participe au lancement, fait connaître la revue dans sa publicité et la distribue dans son réseau. Ainsi est-elle introduite dans les collèges et les écoles. Un agent de la JEC dans chaque institution s'occupe des abonnements et de la vente au détail. En 1942, la JEC compte douze fédérations qui regroupent 315 sections locales[6]. Si l'on divise le tirage mensuel de *Mes Fiches* (soit 10 000 copies) par le nombre de sections, on obtient une moyenne

---

de vraiment humain n'est étranger. » *Mes Fiches,* n° 50, 15 septembre 1939, couv. p. 2.

5. Voir « l'appareil sévère et la nudité du schéma » célébrés et appliqués dans *Mes Fiches,* n° 56, 15 décembre 1939, couv. p. 2.

6. Voir *Mes Fiches,* nos 107-108, 20 juin 1942, p. 44.

de 32 exemplaires pour chacune, c'est-à-dire le nombre de copies nécessaires pour répondre aux besoins d'une classe.

Le succès de l'entreprise dépasse toutes les prévisions. La direction est rapidement débordée. Un personnel de soutien doit être embauché. Dès avril 1937, un mois après la sortie du numéro initial, un premier employé rémunéré est engagé : Paul Poirier, un jeune laïc qui travaille dans le cabinet de notaire de son oncle, devient le responsable de l'administration et du secrétariat. Une entente, signée le 10 juillet 1937, entre le bureau de rédaction de *Mes Fiches* et le secrétariat général de la JEC, représenté par son président Benoît Baril, établit les modalités de la collaboration entre les deux entités. Il est stipulé que la rédaction gardera son entière autonomie vis-à-vis de la JEC qui agira uniquement à titre de client et de distributeur. Le bureau dirigé par le père Martin, conservera la propriété entière de la publication, il en assumera la responsabilité et se chargera des frais d'impression. La JEC, quant à elle, fixera, avant impression, le nombre d'exemplaires dont elle aura besoin et les achètera au prix uniforme de trois sous et quart la copie. La JEC s'occupera de l'administration des abonnements et de la distribution de tous les exemplaires[7].

La revue était intégrée dans le réseau des autres publications du mouvement, c'est-à-dire le journal *JEC*, les *Cahiers d'action catholique* et les différents bulletins de liaison de l'organisation (*Conquérants*, *Contact*, *Pour servir*) qui constituaient autant de relais promotionnels pour *Mes Fiches*[8]. Cette intégration explique en partie

7. « Entente entre le Secrétariat général de la JEC et le bureau de rédaction de *Mes Fiches* », signée par Paul-Aimé Martin, rédacteur en chef, et Benoît Baril, président, le 10 juillet 1937, APAM.

8. *JEC* est un journal mensuel pour toute la jeunesse étudiante, *Conquérants* est publié tous les deux mois pour les militants et les militantes, *Contact* est destiné aux membres des comités généraux et diocésains, *Pour servir* est une publication à l'usage des dirigeants locaux, *Cahiers d'action catholique* est une revue mensuelle pour les aumôniers de la JEC et pour les éducateurs.

la progression des tirages et la pénétration rapide de la revue dans les collèges et dans les milieux de l'Action catholique.

En 1938, pour libérer Paul-Aimé Martin des tâches de direction qui deviennent de plus en plus lourdes et qui risquent de compromettre la poursuite de ses études, on décide de lui adjoindre une assistante. C'est ainsi que sa sœur Cécile, qui vient de terminer ses études de baccalauréat ès arts chez les religieuses de Sainte-Croix à Saint-Laurent, est engagée comme secrétaire à la rédaction. Elle occupera ce poste jusqu'à son mariage en 1953. Pour accommoder les deux employés de *Mes Fiches*, des bureaux doivent être aménagés dans le Scolasticat. Paul Poirier est installé dans un coin du parloir, alors que Cécile est confinée dans une partie des cuisines où se trouve le personnel féminin de la maison. Ainsi se met en place une structure à la tête de laquelle le directeur va affirmer son leadership et démontrer ses qualités d'éditeur et de gestionnaire.

Même s'il a à peine vingt ans, le scolastique Martin a de l'autorité et bénéficie de la confiance de ses supérieurs. Il a aussi de l'ambition et l'esprit d'initiative, peut-être même un peu trop. Ainsi son ardeur éditoriale doit-elle être parfois freinée, comme on peut le constater dans une anecdote rapportée par le principal intéressé. En effet, lors du décès du frère André, Paul-Aimé Martin est mobilisé, comme tous ses confrères, pour veiller la dépouille exposée en chapelle ardente à l'Oratoire. Il voit défiler une foule considérable de fidèles qu'il perçoit déjà comme une clientèle potentielle. C'est alors qu'il « songe à publier d'urgence un tract sur la vie du frère André et à le mettre en vente à l'Oratoire Saint-Joseph. Mais les autorités de l'Oratoire, dit-il, ne me permettent pas de réaliser mon projet ; elles craignent d'être taxées de mercantilisme[9]. »

Voir à ce sujet Les Cahiers, « Le journal *JEC* », *Cahiers d'action catholique*, n° 2, novembre 1940, p. 39.

9. Document, n° 8, p. 1.

À défaut de voir ce projet réalisé, le jeune Martin pourra se féliciter du succès de l'œuvre accomplie un an plus tard. La revue a alors pris un tel essor que le secrétariat de la JEC est obligé, afin de répondre à la demande, de délaisser quelque peu les choses du mouvement pour se consacrer à *Mes Fiches*. En mai 1938, le moment semble venu de constituer une organisation autonome. Un accord verbal est conclu en vertu duquel l'administration et la propagande de la revue reviennent au bureau de rédaction, c'est-à-dire sous la direction du père Martin. Il est entendu toutefois que la JEC et *Mes Fiches* poursuivront leur collaboration ; pour des motifs liés surtout à sa clientèle et à son image de marque, la revue doit continuer d'apparaître comme un service et une réalisation de la JEC. Mais à partir de cette époque, même si le nom de la JEC figure toujours dans la revue, celle-ci est devenue, dans les faits, une entreprise complètement indépendante.

C'est ainsi qu'une petite maison d'édition devait prendre forme. Aux yeux des jeunes scolastiques qui n'avaient pas de quoi se payer un billet de tramway en février 1937, la réussite était éclatante. Les recettes étaient devenues d'ailleurs tellement importantes qu'elles avaient permis la création de deux emplois permanents, et cela en pleine période de crise économique. *Mes Fiches* avaient donné l'impulsion à un mouvement qui allait être à l'origine d'une maison de plus grande envergure. Au départ, la revue se fixait trois objectifs : la promotion auprès des jeunes d'une discipline rigoureuse de lecture, la transmission de connaissances de base dans tous les domaines du savoir et la création d'outils intellectuels adaptés. Le succès de la formule, sanctionnée par la JEC et de nombreux abonnés qui la soutiendront durant plusieurs décennies, viendra conforter la vision du fondateur qui ne ménagera pas ses efforts pour élargir son champ d'activité et multiplier les initiatives dans la promotion du livre et de la lecture, en participant, entre autres, à la fondation de l'École de bibliothécaires de l'Université de Montréal et en poursuivant sa formation en bibliothéconomie et en théologie. Cette double spécialisation devait d'ailleurs être à l'origine du premier livre publié par la jeune entreprise. En 1938, le père Martin fait paraître en effet *Religion, théologie, droit canonique*, préfacé par Aegidius Fauteux qui le sacre « grand apôtre de la classification ». L'ouvrage de 118 pages constitue un instrument de travail pour la classification de la classe 2 et de la division 348 de la classification décimale. À la même époque, deux brochures, *Sa Sainteté Pie XI. Essai de bibliographie méthodique*[10] et *Un programme de lecture : bibliographie méthodique des principaux volumes et périodiques mentionnés dans* Mes Fiches[11], sont également publiées à l'enseigne de la maison.

Entre-temps, le 13 février 1938, le père Martin prononce ses vœux perpétuels de pauvreté, de chasteté et d'obéissance au cours d'une cérémonie dans la chapelle du Collège de Saint-Laurent. Par après, il est ordonné sous-diacre, le 18 juin 1939, puis diacre, le 24 septembre, par Mgr Alphonse-Emmanuel Deschamps. Enfin, il est ordonné prêtre, le 17 février 1940, par Mgr Arsène Turquetil, à la cathédrale de Montréal. Le père Martin vient d'avoir vingt-trois ans. Normalement, un candidat devait attendre l'âge de vingt-quatre ans avant d'être ordonné prêtre. Mais, à titre exceptionnel, il avait obtenu un indult, c'est-à-dire une permission spéciale du Saint-Siège pour pouvoir être ordonné avant l'âge légal. Le lendemain de l'ordination, il célèbre sa première messe et, pour souligner l'événement, un banquet est organisé pour les parents et amis dans la salle académique de l'école Beaudet. Malgré cette étape importante, la formation religieuse du père Martin n'est pas encore teminée, elle se prolongera jusqu'au début des années 1940.

10. Sous la dir. de Paul-Aimé Martin, Montréal, *Mes Fiches*, 1939, 24 p.
11. Montréal, *Mes Fiches*, 1939, 16 p.

Fin des études supérieures en théologie

En mai 1940, trois mois après son ordination, le père Martin obtient une licence en théologie. Il se souvient aujourd'hui de quelques-uns des professeurs et condisciples qu'il a connus au Grand Séminaire de Montréal.

> Je garde un très bon souvenir de ces quatre années [1936-1940], écrit-il. Les professeurs, presque tous des sulpiciens, n'étaient peut-être pas toujours des pédagogues éminents, mais ils étaient compétents. Ils avaient fait des études supérieures pour se préparer à leur enseignement. Ils faisaient montre d'une stricte orthodoxie, mais aussi d'une grande ouverture d'esprit. Je garde un souvenir particulier de deux de ces professeurs : M. Irénée Sauvé, p.s.s., et M. l'abbé Valérien Bélanger.
>
> M. Sauvé était professeur de théologie dogmatique ; il m'a enseigné en deuxième année. Mais j'en garde un souvenir particulier parce qu'il s'intéressait beaucoup à la classification décimale. Il avait acheté mon ouvrage dès sa parution [*Religion, théologie, droit canonique*], à l'automne 1938, et il aimait me rencontrer pour me soumettre des problèmes. En 1939, il devint d'ailleurs directeur de la bibliothèque du Grand Séminaire, et il joua par la suite un rôle important dans les associations de bibliothécaires.
>
> M. l'abbé Valérien Bélanger enseignait le droit canonique. C'était un des meilleurs professeurs du Grand Séminaire. Mais je me souviens particulièrement de lui, parce qu'il appréciait énormément *Mes Fiches* et qu'il me faisait à l'occasion des suggestions fort opportunes. Plus tard il suivit avec grand intérêt les initiatives de Fides et il accepta, en 1946, de faire partie du comité consultatif de *Lectures*. En 1956, il devint évêque auxiliaire à Montréal.
>
> Parmi mes condisciples du Grand Séminaire, plusieurs ont joué par la suite un rôle très important dans leurs diocèses. Mais il en est un qui est connu sur un plan mondial ; il s'agit d'Édouard Gagnon, p.s.s., ordonné, en 1969, évêque de Saint-Paul, en Alberta, et promu cardinal, en 1985. Il était alors déjà en activité à Rome depuis de nombreuses années. Il a été longtemps président du Conseil

pontifical pour la famille et fait encore partie de diverses congrégations romaines. Il n'en a pas moins gardé beaucoup de simplicité, et il est toujours heureux de recevoir ses condisciples lors de ses fréquents passages à Montréal[12].

Après avoir été ordonné prêtre, le père Martin est appelé à exercer son ministère à l'Oratoire Saint-Joseph dirigé par son oncle, Émile Deguire. Mais il est convenu qu'il poursuivra ses études pour l'obtention d'un doctorat en théologie durant l'année 1940-1941, tout en demeurant responsable de *Mes Fiches* et en participant à l'activité pastorale des religieux de l'Oratoire. Il s'inscrit donc au programme conduisant au grade de docteur qui l'oblige à suivre quatre cours par semaine, donnés en fin d'après-midi à la Faculté de théologie de l'Université de Montréal qui se trouve alors dans les locaux du Grand Séminaire. Il passe avec succès les examens et choisit son sujet de thèse, « Humanisme intégral et renoncement chrétien ». Il commence même à rédiger sa thèse dans les mois qui suivent. Mais ses activités d'éditeur viennent bientôt interférer avec ses études et l'empêchent d'y consacrer le temps voulu.

En août 1940, le père Martin doit s'occuper du déménagement de la rédaction et de l'administration de *Mes Fiches* qui

12. Document, n° 8, p. 5. Quelques mois avant son ordination, il participe à un grand congrès de l'Action catholique aux États-Unis, du 27 août au 9 septembre 1939 : « Je me rends à Washington puis à New York, raconte-t-il, en compagnie de MM. les abbés Aimé Labrie et Georges-Léon Pelletier, de l'Université Laval, du père Germain-Marie Lalande, c.s.c., alors aumônier adjoint de la JEC, et de Gérard Pelletier. Nous voyageons dans la voiture de M. l'abbé Pelletier. Ce congrès m'a apporté une ouverture extraordinaire sur les États-Unis et sur le monde, notamment dans le domaine religieux et dans le domaine social. Il a laissé une impression d'autant plus profonde sur moi comme sur tous les participants qu'il a coïncidé avec le début de la guerre. » Document, n° 8, p. 4. Sur ce congrès, voir Pierre Savard, « *Pax Romana*, 1935-1962 : une fenêtre étudiante sur le monde », *Les Cahiers des Dix*, n° 47, 1992, p. 279-323.

quittent le Scolasticat de Sainte-Croix pour s'installer dans un appartement de sept pièces au rez-de-chaussée d'une maison de la rue Saint-Hubert, portant le numéro civique 4286. La revue apporte également son concours à la JEC pour la fabrication de ses propres éditions. En plus de la direction de *Mes Fiches*, le père Martin doit aussi collaborer à la mise sur pied des *Cahiers d'action catholique*, la revue mensuelle de la JEC au service des éducateurs. Lancés en octobre 1940, les *Cahiers* ont le même format que *Mes Fiches*; chaque article est imprimé sur un feuillet que l'on peut ranger d'après la cote de la classification décimale. Le père Martin agit comme secrétaire de rédaction jusqu'au mois de juin 1941. Il y publie plusieurs articles sur la spiritualité signés de son pseudonyme J.-H. Langoumois[13].

Toutes ces occupations empêchent le père Martin de poursuivre ses études et de participer, comme prévu, à l'activité pastorale des religieux de l'Oratoire. En décembre, quelques mois à peine après y avoir été appelé, il quitte donc l'Oratoire pour un ministère moins lourd et plus proche de ses activités quotidiennes. Il est nommé chapelain de la Maison Saint-Joseph, résidence des frères qui travaillent à l'imprimerie du même nom. Il se rapproche ainsi du monde de l'imprimé auquel il consacrera toute sa vie. La maison qu'il habite est voisine de l'imprimerie qu'il doit fréquenter régulièrement. À cette époque, presque toutes les publications de *Mes Fiches* sortent des presses de ces ateliers. Il renonce définitivement à son projet de thèse en 1945. En fait, les événements

13. « L'un d'eux, intitulé "Messes du matin et messes du soir" (publié en janvier 1941), déplaît au cardinal J.-M.-Rodrigue Villeneuve, parce qu'il évoque la possibilité que des messes soient célébrées le soir, même en dehors de situations exceptionnelles résultant de la guerre. Le cardinal exprime son mécontentement au père Germain-Marie Lalande, c.s.c., aumônier adjoint de la JEC. Ce dernier, dans une lettre datée du 4 mars 1941, doit présenter des explications au cardinal, et convenir avec lui qu'il y a beaucoup de problèmes plus urgents à régler. » Document, n° 9, p. 1-2.

avaient pris une tournure imprévue. La déclaration de la guerre et l'essor éditorial qui en découlait obligeaient le directeur de *Mes Fiches* à consacrer la plus grande partie de ses énergies à de nouveaux projets d'édition.

CHAPITRE III

HUMANISME INTÉGRAL ET CULTURE DU LIVRE

L'ÉVÉNEMENT EXCEPTIONNEL de la Deuxième Guerre mondiale a constitué une occasion unique de développement pour l'édition au Québec. Afin de répondre aux besoins de l'enseignement et de la librairie canadienne-française et en vertu d'un arrêté du gouvernement fédéral, les éditeurs sont autorisés à rééditer les ouvrages français qui ne peuvent plus être importés au Canada. Ainsi, dès l'automne de 1940, quelques mois après l'occupation de la France par les troupes allemandes, les grandes maisons déjà en place, la Librairie Beauchemin et Granger Frères, en profitent pour rééditer les œuvres les plus en demande. De nouvelles sociétés sont aussi créées, comme les Éditions Bernard Valiquette, les Éditions de l'Arbre et les Éditions Variétés, qui rééditent les ouvrages les plus connus de l'entre-deux-guerres et publient des nouveautés suscitées en partie par l'actualité et les événements en cours. La direction de *Mes Fiches* va emboîter le pas et tracer, elle aussi, un programme éditorial qui comprendra, pour l'année 1941, des tracts et des rééditions d'ouvrages de l'Action catholique de France qui étaient déjà diffusés au Québec avant la guerre. En constituant son catalogue, la direction ne tarde pas non plus à concevoir d'autres projets qui vont bientôt transformer l'entreprise en maison d'édition de littérature générale.

Avant même que le nom de Fides ne fasse son apparition et devienne le symbole d'une maison d'édition, le projet éditorial est mis en place. Quelques livres et brochures avaient déjà été publiés sous le nom de « Mes Fiches », et le programme essentiellement tourné vers la formation des lecteurs était bien établi. Au cours des années, la revue n'avait pas cessé d'élargir son mandat. À l'automne de 1940, l'œuvre d'édition avait pris de l'ampleur. Le père Martin et ses principaux collaborateurs, sa sœur Cécile et Paul Poirier, s'efforçaient de faire connaître à un public sans cesse grandissant la revue et ses publications annexes. Ils songeaient en particulier à lancer des tracts et de nouveaux volumes. C'est alors qu'est apparue l'idée de doter le service de publication d'une raison sociale distincte.

> Après bien des hésitations, écrit le père Martin, nous renonçons à conserver le nom de « Mes Fiches » pour l'ensemble de notre œuvre d'édition, quoique ce nom fût très connu à l'époque dans notre milieu, et nous nous mettons d'accord sur le nom que je propose, celui des Éditions Fides. Cependant, étant donné les relations étroites avec la JEC, c'est au cours d'une réunion groupant les pères Émile Deguire, c.s.c., aumônier de la JEC, Germain-Marie Lalande, c.s.c., aumônier adjoint, M. Gérard Pelletier, président du mouvement, et moi-même, que la décision officielle est prise. Cette réunion s'est tenue dans un petit restaurant situé au numéro 259 du Carré Saint-Louis, restaurant que fréquentait assidûment le personnel de la JEC. Pourquoi ce nom d'Éditions Fides ? J'ai certainement été influencé dans mon choix par le nom des Éditions Spes, maison française qui était très connue au Canada. De plus ce nom de Fides nous paraissait convenir tout à fait à une œuvre comme la nôtre, à cause de sa connotation religieuse évidemment, mais aussi sans

doute parce que, étant un mot latin, il était de nature à faciliter un développement sur le plan national et aussi à l'étranger[1].

Le premier titre publié sous le nom des Éditions Fides sort des ateliers de l'Imprimerie Saint-Joseph le 23 janvier 1941. Il s'agit du premier tract de la série « Face au mariage », intitulé *Mon fiancé*, qui sera suivi de vingt-trois autres numéros qui paraîtront en 1941 et 1942[2]. Ils sont tous rédigés par le père Gérard Petit, c.s.c., à l'exception du 13e, intitulé *La Mode*, et connaissent un succès phénoménal. À la fin de l'année 1943, près de 500 000 exemplaires ont été diffusés. En 1962, le tirage total des tracts aura dépassé le million d'exemplaires.

Dans un budget prévisionnel qui remonte vraisemblablement à novembre 1940 et où l'on voit figurer le nom des Éditions Fides pour la première fois, on constate que la publication de tracts devait occuper une grande place dans la production de l'année. Le fait que le budget ne comporte que des montants peu élevés pour l'édition de volumes incite à penser que la direction n'entrevoyait pas l'essor que devait connaître la maison en quelques mois. Bien que Fides soit présenté, à l'instar de *Mes Fiches*, comme un « service d'édition de la JEC[3] », ce document indique clairement

1. Document, n° 9, p. 2. Le logo des Éditions Fides fut dessiné par le père Elphège Brassard, c.s.c., qui était alors directeur de la revue *L'Oratoire*. C'est lui aussi qui, en 1937, avait créé la maquette de *Mes Fiches*. Le nom des Éditions Fides apparaît publiquement pour la première fois dans *Mes Fiches*, n° 79, 1er février 1941, couv. p. 2. Les objectifs de la maison d'édition sont présentés aux lecteurs dans le numéro suivant.

2. « La parution de *Mon fiancé* avait été fixée au 23 janvier, écrit le père Martin, parce que ce jour-là on célébrait dans l'Église catholique la fête des fiançailles de Marie et de Joseph. Le dimanche suivant, 26 janvier, Mgr Joseph Charbonneau présidait, à l'Oratoire Saint-Joseph, une cérémonie de bénédiction solennelle des fiançailles chrétiennes, et le nouveau tract était mis à la disposition des fiancés. » Document, n° 9, p. 3.

3. Même si les numéros de *Mes Fiches* du 15 février et du 1er mars 1941 mentionnent encore le rôle joué par la JEC dans la création de Fides, il faut

aussi que l'entreprise est une entité distincte des Éditions de la JEC. En fait, à l'époque, les deux services de publication se soutenaient mutuellement et partageaient les mêmes locaux, mais relevaient de deux administrations différentes.

Dès 1941, les Éditions Fides lancent une quarantaine d'ouvrages dans plusieurs domaines et s'affichent clairement comme un éditeur de littérature générale. En plus des tracts de « Face au mariage », la nouvelle maison réimprime un grand nombre d'ouvrages français issus de l'Action catholique et destinés à la jeunesse (*Adolescent qui es-tu?* de Robert Claude, s.j.), aux étudiantes (*Méditations jécistes, édition féminine* de Jean Le Presbytre), aux ouvriers (huit titres du chanoine P. Glorieux sont réédités en 1941 et 1942) et aux militants de l'Action catholique (*Pour réaliser l'Action catholique* de Fernand Lelotte, s.j., et *Dans le champ du Père* de l'abbé Joannès Mazioux). Ces rééditions constituent plus de 40% des livres publiés par l'éditeur au cours de sa première année d'activité[4].

Au chapitre des nouveautés, Fides lance deux collections destinées au grand public, « Mon Pays », une série de quatre albums illustrés dont deux sont consacrés au Saguenay et deux à l'Oratoire Saint-Joseph, et « Connaissez-vous ? », une collection comprenant deux tracts consacrés aux chefs politiques de l'heure, Roosevelt et Hitler, écrits par le père Gérard Petit et publiés sous le pseudonyme de Gérard Chevalier. Un tract pour les soldats

« les interpréter à la lumière de l'accord signé entre la JEC et Fides le 13 janvier 1943 », écrit le père Martin (Document, n° 9, p. 4). Dans cet accord la JEC reconnaît que les Éditions Fides sont entièrement autonomes et qu'elle n'est aucunement intéressée dans son actif ou dans son passif « sinon à titre de clients ou de fournisseurs réguliers », « Déclaration de la Jeunesse étudiante catholique inc. au sujet de la Corporation des Éditions Fides », 13 janvier 1943, p. 1, APAM.

4. Les tracts de la collection « Face au mariage » ne sont pas compris dans ce calcul.

(*La Vraie Victoire* du père J.-Gérard Leblanc, c.s.c.), un livre pour enfants de Claude Genès (pseudonyme du frère Roland Goyette, c.s.c.), une *Initiation à la géologie* et quelques livres consacrés à l'œuvre du frère André constituent les autres ouvrages du catalogue de 1941. La diversité des sujets abordés, dès la première année, indique bien la volonté chez l'éditeur de toucher tous les publics.

La situation évolue si rapidement qu'il faut bientôt songer à consolider l'entreprise. De 1940 à 1942, le chiffre d'affaires augmente de 148 % (voir l'Annexe A). À peine logé sous le même toit que la JEC, au 430 de la rue Sherbrooke Est, l'éditeur doit aussitôt déménager. Il loue, dès 1942, un immeuble rue Saint-Denis. Plusieurs nouveaux membres se joignent à l'équipe : le père André Cordeau, c.s.c., devient en avril 1941 le directeur littéraire de la maison, et le frère Placide Vermandere, c.s.c., est nommé en juillet responsable des éditions anglaises et des traductions. En deux ans, de 1940 à 1942, le nombre d'employés passe de 6 à 17 personnes (voir l'Annexe D).

La croissance rapide de la maison oblige les dirigeants à mieux définir le statut juridique de l'entreprise. Un projet circule. Le Comité diocésain de l'Action catholique, présidé par Mgr Valois, songe à faire des Éditions Fides son éditeur officiel et propose la création d'une société à capital-actions qui réunirait les ressources nécessaires à son fonctionnement. La direction de Fides, composée des pères Deguire, Martin et Cordeau, qui endosse les objectifs généraux du projet, propose plutôt la création d'une société sans but lucratif qui, tout en étant pleinement autonome du point de vue civil, dépendrait sur le plan canonique de la Province canadienne de la Congrégation de Sainte-Croix. Mais pour réaliser ce projet, l'approbation du supérieur de la communauté doit être obtenue.

> À l'époque, le supérieur provincial de la Congrégation de Sainte-Croix était le père Jules Poitras, c.s.c., écrit le père Martin. J'allai le

voir pour lui exposer notre requête et lui remettre le dossier. Le père ne pouvait être surpris de ma démarche, car, même si ce n'était pas à la demande de la Congrégation que j'avais fondé l'œuvre que je dirigeais, j'avais toujours été persuadé que cette œuvre dépendait bien de la Congrégation, qui d'ailleurs m'avait permis, au moins tacitement, de prendre une telle initiative, et j'avais agi comme les autres supérieurs et directeurs de la Congrégation ; j'avais notamment soumis les budgets et les rapports financiers de *Mes Fiches* et de Fides à l'approbation du supérieur provincial.

Toutefois au moment de fixer d'une façon définitive le statut juridique de l'œuvre, le père Poitras éprouvait quelque hésitation. Son attitude provenait peut-être du fait qu'en ces années difficiles la Congrégation, par manque de ressources, n'avait pu investir de l'argent dans Fides et ne prévoyait pas pouvoir le faire à l'avenir. De toute façon, il savait évidemment que les Éditions Fides se présentaient comme un service de la JEC et il se demandait si ce n'était pas plutôt auprès de ce mouvement que je devais chercher un appui. Mais je lui dis que dorénavant notre œuvre voulait être au service de tous les mouvements d'action catholique et que la JEC était d'accord à ce sujet ; et je n'eus pas de peine à le convaincre que la Congrégation était bien plus en mesure que la JEC d'assurer à Fides une grande stabilité et de lui fournir un support moral très précieux. Inutile de dire par ailleurs que le père Poitras était très conscient de l'importance du travail que nous voulions accomplir. Il accepta donc de soumettre au conseil provincial le document par lequel les pères Deguire, Cordeau et moi-même demandions d'être constitués en société, ainsi que le texte explicatif qui l'accompagnait. Le document fut approuvé par le conseil provincial de la Congrégation de Sainte-Croix au début de juin, puis par le conseil général au début de juillet. Il fut ensuite adressé au gouvernement de la province de Québec[5].

Le 20 juillet 1942, Fides est donc constituée en corporation sans but lucratif, en vertu de la 3e partie de la loi des compagnies

5. Document, nº 10, p. 5-6.

de la province de Québec. Le conseil d'administration est alors formé par le triumvirat Deguire-Martin-Cordeau auquel viennent s'adjoindre quatre membres associés (c'est-à-dire sans droit de vote) choisis parmi le personnel, soit Cécile Martin, responsable du service de bibliographie et de documentation (comprenant la publication de *Mes Fiches*), Paul Poirier, secrétaire-trésorier, Benoît Baril, chef de la propagande, et le frère Placide Vermandere, responsable des éditions anglaises et des traductions. L'association de membres laïques faisait partie des usages de la JEC. Cette particularité distinguera Fides des autres maisons d'édition sous contrôle religieux. Sa visée généraliste constituera aussi un trait distinctif de cette catégorie d'éditeur liée à la hiérarchie catholique. Alors que les maisons religieuses relevaient habituellement de l'autorité d'une communauté, Fides était d'abord au service de l'Action catholique dont la direction ultime relevait de l'épiscopat.

L'HUMANISME INTÉGRAL ADAPTÉ À L'ÉDITION

Le programme spirituel de Fides sera modelé sur la pensée du néo-catholicisme de l'entre-deux-guerres. Dans sa charte même, la maison est placée sous le signe de « l'humanisme intégral » du philosophe Jacques Maritain qui cherche à concilier la vérité révélée et les valeurs temporelles. Il s'agit de « communiquer à autrui les lumières acquises aussi bien dans le domaine religieux que dans le domaine profane », écrit le père Martin dans *Éditions et lectures*[6]. Chez Maritain, l'humanisme classique est jugé essentiel à l'évolution de la pensée mais incomplet dans sa démarche parce qu'essentiellement anthropocentrique. Aux lumières et aux progrès de l'art et de la raison, il faut ajouter la dimension de la foi. Dans cette philosophie, l'éditeur trouve une doctrine cohérente qui lui

6. *Éditions et lectures*, Montréal, Fides, 1944, p. 11.

permet de concilier valeurs profanes et valeurs sacrées, art et religion, visée spirituelle et progrès social.

L'humanisme intégral se présente comme une réponse aux idéologies de l'heure. Il intègre dans sa démarche les questions soulevées par le socialisme et le communisme concernant la liberté et la justice sociale. L'humanisme chrétien en tient compte et exprime la volonté de travailler, dans sa propre perspective, à l'amélioration de l'humanité. Ce progrès souhaité passe, entre autres, par l'abolition du fossé qui sépare l'élite du peuple. Le père Martin développe cette idée dans *Éditions et lectures* où il expose l'esprit dans lequel voudrait œuvrer la maison d'édition.

> [...] l'homme seulement, parce qu'il est homme, et non pas parce qu'il est riche, ou puissant, ou surdoué, tend au développement le plus parfait possible de ses facultés. En ce domaine, les communistes et les socialistes nous donnent parfois l'exemple. C'est au nom des aspirations humaines que Marx a voulu entraîner le prolétariat à sa suite, et les néo-socialistes d'aujourd'hui avec Henri de Man demandent à grands cris l'unité de culture dans toutes les classes de la société. Si, tout en distinguant dans ces réclamations le légitime de l'exagéré, les catholiques ne s'occupent pas sincèrement d'aider les pauvres à développer leur personnalité, à se hausser par leur travail, il est à craindre que le peuple ne se laisse prendre aux promesses mensongères des ennemis de l'ordre social[7].

Dans cet opuscule, l'auteur revient souvent sur la nécessité de fournir au peuple les outils nécessaires à son développement intellectuel. Pour toucher le peuple, il convient d'éviter tout élitisme et de produire des publications adaptées.

> Et à l'encontre de certains intellectuels, écrit-il, qui se consolent de leur éloignement du peuple en niant la possibilité d'un rapprochement et d'un terrain d'entente, les directeurs de Fides croient fermement que les masses populaires sont appelées à l'humanisme et

7. *Ibid.*, p. 19-20.

qu'il est possible de leur en faciliter l'accès par des publications adaptées à leur mentalité[8].

Quelles seront ces publications ? D'abord les œuvres du répertoire, les classiques de la grande littérature, édités si possible en formats populaires. « Il faut d'abord mettre les chefs-d'œuvre à la portée du peuple. Les œuvres éternelles plaisent à tous ; la vie réelle et les sentiments vrais dont elles sont chargées éveillent dans l'âme la plus fruste des résonances insoupçonnées. »[9] Ensuite des ouvrages de vulgarisation qui prolongent, dans la vie quotidienne, l'action de l'école et de l'église. Il s'agit d'offrir aux lecteurs des travaux de vulgarisation scientifique rédigés par des spécialistes, des guides d'orientation pour les chrétiens, et des œuvres littéraires pour toutes les catégories de lecteurs, enfants, jeunes gens, jeunes filles et grand public. Il appartient à l'éditeur de

> [...] trouver des vulgarisateurs qui, par des formules concrètes et des expressions imagées, rappellent aux gens simples les rudiments des sciences sociales, la contrepartie des objections courantes, leurs devoirs de jeunes gens, de jeunes filles ou d'époux chrétiens, toutes choses qu'ils ont déjà apprises à l'école, et que de temps en temps on leur répète à l'église, mais qui, malgré tout, seraient vite oubliées sans l'apport de livres enrichissants et dynamiques[10].

8. *Ibid.*, p. 18.

9. *Ibid.*, p. 21.

10. *Ibid.*, p. 21-22. Cet objectif de vulgarisation comprend également la publication d'une littérature de divertissement adaptée aux classes populaires. La collection « Amour et aventures », lancée en 1947, voudra combler en partie ce besoin, mais elle sera abandonnée après cinq numéros. À ce sujet, voir *Mes Fiches*, n° 199, 5 février 1947, couv. p. 4, *Trois nouvelles* d'André Beaulair, Roselyne Beaulair, Roselyne d'Avranche et Paulette Daveluy, Montréal, Fides, 1948, p. 3-4, et Document n° 14, p.1.

L'humanisme intégral, tel que traduit par l'éditeur, cherche à embrasser « tous les paliers, toutes les manifestations de l'être, tous les ordres du savoir et de la vie[11] ».

Ainsi la direction éditoriale tente de développer toutes les branches du savoir et de répondre à tous les besoins. La classification décimale universelle, qui faisait la force de *Mes Fiches*, va servir de modèle dans la construction du catalogue. En 1942-1943, Fides lance une douzaine de nouvelles collections dont quatre sont destinées au grand public cultivé : deux collections, « Culture intégrale » dirigée par le père Albert Montplaisir, c.s.c., et « Philosophie et problèmes contemporains », dirigée par le père Gérard Petit, sont consacrées aux essais ; *Gants du ciel*», revue littéraire internationale fondée et dirigée par Guy Sylvestre, publie les travaux de grands intellectuels français en exil et de jeunes écrivains québécois prometteurs, comme Anne Hébert, Yves Thériault, Gilles Hénault et Jean Éthier-Blais, et les « Cahiers d'art Arca », lancés avec le concours du père Paul Bellot, o.s.b., publient des articles sur l'art et l'architecture catholiques modernes.

Pour les militants, Fides crée la collection « Textes d'action catholique » et réimprime les ouvrages du chanoine Glorieux destinés à la jeunesse ouvrière. On crée aussi plusieurs collections pour les jeunes, comme nous le verrons au chapitre XII. Après « Face au mariage », on lance une nouvelle série de tracts rédigés par le père Petit et intitulée « Questions sociales ». L'éditeur compte sur ces petites brochures pour toucher les milieux populaires.

> Tout comme les précédents, ces tracts, écrit le père Martin, en autant que la difficulté du sujet le permet, sont écrits en vue d'une large diffusion ; ils s'adressent à la masse. Au bout de quelques années, ils formeront une espèce de somme populaire de sciences sociales. Cependant, il importe de le souligner, ces opuscules ne

11. Paul-Aimé Martin, « L'esprit de nos critiques et nos cotes morales », *Lectures*, t. I, nº 1, septembre 1946, p. 8.

pourront produire tout leur effet sans la collaboration des militants d'action catholique et des apôtres sociaux. À eux, en effet, revient d'organiser des cercles d'étude en marge des sujets qu'ils traitent, et de veiller, en tout premier lieu, à ce que leurs gens les aient en main. On souhaiterait voir se généraliser ce geste d'un gérant d'une grande industrie qui a abonné tous ses employés aux tracts de « Questions sociales » pour 1943[12].

Au grand public, Fides offre également deux collections de vulgarisation : « Notre milieu », qui fait la synthèse des connaissances usuelles sur les réalités géographique, économique et humaine de la société québécoise, et « Radio-Collège », une série consacrée à l'histoire, tirée d'une émission radiophonique. Le même objectif de vulgarisation et de large diffusion guide l'éditeur dans le lancement de deux collections de morceaux choisis, l'une intitulée « Le Message français », dirigée par Roger Varin et réservée aux écrivains catholiques contemporains, l'autre intitulée « Selecta », consacrée aux grands poètes du XIXe siècle. Nous y reviendrons dans le chapitre VI sur les collections littéraires.

Le recrutement des auteurs

L'image de marque de Fides, ses objectifs, son organisation et sa mentalité découlent en grande partie de la formation jéciste. Dans le recrutement des auteurs, c'est cette culture qui prévaut. La maison n'est pas au service d'une congrégation religieuse, mais elle est d'abord au service de la communauté chrétienne sur laquelle elle compte agir en exerçant son leadership. En tant qu'éditeur, le fondateur de *Mes Fiches* est maintenant en mesure non seulement de sélectionner les livres à lire, mais il peut aussi les susciter et les faire naître. Dans *Éditions et lectures*, il met d'ailleurs l'accent sur

12. *Éditions et lectures*, p. 36.

ce rôle actif de l'éditeur qui est aussi un accoucheur, un organisateur et un rassembleur.

> Le travail de l'éditeur est donc avant tout un travail de pensée et d'apostolat. Pour une part, c'est à lui que revient la tâche de voir les besoins de son temps et d'engager les auteurs à y répondre par des ouvrages adaptés. Sans doute il n'a pas de secret magique pour faire naître le génie, ni même le talent, mais souvent il contribuera à ce que des aptitudes précieuses soient consacrées à des travaux de première urgence pour le bien de l'Église ou de la Cité. « L'éditeur — écrit M. Edmond Bloud, un des directeurs de la grande maison d'édition catholique, Bloud & Gay — l'éditeur organise les équipes, rassemble les travailleurs désireux de se concerter, de s'unir, de réaliser une œuvre commune. C'est ainsi que sont nées les grandes collections. Qu'on ne s'y trompe pas ! À de rares exceptions près, toutes ont été conçues par l'éditeur, et sont en fait dirigées par lui. C'est lui qui domine l'ensemble, marque à chacun sa place, assume les responsabilités. » L'éditeur doit donc être un chef[13].

La notion de « chef » appartient au discours du militant jéciste et fait partie de la rhétorique de l'Action catholique qui vise à constituer une élite de choc composée d'individus provenant de tous les milieux et capables d'exercer une influence dans leur entourage. L'éditeur, comme le militant, doit être celui qui « organise les équipes, rassemble les travailleurs désireux de se concerter, de s'unir, de réaliser une œuvre commune[14] ».

Le directeur de Fides réunit donc autour de lui une équipe de collaborateurs, composée de laïcs et de religieux, qui dirigent des comités ayant pour fonction de sélectionner les manuscrits, de susciter des productions nouvelles, de créer des collections et de recruter de nouveaux auteurs.

13. *Ibid.*, p. 16-17.

14. *Ibid.*

> En créant ces comités, dit le père Martin, mes collègues du conseil d'administration et moi-même nous suivions l'exemple de la JEC, au sein de laquelle fonctionnaient de nombreux comités, et nous voulions hâter le règlement des affaires courantes sans avoir à réunir trop souvent le conseil d'administration. Nous avions aussi conscience d'intéresser à la bonne marche et au développement de la maison des membres du personnel qui ne faisaient pas partie du conseil et de pouvoir ainsi profiter, dans un cadre institutionnel, de leur expérience et de leurs avis. De 1945 à 1978, il y a toujours eu à Fides des comités qui ont tenu périodiquement des réunions; naturellement, le nombre et la composition de ces comités ont varié selon les besoins[15].

La direction recrute ses collaborateurs dans l'entourage de la JEC, mais aussi parmi les membres de la Congrégation de Sainte-Croix. Plusieurs auteurs et directeurs de collection sont membres de cette communauté, comme les pères Cordeau et Petit et le frère Placide Vermandere qui jouent un rôle de premier plan durant les premières années. Lorsque des laïcs sont recrutés, ils proviennent souvent des institutions dirigées par la Congrégation et du Collège de Saint-Laurent, comme Clément Saint-Germain, Victor Martin et Jean-Paul Pinsonneault qui vont occuper d'importants postes de direction. Au cours des années 1940, c'est aussi au père André Cordeau que reviendra le rôle le plus important dans la direction littéraire.

> Le supérieur provincial de la Congrégation de Sainte-Croix, écrit le père Martin, faisant suite à une requête pressante que je lui ai présentée, demande au père Cordeau de se joindre à l'équipe de Fides. Le père Cordeau termine alors ses années de scolasticat. Nous nous connaissons bien car nous avons été condisciples au Collège de Saint-Laurent et nous sommes entrés au noviciat le même jour (2 août 1933). Le père Cordeau achève ses études théologiques une année après moi parce qu'il les a interrompues pour enseigner

15. Document, n° 12, p. 11.

durant un an au Collège de Saint-Laurent (1937-1938). Il a collaboré à *Mes Fiches* dès le premier numéro et il a suivi pendant l'été, en 1937 et en 1938, les cours de l'École de bibliothécaires. En septembre 1938, l'Université de Montréal lui a décerné le diplôme de bibliothéconomie et de bibliographie.

Le père Cordeau devait être mon adjoint et mon principal collaborateur pendant dix ans. Il communiait pleinement à ma conception du rôle de l'éditeur. Comme j'étais très pris par la direction générale de la maison, par le lancement de nouvelles initiatives et par les fonctions que je remplissais dans divers organismes, c'est lui d'une façon générale qui s'occupait des rapports avec les écrivains, sauf pour les plus importants que nous rencontrions souvent ensemble. En somme il agissait comme directeur des éditions (on dirait aujourd'hui directeur littéraire) durant toute cette période qui vit le lancement des premières collections et qui eut ainsi une influence profonde sur l'avenir de Fides. Il recevait les auteurs avec beaucoup d'amabilité et de cordialité, et savait s'en faire des amis. Il s'intéressait à leurs préoccupations et essayait de donner suite à leurs désirs, sans perdre de vue les impératifs d'une saine administration. Il voyait à la bonne marche de la maison lorsque j'étais absent[16].

Parmi les premiers auteurs recrutés, de 1941 à 1943, en plus du père Petit et du frère Vermandere, on dénombre plusieurs autres membres de la Congrégation, les pères André et Émile Legault, Henri-Paul Bergeron et le frère Roland Goyette. Le père Petit, à lui seul, laissera sa marque en signant, sous son nom et sous deux pseudonymes (Gilmard et Gérard Chevalier), plus d'une cinquantaine d'ouvrages, dont la quarantaine de tracts de « Face au mariage » et de « Questions sociales ». Professeur de philosophie au Collège de Saint-Laurent et à l'Université de Montréal, docteur en théologie et en philosophie, licencié en sciences sociales, le père Petit consacrait tous ses loisirs à cette œuvre de propagande. Après

16. Document, n° 10, p. 1.

ses cours, il s'enfermait dans sa cellule pour rédiger les travaux livrés mensuellement à l'éditeur à date fixe. Vulgarisateur de service, à la fois forçat et spadassin de la plume, le père Petit était une sorte de croisé de la bonne cause conformément à l'esprit de la mystique jéciste[17]. À compter de 1946, il cesse toutefois complètement de collaborer avec Fides et s'engage avec autant d'ardeur dans d'autres mouvements. La fièvre du militant devait finalement avoir raison du prêtre qui retournera à la vie civile à la fin des années 1940, vidé semble-t-il de sa conviction.

> Durant toutes ces années, j'ai vu souvent le père Petit, dit le père Martin. Je le connaissais d'ailleurs depuis longtemps puisque nous avions été condisciples au Collège de Saint-Laurent et au Scolasticat de Sainte-Croix. Je puis dire que c'était un intellectuel de grande classe. Doué d'une intelligence pénétrante et d'une mémoire phénoménale, il écrivait facilement et s'exprimait en public avec aisance; il était parfaitement bilingue. Il avait une très grande puissance de travail; mais durant ses études et au début de sa vie active il ne s'accordait guère de détente; on peut penser qu'à la longue il s'est surmené et qu'une fatigue excessive l'a conduit finalement en 1949, après moins de neuf ans d'activité au sein de la Congrégation de Sainte-Croix, à réorienter sa vie et à tourner le dos à tout ce qui avait été jusqu'alors sa raison d'être[18].

La présence de nombreux membres de la Congrégation parmi les auteurs pourrait laisser croire à une mainmise de la communauté sur l'entreprise. En fait, contrairement aux autres maisons dirigées par des religieux au Québec, Fides, bien que dirigée et contrôlée par trois membres de la communauté, jouissait sur le plan administratif de l'autonomie que lui accordait son statut de corporation privée. De plus, la fonction de l'éditeur dépassait de beaucoup le mandat de la congrégation qui était vouée

17. Voir « Mystique », *Mes Fiches*, n° 16, 15 décembre 1937, p. 1.
18. Document, n° 11, p. 5.

essentiellement à l'enseignement et à la direction de l'Oratoire Saint-Joseph alors que Fides voulait être la maison de toute l'Action catholique.

Ainsi d'autres membres influents du clergé, comme Félix-Antoine Savard et Albert Tessier, vont jouer un rôle important non seulement comme auteurs, conseillers et directeurs de collection, mais également comme recruteurs de nouveaux talents. C'est par l'intermédiaire de l'abbé Savard, entre autres, que Luc Lacourcière, le futur directeur de la « Collection du Nénuphar », est introduit chez Fides, tandis qu'Albert Tessier y fait entrer Félix Leclerc qui devient en peu de temps l'auteur-vedette de la maison. L'abbé Tessier est en même temps une sorte d'éditeur délégué qui publie lui-même, sous la raison sociale de Fides, plusieurs ouvrages de la maison.

> Le 23 octobre 1942, dit le père Martin, Fides signe avec l'abbé Tessier un contrat en vertu duquel ce dernier s'engage à publier à ses frais les deux ouvrages suivants : *Pèlerinage dans le passé*, dont il est l'auteur, et *Offrande* de Jeanne L'Archevêque-Duguay, à imprimer sur ces ouvrages le nom de Fides comme éditeur, et à en confier à Fides la distribution exclusive. Par la suite, et jusque vers 1950, une trentaine d'ouvrages seront publiés par l'abbé Tessier et propagés par Fides en vertu d'ententes similaires. Les plus marquants furent, en 1943, *Adagio*, en 1944, *Allegro* et *Andante* de Félix Leclerc, en 1945, l'édition de luxe de *La Sagesse du Bonhomme* de l'abbé Robert Llewellyn et, en 1946, l'édition de luxe d'un ouvrage du même auteur, *L'Actualité du Bonhomme*.
>
> L'abbé Tessier était un ami de la maison ; mes collaborateurs et moi-même, nous avions de fréquents contacts avec lui ; il nous mettait au courant de ses projets d'édition ; nous les acceptions d'autant plus volontiers que nous avions confiance en ses talents d'éditeur et que par ailleurs nous nous trouvions ainsi à mettre sur le marché au nom de Fides, à peu de frais, des ouvrages d'auteurs alors connus et appréciés.
>
> De tous ces auteurs, Félix Leclerc est le seul dont les ouvrages sont encore en demande. L'abbé Tessier avait offert à Leclerc de

publier *Adagio*, *Allegro* et *Andante*, parce qu'il s'était rendu compte de leur valeur. En proposant à Fides le premier titre, il écrivait: « Je prévois un succès retentissant. Il n'y a rien de tel dans notre littérature. Les puristes pinceront les lèvres... mais les gens honnêtes seront empoignés » (lettre du 13 septembre 1943). Deux ans plus tard, l'abbé Tessier accepta de céder à Fides tous les droits d'édition qu'il pouvait détenir sur les trois recueils. Un contrat fut signé à cet effet le jeudi 1er novembre 1945, avec l'accord de Félix Leclerc, qui s'était rendu à Trois-Rivières pour la circonstance, en ma compagnie et celle du père Cordeau[19].

La croissance de la production, qui touche non seulement Fides, mais également l'ensemble de l'industrie du livre à cette époque, oblige bientôt la direction à revoir ses stratégies de promotion du livre et de la lecture.

De *Mes Fiches* à *Lectures*

Si la direction de Fides propose en tant qu'éditeur de nombreux ouvrages au public, elle n'a pas renoncé pour autant à se prononcer sur les titres publiés par ses concurrents. Cette fonction lui semble d'autant plus nécessaire que la production littéraire augmente de façon spectaculaire durant la guerre. Dans une note de lecture de 1942, Cécile Martin constate que « la production de la seule année 1942 équivaut à environ 60% de la production totale des cinq années précédentes (1937-1941)[20] ». L'impact de cette croissance se fait aussi sentir dans le contenu de *Mes Fiches*. Les nouvelles publications des éditeurs, constituées en grande partie de rééditions, mettent souvent au défi les principes moraux de la direction. Les œuvres controversées d'auteurs comme Gide et Colette, même

19. Document, n° 11, p. 2-3.

20. « Bulletin bibliographique de la Société des écrivains canadiens », *Mes Fiches*, n° 127, 5 juin 1943, p. 1.

certains titres de Balzac et de Victor Hugo réprouvés par l'Église, qui étaient difficilement accessibles avant la guerre, se trouvent maintenant réédités en grandes quantités par les éditeurs laïques de Montréal. Ainsi, dès mars 1942, la direction exprime le souhait d'ajouter une dimension critique au contenu de la revue[21]. Le projet se concrétise l'année suivante avec la création d'une section intitulée « Lectures et bibliothèques » qui est présentée d'entrée de jeu comme une réponse à l'offre des nouveaux éditeurs :

> Cette année, nous mettons en œuvre un nouveau moyen de renseignements sur la production courante d'expression française au Canada, aux États-Unis et en Amérique du Sud. Ce n'est un secret pour personne que l'édition canadienne, en particulier, a crû sensiblement depuis l'interruption de nos rapports avec l'Europe. Il nous a d'abord fallu faire le point. [...] Nous comptons maintenir le lecteur au courant de la production littéraire en publiant, à chaque livraison, une recension de tous les volumes au fur et à mesure de leur parution[22].

Du fait du développement éditorial, le lecteur se trouve de plus en plus exposé à des lectures considérées comme dangereuses du point de vue religieux. La direction de *Mes Fiches* sent dès lors le besoin de prévenir ses abonnés en publiant des comptes rendus auxquels sont annexées des cotes morales.

Fides entre ici dans une nouvelle phase de son évolution. En élargissant son champ d'observation à toute la production disponible sur le marché canadien, la maison adopte un discours moral et prescriptif. Il s'agit maintenant non seulement de classer et de résumer ce qui a été présélectionné par la direction, mais de dresser aussi l'inventaire de tous les livres qui circulent en librairie en indiquant leur degré de conformité à la morale chrétienne. Dès

21. Paul-Aimé MARTIN, « Pour mieux servir », *Mes Fiches*, nº 101, 5 mars 1942, p. 2.

22. « Lectures et bibliothèques », *Mes Fiches*, nº 121, 5 mars 1943, p. 1.

la première livraison de « Lectures et bibliothèques », la nouvelle ligne éditoriale est tracée :

> L'art a ses droits que nous respecterons. La morale a aussi ses droits. Et nous les respecterons également. Un chrétien, intellectuel par surcroît, ne doit pas ignorer qu'il existe telles choses que des livres mauvais, des livres dangereux, des livres convenant aux seuls gens formés. En pratique, afin de mieux servir, nous marquerons d'un signe les livres qui appellent quelques réserves. Porteront le chiffre I les livres franchement mauvais ; II les livres dangereux au point de vue doctrinal ou moral ; III les livres pour gens formés[23].

Au cours des années, l'organisation et le contenu des cotes morales seront souvent modifiés, revus et corrigés, mais l'esprit demeurera le même. En fait cette nouvelle initiative donne lieu à deux nouveaux types de publication : un bulletin critique, intitulé « Lectures et bibliothèques », et un répertoire des livres disponibles en librairie[24].

En 1946, la revue *Lectures* remplace le bulletin critique de *Mes Fiches* qui retourne dès lors à sa mission initiale. *Lectures* sera essentiellement une revue de critique et de propagande, tandis que *Mes Fiches* demeurera une revue de documentation et de

23. *Ibid.*

24. Voir *Lectures et bibliothèques*, [1943 ?], 59 p. ; *Lectures et bibliothèques*, 1944, 80 p. ; *Guide des lectures et des bibliothèques*, 1945, 86 p. Trois autres *Guides* paraîtront de 1946 à 1951 : *Guide des lectures et des bibliothèques*, 1946, 93 p. ; *Guide des lectures et des bibliothèques*, numéro spécial de *Lectures*, t. VII, n° 2, octobre 1950, 93 p., et *Guide des lectures et des bibliothèques*, supplément pour 1952, numéro spécial de *Lectures*, t. VIII, n° 2, octobre 1951, 61 p. ; voir à ce propos Document, n° 12, p. 12.

25. Si la revue sert de véhicule publicitaire à Fides, elle jouit d'une certaine autonomie éditoriale, les comptes rendus qui y sont publiés sont parfois sévères à l'égard des productions de la maison. Voir par exemple Rodolphe Laplante, « Mgr Clovis Mollier, *Au pays du ranch* », *Lectures*, t. IX, n° 1, septembre 1952, p. 36.

bibliographie. *Lectures,* qui suit les enseignements de l'Église en matière de littérature, est conçue comme un véhicule de critique doctrinale. Sa nature plus idéologique que documentaire en limite nécessairement la portée et ne concernera que le cercle restreint des prescripteurs du livre, les bibliothécaires, les enseignants et les prêtres[25]. Contrairement à *Mes Fiches* qui a connu un succès commercial dès le départ, *Lectures* ne fera jamais ses frais et les efforts pour en faire une publication rentable échoueront.

Lectures s'inscrivait dans le plan d'action de la hiérarchie catholique qui considérait d'un mauvais œil le développement du « libéralisme intellectuel[26] ». Les nouveaux éditeurs de guerre étaient souvent perçus comme les propagandistes d'une idéologie néfaste à la morale publique. En reproduisant de larges extraits de la conférence du cardinal Villeneuve sur « le problème des lectures », le père Martin trace, dès le premier numéro, la direction à suivre. Son programme est avant tout établi pour réagir et faire contrepoids aux développements de l'édition et de la presse libérale.

« La sélection pratiquée en régime de libre concurrence par les éditeurs parmi les manuscrits des auteurs, écrit Jacques Dubois, tient évidemment un compte étroit des "impératifs" du code moral en tant que code de censure. En règle générale, l'éditeur prend toutes les précautions utiles pour ne publier que du publiable [...][27]. » Chez l'éditeur catholique, pourrait-on ajouter, ce « publiable » doit être aussi conforme à l'orthodoxie religieuse. L'Église, en régime libéral, n'a pas de contrôle sur la production des éditeurs. Aux ouvrages non conformes, elle ne peut donc opposer qu'une autre production et tenter d'agir sur les lecteurs et

26. Voir Paul-Aimé Martin, « Rapport annuel », Montréal, Fides, 30 octobre 1945, p. 11, où est dénoncée, entre autres, la réédition de *L'Immoraliste* d'André Gide, par les Éditions B. D. Simpson.

27. Jacques Dubois, *L'Institution de la littérature*, Paris / Bruxelles, Fernand Nathan / Éd. Labor, 1978, p. 84.

sur ceux qui les orientent en lançant des bulletins et des bibliographies critiques. Ce genre d'outil existait déjà depuis longtemps en France et en Belgique et les professionnels québécois de la lecture pouvaient s'y référer (voir *La Revue des lectures* de l'abbé Bethléem et les répertoires de G. Sagehomme[28]), mais la guerre avait coupé les ponts avec l'Europe et les éditeurs locaux proposaient maintenant leur propre sélection. Le développement d'une édition locale rendait donc ce genre d'instrument plus nécessaire aux yeux des autorités catholiques.

La recension des ouvrages dans *Lectures* n'était pas seulement confiée au personnel religieux[29], mais aussi à des laïcs dont la compétence était reconnue, comme Rodolphe Laplante, Guy Boulizon, Maurice Blain et Théophile Bertrand, pour ne nommer que les plus connus aujourd'hui. Ce dernier, professeur de philosophie au Séminaire de Sainte-Thérèse, sera également rédacteur en chef de la revue de 1946 à 1951. Plus tard, Jean-Paul Pinsonneault et Rita Leclerc y joueront aussi un rôle important.

Alors que dans *Mes Fiches* la sélection se faisait en fonction de la valeur éducative des documents, dans *Lectures* elle était faite en fonction des œuvres disponibles sur le marché. Cette transition vers la production générale est caractéristique du changement qui survient avec le développement de Fides et l'acquisition d'une librairie en 1941, sur laquelle nous reviendrons plus tard. Une modification dans le logo, où le mot « Éditions » est remplacé par le dessin d'un livre ouvert, est aussi motivée, en 1943, par cette stratégie de l'entreprise centrée sur la formation des lecteurs et

28. Voir aussi les articles suivants du père Martin: « Raymond-M. Charland, *L'Index* », *Mes Fiches*, n° 21, 1er mars 1938, couv. p. 4; « L'esprit de nos critiques et nos cotes morales », *Lectures*, t. I, n° 1, septembre 1946, p. 8-12.

29. Comme les pères Jean-Marie Gaboury, c.s.c., professeur de philosophie au Collège de Saint-Laurent, Paul Gay, c.s.s.p., et Jacques Tremblay, s.j.

l'orientation de la lecture. L'engagement de Fides dans le domaine des bibliothèques fera également partie de cette démarche.

Le service aux bibliothèques

Dès le début, *Mes Fiches* avaient été étroitement associées au monde des bibliothèques. Le choix de la classification décimale comme principe d'organisation de la publication avait inséré la revue dans une logique bibliothéconomique. Ce n'est pas un hasard si le père Martin avait participé, en 1937, à la fondation de l'École de bibliothécaires de l'Université de Montréal. Ses propres travaux dans le domaine de la classification et du catalogage l'amenaient souvent à la Bibliothèque municipale de Montréal où il rencontrait Marie-Claire Daveluy qui lui avait fait part de son rêve de voir un jour la création d'une école de bibliothécaires dont la nécessité se faisait de plus en plus sentir. Elle avait suivi en 1920 les cours de l'Université McGill en bibliothéconomie. À la fin des années 1930, les temps semblaient mûrs pour mettre sur pied ce projet. C'est ainsi que le père Martin et Marie-Claire Daveluy, accompagnés du père Deguire et d'Ægidius Fauteux, avaient obtenu, le 13 mai 1937, au cours d'une rencontre avec Mgr Olivier Maurault, le recteur de l'Université de Montréal, l'autorisation de créer une École de bibliothécaires[30].

Les premiers cours avaient été donnés durant l'été de 1937 dans les locaux de la Bibliothèque municipale[31]. L'École était

30. Marie-Claire Daveluy, « L'École de bibliothécaires, son histoire, ses buts, ses initiatives », *Lectures*, t. III, n° 5, janvier 1948, p. 303-309.

31. Une publicité annonçant le début des cours d'été paraît dans *Mes Fiches*, n° 7, 1er juin 1937, couv. p. 4. On y fait état de la composition du comité de direction : président d'honneur, Mgr Olivier Maurault ; directeur général, Ægidius Fauteux ; directeur adjoint, Roméo Boileau, c.s.c. ; secrétaire général et aumônier, Émile Deguire, c.s.c. ; directrice des études, Marie-Claire

rattachée à l'Université de Montréal, on y décernait un diplôme en bibliographie et en bibliothéconomie après deux sessions d'été. Ægidius Fauteux avait été nommé directeur[32]. Les professeurs étaient rémunérés à même les inscriptions[33]. Le père Martin profita de la fondation de l'École pour parfaire sa formation en bibliothéconomie et en bibliographie. Il fut nommé secrétaire de l'École en 1942. Il y donnait déjà des cours sur la classification depuis 1940. Il y poursuivit son enseignement jusqu'en 1955.

Les bibliothèques publiques étaient rares au Québec à cette époque ; l'École de bibliothécaires, en contribuant à la formation de leur personnel, devait faciliter leur développement et valoriser leur rôle. À compter de 1945, la formation offerte par l'École conduira au baccalauréat en bibliothéconomie et en bibliographie et s'adressera d'abord aux candidats détenant déjà un baccalauréat ès arts. De 1937 à 1958, le secrétariat de l'École va être hébergé dans les locaux de *Mes Fiches* puis de Fides.

> Je demeurai secrétaire de l'École jusqu'au 7 octobre 1958, dit le père Martin. Comme, à l'origine, l'Université ne fournissait à l'École ni locaux, ni subventions, je dus entreprendre, de concert avec mes collègues du conseil, d'innombrables démarches pour assurer sa survie et améliorer son statut[34].

À la fin de 1942, le père Martin crée au sein de Fides un Service de bibliographie et de documentation qui, en plus de s'occuper de la publication de *Mes Fiches*, doit promouvoir les bonnes lectures et contribuer à l'organisation de bibliothèques,

---

Daveluy. Au début de l'été de 1942, le père Martin remplace le père Deguire au poste de secrétaire général.

32. Il sera remplacé, après son décès en 1941, par son successeur à la direction de la Bibliothèque municipale, Léo-Paul Desrosiers.

33. L'abbé Philippe Perrier était chargé, en sa qualité de docteur en droit canon, des cours sur la censure des livres. Il sera remplacé dans cette fonction, en 1940, par le père Guy Brisebois, o.f.m.

34. Document, n° 10, p. 6.

notamment en publiant chaque année un répertoire des ouvrages et des brochures disponibles en librairie, intitulé *Lectures et bibliothèques*[35].

En 1943, le père Martin participe à la fondation de l'Association canadienne des bibliothèques d'institution (ACBI)[36] qui l'élit président à deux reprises (1943-44; 1947-48). De concert avec l'Association, l'éditeur assume plusieurs responsabilités. De 1947 à 1954, la revue *Lectures* assure la publication du bulletin de liaison de l'Association intitulé « Bibliotheca ». En 1951, la maison lance aussi un programme de production de fiches de catalogue qui sera maintenu jusqu'en 1957.

Bref, toutes ces initiatives auxquelles le nom de Fides et celui de son directeur général sont étroitement associés contribuent à resserrer les liens entre la maison d'édition, le personnel des bibliothèques et les lecteurs. Présente à tous les niveaux de la chaîne du livre, dans la production, l'édition, la critique (*Lectures*), la pro-

---

35. « En plus de s'occuper de travaux d'ordre bibliographique, écrit-il, ce service doit contribuer à l'organisation de bibliothèques. À l'automne 1943, la section "organisation de bibliothèques" passe à un nouvel organisme appelé Service d'aide aux bibliothécaires (rebaptisé Service des bibliothèques à l'automne 1944) qui voulait promouvoir la fondation de nouvelles bibliothèques et aider les bibliothécaires, surtout les moins expérimentés, dans la solution de problèmes reliés au choix des livres et à l'organisation technique. » Document, n° 11, p. 12. À ce sujet, Yolande Cloutier, ex-employée de Fides, se rappelle avoir été engagée pour organiser la bibliothèque de Victoriaville à la fin des années 1940. Entrevue avec Jacques Michon et Louise Melançon, Montréal, le 30 juin 1997.

36. L'ACBI change plusieurs fois de nom. « Le 17 février 1945, elle devient l'Association canadienne des bibliothèques catholiques (ACBC). Le 13 novembre 1948, l'ACBC devient l'Association canadienne des bibliothécaires de langue française, connue sous le sigle ACBF depuis lors jusqu'au 8 décembre 1960, date de son incorporation, et par la suite sous le sigle de ACBLF. Le 31 décembre 1973, l'ACBLF cesse ses activités et l'Association pour l'avancement des sciences et des techniques de la documentation (ASTED) lui succède le 1er janvier 1974. » Document, n° 11, p. 12.

motion de la lecture (*Mes Fiches*), la diffusion (Service des bibliothèques) et, comme nous le verrons plus loin, dans la distribution avec la librairie et la vente au détail, Fides est devenu, au milieu des années 1940, un acteur incontournable de la culture imprimée et de la documentation au Québec.

Cette structure aux nombreuses ramifications nécessite aussi des ressources et des investissements. Avec les années, l'organisation matérielle de la maison va devenir de plus en plus importante et accaparante pour le directeur général.

Stratégies de financement

Du temps de *Mes Fiches*, l'entreprise pouvait fonctionner avec des moyens relativement modestes. Les premières publications s'étaient autofinancées très rapidement grâce à l'aide initiale de la communauté. L'appui du père Deguire avait favorisé la première installation dans les locaux de la rue Atwater et permis d'effectuer quelques petites dépenses pour le lancement de la revue en 1937. Grâce à la collaboration des Frères de Sainte-Croix de l'Imprimerie Saint-Joseph, les deux premiers numéros de la revue avaient pu être imprimés à crédit. Mais après trois ans, le 31 mai 1940, même si « l'actif de l'œuvre s'élevait à un montant de 4776,84$ », cette somme « était surtout composée de diverses immobilisations ; il y avait très peu d'argent disponible pour financer l'impression des volumes[37] ».

L'augmentation rapide de la production — 45 titres en 1941, 83 en 1942, 88 en 1943 —, exigeait de nouvelles sources de financement. Fides, qui souffrait d'un manque aigu d'argent liquide, se voyait donc obligée d'effectuer ses premiers emprunts. Les ressources vinrent d'abord de l'entourage immédiat des mem-

37. Document, n° 10, p. 2.

bres du conseil d'administration. Ainsi « le 18 juin 1941, dit le père Martin, le père Cordeau obtint que son père, M. Clodomir Cordeau, qui était un rentier très à l'aise, prête à Fides, sur billet, au taux de 5 %, un montant de 2000 $[38] ». L'année suivante, la direction, qui désire acheter un édifice de quatre étages rue Saint-Denis, obtient encore l'aide de Clodomir Cordeau qui, en avril 1942, consent à acheter l'immeuble au prix de 15 000 $ (il le louera à Fides). Après l'incorporation, en juillet, le conseil fait appel aux ressources de la communauté. L'Oratoire Saint-Joseph, dont le père Deguire est recteur depuis 1939, est mise à contribution.

> À cette époque, l'Oratoire Saint-Joseph a un service de librairie très actif et commande beaucoup de livres chez Fides. Dans le but d'acheter de M. Clodomir Cordeau l'édifice de la rue Saint-Denis et d'y effectuer les réparations les plus urgentes, Fides obtient que l'Oratoire lui remette un montant de 18 000 $ en paiement anticipé d'une certaine quantité de volumes d'une valeur totale de 36 000 $ au prix de détail. Avec l'approbation du conseil provincial de la Congrégation de Sainte-Croix, puis du conseil général, une entente à cet effet est signée le 1er septembre 1942[39].

Malgré un taux de croissance remarquable et des revenus importants (voir l'Annexe A), un urgent besoin de liquidité se fait à nouveau sentir en 1943-44. Le directeur général propose donc, à l'automne de 1944, le dégagement d'une marge de crédit de 10 000 $ à la Banque provinciale du Canada :

> [...] à l'heure actuelle nous ressentons à Fides un manque aigu d'argent liquide, écrit le père Martin dans son rapport annuel de 1944. Cela se comprend facilement si l'on songe que l'œuvre a été commencée sans aucun fonds de roulement et que, par conséquent, il a toujours fallu attendre de vendre et d'être payés avant de pouvoir

38. *Ibid.*
39. Document, n° 11, p. 1.

> payer nous-mêmes nos fournisseurs. Or, comme par ailleurs les dépenses d'administration, et en particulier les salaires, absorbent une bonne partie des sommes réalisées par les ventes, il arrive que dans les périodes où les ventes sont moins grandes nous sommes obligés de faire attendre nos fournisseurs beaucoup trop longtemps. Ce manque de fonds de roulement rend donc très pénible d'une façon générale tout déboursement de fonds. C'est pourquoi, si cela est requis par la charte, il est aussi vrai de dire que cela est requis par l'intérêt immédiat de l'œuvre que les profits nets y soient en entier investis. On peut espérer, cependant, que les démarches que nous avons commencé de faire, à la suite de notre assemblée du 25 octobre dernier, nous permettront d'obtenir à brève échéance un crédit de 10 000 $ en banque, ce qui, on le comprend, améliorera notablement la situation en nous permettant de payer plus rapidement nos fournisseurs et en particulier les imprimeurs[40].

En 1943-44, la Corporation déclare un chiffre d'affaires de plus de 219 661$, soit une augmentation de 56% par rapport à l'année précédente, avec des profits de 13 582 $ (voir l'Annexe A). La maison d'édition est en pleine croissance. L'appui officiel de la Congrégation de Sainte-Croix constitue une garantie sûre pour les investisseurs ; de plus « les profits réalisés chaque année ont été en entier investis dans l'entreprise[41] ». Les réimpressions de titres français (68 de 1941 à 1943) effectuées en vertu de l'arrêté exceptionnel de 1939 ont permis de garnir un catalogue qui contient maintenant plus de deux cents titres. L'entreprise est engagée dans une irrésistible ascension.

La croissance est d'autant mieux assurée qu'elle peut aussi s'appuyer sur l'ouverture des marchés extérieurs. En effet, durant la guerre, le Québec était aussi appelé à jouer un rôle de premier plan dans la diffusion du livre français dans le monde. La réédition

40. Paul-Aimé Martin, « Rapport annuel », Montréal, Fides, 30 octobre 1944, p. 16.

41. *Ibid.*

des ouvrages européens ne répondait pas seulement à un besoin local mais aussi à une demande internationale qui provenait en grande partie des États-Unis et de l'Amérique latine. Dès le début des années 1940, Fides en profitera pour établir des relations commerciales avec des confrères américains et même concevra des projets de succursales à l'étranger, en particulier aux États-Unis et en Amérique latine.

CHAPITRE IV

DIFFUSION INTERNATIONALE

DURANT LES ANNÉES DE GUERRE, les éditeurs montréalais font des affaires avec leurs voisins du sud. Ils vont régulièrement à New York pour rencontrer les intellectuels français en exil, recruter de nouveaux auteurs, signer des contrats, établir des ententes de coédition, repérer les ouvrages à traduire et trouver des débouchés pour leurs publications. Fides ne fait pas exception à la règle. La maison développe des échanges avec les États-Unis, ouvre une succursale à São Paulo, et projette même d'en ouvrir d'autres à New York et à Paris. Le père Martin et le frère Placide Vermandere, responsable des éditions anglaises et des traductions, font régulièrement des séjours aux États-Unis. Ils en reviennent avec de nombreux projets. L'heure est aussi à l'internationalisation des activités de propagande catholique. Le père Martin présente cette nouvelle tendance dans son rapport de 1947 en citant un mot d'ordre du père F.-A. Morlion, o.p. : « L'apostolat de l'opinion publique sera international, ou il sera nul[1] ! » Au milieu

1. Félix-A. MORLION, *L'Apostolat de l'opinion publique*, Montréal, Fides, [1944], p. 34, cité dans Paul-Aimé MARTIN, « Rapport annuel », Montréal, Fides, 31 octobre 1947, p. 18.

des années 1940, les relations ont surtout lieu avec les éditeurs américains et elles évoluent dans les deux directions : une partie de la production de Fides est exportée vers les États-Unis et une autre, à l'inverse, est importée sous forme de traductions. D'un côté, Fides propose des versions anglaises de ses propres ouvrages et les écoule par l'intermédiaire d'une société américaine qui portera son nom, Fides Publishers, et de l'autre, elle importe et traduit des publications américaines conformes à sa mission religieuse et éducative, comme *My Sunday Missal* et les bandes dessinées de *Timeless Topix*. Ces efforts de diffusion à l'étranger déboucheront également sur la création de succursales à l'extérieur du pays.

Fides Publishers

De 1943 à 1953, Fides traduit une douzaine de titres de son propre fonds et les exporte aux États-Unis. À cet effet, une collection intitulée « Apostolate Library » offre des traductions d'ouvrages déjà parus en français, comme la lettre pastorale de Mgr Joseph Charbonneau sur l'Action catholique et *Pour servir* du chanoine Pierre Tiberghien, adapté par le père Louis J. Putz, c.s.c. La diffusion est assurée par « Apostolate Press », une société créée par le père Putz lui-même en 1943.

> Cette année-là, écrit le père Martin, le père Louis J. Putz, c.s.c., professeur à l'Université Notre-Dame et aumônier de l'Action catholique étudiante, après un contact avec les directeurs de Fides à Montréal, décida de fonder un service d'édition et de propagande. Ce service, dont le siège fut établi à South Bend, Indiana, avait pour but de mettre à la disposition des militants et du public des États-Unis, la littérature spécialisée d'action catholique. D'où le nom de « Apostolate Press » donné à la nouvelle organisation[2].

2. Paul-Aimé Martin, *ibid.*, p. 19. Le père Putz, américain d'adoption, était d'origine allemande et parlait plusieurs langues dont le français. Il avait été

Deux ans plus tard, en 1945, la société américaine adopte le même nom que sa consœur de Montréal et devient Fides Publishers. « Comme cette œuvre avait un but similaire, jusqu'à un certain point, à celui de Fides, dit le père Martin, il fut bientôt question de la doter d'un statut officiel semblable au nôtre et de lui donner le même nom[3]. » Ainsi le deuxième tirage du troisième titre de la série « Apostolate Library », *Training of Lay Leaders* d'Eugene Geissler, est publié aux États-Unis par Fides Publishers en 1946 et diffusé par Fides au Canada. La collaboration entre la maison de Montréal et celle de South Bend va se poursuivre ainsi jusqu'au début des années 1950. Constituée en société en décembre 1947, la maison américaine ne dépendait ni financièrement ni juridiquement de la maison de Montréal.

> [...] elle n'était pas non plus rattachée officiellement à la Congrégation de Sainte-Croix, ajoute le père Martin. Il n'y eut de collaboration entre elle et nous, dans les domaines de l'édition et de l'impression, qu'à compter de sa fondation jusqu'au début des années 1950. À l'origine, la maison avait ses bureaux à South Bend, Indiana, près de l'Université Notre Dame, où le père Putz enseignait. Vers 1956, la maison était en plein essor et occupait des locaux à Chicago (746 East 79th Street). Elle était en relation avec 10 000 clients et publiait une revue trimestrielle intitulée A*postolic Perspectives.* Dans les années 1970, la maison périclita et fut finalement vendue aux Pères Claretins qui l'unirent à leur propre maison d'édition. Elle avait publié jusqu'alors plusieurs centaines de volumes traitant tous de sujets religieux ou connexes, dont une collection de livres de poche intitulée « The Dome Books »[4].

---

formé chez les Pères de Sainte-Croix en France dans les années 1930. Puis il avait été forcé de s'exiler aux États-Unis à cause du climat hostile à l'égard des personnes d'origine allemande en France durant la guerre.

3. *Ibid.*

4. Document, n° 12, p. 15.

La complète autonomie des entreprises de Montréal et de South Bend devait être la cause de leur éloignement progressif, chacune suivant sa propre pente. Ainsi le nombre de publications anglaises de Fides diminua sensiblement après 1953. Par ailleurs, plusieurs traductions de l'américain effectuées par Fides devaient connaître, elles, des succès importants. Ce sont surtout les adaptations françaises de *My Sunday Missal* de l'abbé Joseph Stedman et les bandes dessinées du *Timeless Topix,* publiées dans *Hérauts,* qui retiendront notre attention. Le frère Placide fut la cheville ouvrière de ces deux publications. Il avait la responsabilité des traductions et des adaptations en français de tous les titres en provenance des États-Unis.

> À la suite d'une décision du supérieur provincial de la Congrégation de Sainte-Croix, écrit le père Martin, le frère Placide Vermandere, c.s.c., s'était joint officiellement à l'équipe de Fides, en juillet 1941 ; il n'a été toutefois à plein temps qu'à compter de l'été 1942. En fait, le frère Placide me prêtait son concours depuis les derniers mois de l'année 1940, me faisant généreusement profiter des loisirs que lui laissait son enseignement au Collège Notre-Dame. Il avait déjà de l'expérience dans l'édition et était parfaitement bilingue. Il écrivait facilement aussi bien en anglais qu'en français. Il devait s'occuper à

5. « Avant de devenir professeur au Collège Notre-Dame, en 1937, dit encore le père Martin, le frère Placide avait fait partie du personnel de l'Oratoire Saint-Joseph durant dix-huit ans et s'était trouvé dans l'entourage immédiat du frère André. Il devait par la suite témoigner au procès diocésain et au procès apostolique qui ont conduit à la béatification du Serviteur de Dieu. Mais le frère Placide était surtout connu du grand public comme compositeur, organiste et critique musical. » Document, n° 10, p. 2-3. Sur l'œuvre musicale du frère Placide Vermandere, voir G. Potvin, « Joseph Vermandere (frère Placide), 1901-1971 », dans *L'Encyclopédie de la musique au Canada,* éditée par Helmut Kallmann, Gilles Potvin et Kenneth Winters, Montréal, Fides, 1983, p. 1042.

Fides des publications en anglais ou traduites de l'anglais au français, en plus d'agir, de 1944 à 1956, comme rédacteur de *Hérauts*. Il fut sans contredit l'un de mes plus précieux collaborateurs des années 1940 et de la première moitié des années 1950[5].

My Sunday Missal

L'édition française de *My Sunday Missal* de l'abbé Stedman, traduit sous le titre de *Mon missel dominical* en 1942 et destiné à la jeunesse, donna le coup d'envoi aux traductions de Fides. « Ce missel, écrit le père Martin dans *Éditions et lectures*, grâce à un système très simple de renvois, permet aux enfants et aux gens les plus simples de suivre la messe avec facilité[6]. » Publié à New York à la fin des années 1930, *My Sunday Missal* avait connu, dès son lancement, un grand succès et atteignit bientôt aux États-Unis les trois millions d'exemplaires. Une traduction française avait été introduite au Canada en 1940 par la Société catholique de la Bible. En 1941, la Société demanda à Fides de prendre la relève, c'est-à-dire « de réviser le texte français, d'en faire une réédition et d'en continuer la propagande à travers tout le Canada[7] ». L'interruption de l'approvisionnement de missels européens durant la guerre favorisait la diffusion de cette nouvelle édition[8].

6. Paul-Aimé Martin, *Éditions et lectures*, Montréal, Fides, 1944, p. 34.

7. *Ibid.*

8. « En vertu d'une entente conclue avec la Société catholique de la Bible, écrit le père Martin, [...] Fides acquiert ainsi les droits de publication en français de ce missel et de diffusion des éditions françaises et anglaises de l'ouvrage, et achète tous les exemplaires que la Société avait alors en stock. Par ailleurs l'abbé Stedman avait publié plusieurs ouvrages en anglais pour favoriser la lecture de l'Évangile et du Nouveau Testament par les fidèles, et Fides devait en acquérir les droits de diffusion en vertu d'une nouvelle entente signée avec la Société le 8 juin 1943. En ce qui concerne les missels de l'abbé Stedman, élevé à la prélature en 1944, ils ont connu un extraordinaire succès. » Document, n° 10, p. 3-4.

D'après un texte publié dans le *Bulletin de la Société catholique de la Bible* en avril 1948, les éditions du missel en anglais et en plusieurs autres langues avaient atteint en dix ans un tirage global de 13 millions d'exemplaires. « À lui seul *Mon missel dominical* atteignait alors 825 000 exemplaires, dont environ 180 000 avaient été propagés par la Société catholique de la Bible, en 1940-1941[9]. » L'édition française du missel, entièrement révisée par le frère Placide et faite au nom de Fides, était imprimée à New York. Elle était financée par « The Confraternity of the Precious Blood » qui disposait de ressources considérables et permettait à Mgr Stedman d'éditer ses publications et d'en distribuer un grand nombre gratuitement. Le frère Placide allait régulièrement aux États-Unis pour surveiller le travail d'impression.

De *Timeless Topix* à *Hérauts*

C'est au cours de leurs déplacements aux États-Unis que le père Martin et le frère Placide découvrent la revue *Timeless Topix*, une publication de bandes dessinées destinée à la jeunesse, qui est conçue comme l'équivalent catholique des « comic books » américains très populaires à l'époque.

> Mes collaborateurs et moi-même, écrit le père Martin, avions eu connaissance en 1943, ou peut-être même en 1942, d'une revue pour jeunes publiée par la Catechetical Guild, dont les bureaux se trouvaient à Saint-Paul, dans le Minnesota. Cette revue était intitulée *Timeless Topix* et avait été fondée [en 1942] en réaction aux « comics » dont le contenu était souvent nocif. Elle présentait, sous forme de bandes dessinées imprimées en quadrichromie, la vie des saints, des héros et des grands personnages de l'histoire.
>
> Nous étions persuadés qu'une telle revue serait fort utile dans notre milieu où les « comics » étaient également répandus et qu'elle

9. *Ibid.*

jouerait un rôle formateur auprès des jeunes. En mars 1943, le frère Placide et moi-même sommes allés à Saint Paul rencontrer le directeur de la Catechetical Guild, M. l'abbé Louis Gales. Nous voulions prendre contact avec lui et nous renseigner sur son œuvre; nous voulions surtout étudier les conditions auxquelles nous pourrions publier une adaptation française de *Timeless Topix*. L'accueil que nous réservèrent M. l'abbé Gales et son équipe fut très cordial, et nous sommes revenus à Montréal avec la conviction que notre projet pouvait se réaliser, et que la solution la plus simple serait de faire imprimer la nouvelle revue dans le même établissement que *Timeless Topix* et sur les mêmes presses; mais il s'agissait de presses rotatives sur lesquelles on ne peut imprimer que de gros tirages. Dans les mois qui suivirent, nous avons continué d'étudier le projet et nous en sommes venus à la conclusion que, pour une revue de ce genre, il n'était pas imprudent d'effectuer de gros tirages.

À la suite d'une nouvelle rencontre que le frère Vermandere et moi-même nous eûmes, les 19 et 20 décembre 1943, avec M. l'abbé Gales, à Saint Paul, et avec son imprimeur, à Minneapolis, le conseil d'administration de Fides décida de lancer la revue, qui, à la suggestion du frère Placide, fut intitulée *Hérauts*, avec en sous-titre « Les belles histoires vraies ».

Le premier numéro, daté d'avril 1944, de même que les numéros de mai et de juin, furent tirés à 100 000 exemplaires. En septembre suivant, le tirage fut ramené à 75 000 exemplaires, mais en octobre 1945 il remonta à 90 000. En octobre 1946, la revue passa de 16 à 52 pages; comme c'était le cas depuis le début, ces pages présentaient presque toutes des bandes dessinées imprimées en quadrichromie. Le frère Vermandere était responsable de *Hérauts*, mais son nom n'y parut officiellement qu'en septembre 1947, alors que la revue connut un grand développement et, de mensuelle qu'elle était, devint bimensuelle[10].

La publication de *Hérauts* n'était pas la première expérience de Fides dans le domaine des périodiques illustrés pour la jeunesse.

10. Document, n° 12, p. 4.

En janvier 1943, la maison avait aussi contribué au lancement de *François*, édité par la JEC[11]. Après avoir appréhendé un moment que *Hérauts* ne desserve *François*, la direction se ravise finalement et constate que les deux revues, au contraire, se complètent.

> *François* paraissait depuis quelques mois à peine lorsque nous avons songé à publier une adaptation française de *Timeless Topix*, dit le père Martin. Au moment de lancer *Hérauts*, nous avons craint de nuire à *François*. Nous avons eu des pourparlers avec les dirigeants de la JEC afin de déterminer s'il était possible que la publication que nous projetions d'éditer soit unie à la leur. Mais finalement il apparut, à eux comme à nous, qu'il était mieux que *Hérauts* paraisse indépendamment de *François*. Pour bien montrer nos bonnes dispositions envers la JEC, nous avons tenu à publier, dans le deuxième numéro de *Hérauts*, un texte d'une page où nous insistions sur le fait que les deux publications s'étaient fixé des objectifs différents: « *Hérauts*, disions-nous, le livre d'image, et *François*, le journal des jeunes, sont deux amis, deux copains[12]. »

Jusque-là, les revues pour jeunes publiées par les communautés religieuses étaient surtout conçues pour le recrutement religieux. En général, leur contenu se limitait aux histoires édifiantes, aux récits missionnaires, aux chroniques pieuses et aux propos liturgiques. À ces publications aux illustrations statiques, monochromes et sans reliefs, *Hérauts* opposait un cahier complet de seize pages de

11. « Mes collaborateurs et moi-même, écrit le père Martin, nous avions contribué à déterminer la présentation de *François* et à trouver un procédé d'impression qui ne soit pas trop coûteux. Nous avons vu à l'édition du journal, comme nous le faisions déjà depuis 1940 pour les *Cahiers d'action catholique* et depuis 1941 pour le journal *JEC*. Nous avons continué à nous occuper ainsi de l'édition des publications de la JEC jusqu'en 1944. Signalons ici que cette collaboration avec la JEC s'exerçait surtout au niveau de la fabrication, et que la rédaction des publications comme leur diffusion relevaient exclusivement du mouvement. » Document, nº 11, p. 7.

12. Document, nº 12, p. 6.

bandes dessinées en quatre couleurs qui ressemblait comme deux gouttes d'eau aux « comics » américains qu'il voulait combattre, la devise de l'édition anglaise étant « *Topix* fights fire with fire[13] ». Ainsi la revue offrait des récits d'aventures, des westerns et des enquêtes policières assez proches des publications commerciales de ses rivales. Un langage visuel moderne adapté aux goûts du jour et un discours social évitant autant que possible le ton moralisateur des publications catholiques de l'époque constituaient les principaux atouts de la série[14].

Dès sa parution, la revue de Fides fit grande impression et eut un impact immédiat sur les autres publications destinées à la jeunesse et publiées par les congrégations religieuses. Les communautés des frères enseignants en particulier n'hésitèrent pas à s'associer à l'entreprise en faisant paraître des éditions conjointes. Fides devint ainsi le maître d'œuvre de six éditions de *Hérauts* qui portaient les titres suivants :

1. *Hérauts*, édition propagée par Fides ;
2. *L'Abeille et Hérauts*, édition propagée par les Frères de l'Instruction chrétienne ;
3. *Jeunesse et Hérauts*, édition propagée par les Frères des écoles chrétiennes ;
4. *Ave Maria et Hérauts*, édition propagée par les Frères de Saint-Gabriel ;
5. *Stella Maris et Hérauts*, édition propagée par les Frères Maristes ;
6. *L'Éclair et Hérauts*, édition propagée par les Frères du Sacré-Cœur.

---

13. François HÉBERT, « Analyse statistique de la revue *Hérauts* », mémoire de maîtrise, Sainte-Foy, Université Laval, 1981, p. 154.

14. François HÉBERT, *ibid.*, p. 159, constate que, de 1944 à 1955, 56 % de toutes les histoires illustrées sont à thème religieux et que, après 1955, cette proportion diminue progressivement (p. 75, 141) ; à partir de cette époque, la revue s'adresse à un public plus âgé (p. 160).

> Chaque édition, écrit le père Martin, comportait, en plus de la couverture, quarante-huit pages, dont huit constituaient une section propre à chacune des six éditions ; [en 1947] des quarante autres pages, seize présentaient du texte et des illustrations, et vingt-quatre, des bandes dessinées provenant de *Timeless Topix*, dont les textes étaient traduits en français par le frère Vermandere. Ce n'est qu'en 1953 que Fides retient les services d'un dessinateur de talent, originaire de France, M. Maurice Petitdidier, et que la revue commence à publier des bandes dessinées originales. Cette collaboration avec les cinq communautés de frères était certes très intéressante pour Fides ; mais elle l'était aussi pour les communautés. Ce sont elles d'ailleurs qui l'avaient proposée à Fides. Il était, en effet, très difficile pour chacune de ces communautés de publier par ses propres moyens une revue pour jeunes illustrée et en couleurs[15].

Jusqu'à l'achat d'une imprimerie par Fides en 1953, la section de bandes dessinées en quatre couleurs était imprimée aux États-Unis[16] puis expédiée à Québec où elle était assemblée et brochée avec les autres sections aux ateliers de *L'Action catholique*. De là, elle était réacheminée vers Montréal. Avec ses six éditions différentes, la revue devenait également bimensuelle. Au cahier original de bandes dessinées, venaient s'ajouter plusieurs pages de chroniques divertissantes, jeux, mots croisés, concours, historiettes, coins du philatéliste et du magicien, articles sur l'histoire et l'actualité. Le magazine réservait une large place aux sujets profanes susceptibles d'intéresser les jeunes, comme les sports d'équipe, les vedettes du hockey, les découvertes scientifiques et la vie des animaux. On y faisait aussi la promotion de publications

15. Document, nº 14, p. 8-9. « Je tiens à mentionner ici le nom du frère Cyrille Côté, des Frères des écoles chrétiennes, qui était le chef de file du groupe », ajoute le père Martin.

16. Imprimée d'abord à Minneapolis, ensuite à Buffalo par le « Greater Buffalo Press » et enfin par Fides.

françaises du même genre, comme *Bayard*, *Bernadette*, *Bécassine* et *Spirou*, toutes disponibles à la librairie de Fides.

Afin de venir en aide au frère Placide, responsable de la rédaction, l'éditeur retiendra les services de Roland Canac-Marquis, professeur à la Commission des écoles catholiques de Montréal, qui avait déjà une certaine expérience dans les publications destinées aux jeunes ; il avait fondé la revue intitulée *Sais-tu ?* qu'il abandonna d'ailleurs pour se consacrer à *Hérauts*. « En septembre 1947, écrit le père Martin, le tirage global des six éditions était de 98 000 exemplaires ; il baissa au cours de l'année ; à l'automne de 1948, il s'établissait à 81 500 exemplaires, et demeura stable pendant près de dix ans[17]. » Fides lance une édition européenne en 1949 mais doit l'abandonner en 1952 faute d'un nombre suffisant d'abonnés[18]. Imprimée au Canada, cette édition reproduisait intégralement le contenu de la revue montréalaise.

En plus de ces deux publications de masse, le missel de l'abbé Stedman et la revue de bandes dessinées, Fides publie également deux autres collections provenant d'éditeurs américains. La première série intitulée « Éveil » offre, de 1952 à 1955, une traduction française de petits volumes abondamment illustrés et destinés aux jeunes enfants. « Produits aux États-Unis par la Catechetical Guild, ces petits volumes traitaient tous de sujets religieux, dit le père Martin. Trois titres parurent la première année : *Mon petit missel en images*, *Prions* et *L'Histoire de Jésus*. Au cours des années suivantes, Fides publia neuf autres titres[19]. » La deuxième collection, « La Vérité sur... », était constituée de tracts.

17. Document, n° 14, p. 8.

18. En 1952, le conseil d'administration décide d'abandonner l'édition européenne de *Hérauts* parce que des 5000 exemplaires qu'elle comporte, Fides n'en vend que 500. Voir le procès-verbal du conseil d'administration, 31 juillet 1952, ACEF.

19. Document, n° 16, p. 19.

Il s'agissait de tracts de portée apologétique traduits de l'anglais par M. Ethelbert Thibault, p.s.s. Les auteurs, MM. les abbés L. Rumble et C. M. Carty, bénéficiaient d'une longue expérience radiophonique ; ils avaient rédigé leurs textes en s'appuyant sur les réponses qu'ils avaient apportées aux questions de leurs auditeurs. Deux tracts parurent en 1949 : *L'Église* et *Le Mariage*. Huit autres tracts devaient paraître au cours des deux années subséquentes. Un onzième tract parut dans la collection en 1953 ; il était intitulé *Les Témoins de Jéhovah* ; l'auteur, cette fois, était un Canadien : M. l'abbé Paul Lacouline, professeur au Grand Séminaire de Québec et aumônier du Service diocésain de la Bible[20].

Création de succursales à l'étranger

Lors de ses voyages à New York, le père Martin avait aussi rencontré des auteurs européens de passage ou en résidence aux États-Unis. Certains d'entre eux étaient devenus des auteurs de Fides, comme le docteur Andrew John Krzesinski, prêtre polonais réfugié en Amérique, qui avait fait paraître trois ouvrages chez Fides[21], et le père Félix-A. Morlion, spécialiste des communications sociales, dont Fides publiera *L'Apostolat de l'opinion publique*, et qui devait encourager l'éditeur montréalais à développer son action sur le plan international.

Depuis que Fides avait assumé la responsabilité des contrats signés entre la Société catholique de la Bible et « The Confraternity of the Precious Blood » au sujet de *Mon missel dominical* et de *My Sunday Missal*, écrit le père Martin, il m'arrivait assez souvent de me rendre à New York, en compagnie du frère Placide, ou de Paul Poirier, pour rencontrer M. l'abbé Joseph Stedman et ses collaborateurs. Je profitais évidemment de ces voyages pour effectuer diverses autres démarches. Ainsi, le 30 octobre 1943, me trouvant à New York,

20. Document, n° 15, p. 3.

21. *La Culture moderne est-elle en péril ?*, 1944 ; *Christianity's Problem in the Far East*, 1945 ; et *Le Problème du christianisme en Extrême-Orient*, 1947.

parce que la veille j'avais rencontré l'abbé Stedman, je me rendis au Centre d'information Pro Deo (CIP) pour causer avec le père Félix-A. Morlion, o.p., aviseur spirituel de l'Union internationale des Centres d'information Pro Deo (INTERCIP), dont le siège était à Lisbonne. [...]

Par la suite, je devais le revoir à plusieurs reprises ainsi que la directrice du CIP à New York, Mme Anna M. Brady; et j'assistai, en compagnie de Benoît Baril, à des journées d'étude qu'ils avaient organisées à leurs bureaux en juin 1944. J'entretins aussi une correspondance avec le père Morlion et Mme Brady. Dans nos rencontres comme dans nos lettres, il était surtout question de deux projets qui n'eurent pas de suite, mais qui témoignent bien de mes préoccupations à cette époque : l'établissement d'une succursale de Fides à New York et un voyage qu'à titre de membre du CIP j'aurais pu faire en France, pour y établir également une succursale, dès que le territoire aurait été rendu à l'administration civile ; il était aussi question d'un ouvrage du père Morlion, *L'Apostolat de l'opinion publique*, que Fides publia à l'automne 1944, et de la traduction anglaise qui parut en 1945 sous le titre *The Apostolate of Public Opinion*[22].

---

22. « Le père Morlion avait été en Europe, avant la guerre, une figure marquante, chez les catholiques, dans le domaine de l'apostolat par la presse et le cinéma. En 1931, il avait fondé à Bruxelles la Documentation cinématographique de la presse (DOCIP), et en 1934 il avait organisé, dans la même ville, la Centrale catholique de la presse. Durant la guerre, il avait consacré ses efforts à l'établissement de Centres d'information Pro Deo à Lisbonne, puis à New York et en d'autres villes d'Amérique. Ces centres voulaient promouvoir la pénétration des idées religieuses dans l'opinion publique. J'avais donc tout intérêt à avoir des échanges avec lui et à profiter de son expérience. D'autant qu'il était déjà venu au Canada, qu'il était au courant de l'œuvre de Fides qu'il appréciait beaucoup. C'est ce qui m'amena, dans les semaines qui suivirent, à lui demander de prononcer une conférence à Montréal, le 8 janvier 1944, à l'occasion de la bénédiction et de l'inauguration de l'édifice Fides, rue Saint-Denis. Il accepta, et le 22 décembre je le rencontrai de nouveau à New York pour lui parler de la manifestation du 8 janvier et pour lui fournir des renseignements dont il avait besoin. » Document, n° 11, p. 10-11. Parmi les

C'est cet ouvrage que le père Martin cite à l'appui dans son rapport de 1947. Pour lui, l'action internationale de Fides ne devait pas se limiter à la diffusion et à la coédition de publications anglaises ou à la traduction d'ouvrages américains, mais elle devait aussi se matérialiser dans la création de succursales à l'extérieur du pays, notamment aux États-Unis, en France et en Amérique latine. Bientôt deux projets de succursales, l'une en Amérique latine et l'autre en France, devaient se concrétiser.

> [...] il est normal qu'une œuvre comme Fides songe à étendre son action à l'extérieur du Canada, écrivait le père Martin en 1947. Ce n'est pas évidemment que nous voulions établir à l'étranger des succursales qui aient comme but d'apporter des profits à la suite d'un investissement de capitaux. Une telle politique serait contraire à la constitution d'une société sans but lucratif comme la nôtre. Il s'agit bien plutôt pour nous — et c'est ce à quoi nous travaillons depuis les débuts — de contribuer à ce qu'en d'autres pays s'organisent des œuvres animées du même idéal, employant les mêmes moyens et portant le même nom. Car nous sommes persuadés que ces œuvres, quoique indépendantes l'une de l'autre au point de vue administratif, peuvent acquérir par une collaboration étroite une puissance étonnante pour l'organisation mondiale des lectures[23].

Ainsi une première succursale de Fides à l'étranger est inaugurée à São Paulo en 1945, l'année même où l'entreprise de South Bend adopte le nom de Fides Publishers.

---

maisons et les sociétés que le père Martin fréquente lors de ses séjours à New York, il mentionne Paulist Press et Sheed & Ward spécialisées dans l'édition religieuse, H. W. Wilson, dans l'édition d'ouvrages de bibliothéconomie et de bibliographie, Library Efficiency Corporation, dans la vente de fiches et d'accessoires pour les bibliothèques, et National Legion of Decency, dans l'information sur les films.

23. Paul-Aimé Martin, « Rapport annuel », Montréal, Fides, 31 octobre 1947, p. 18.

> La fondation d'« Editora Fides » à São Paulo s'est faite avec l'approbation du supérieur général de la Congrégation de Sainte-Croix, écrit le père Martin, et celle du supérieur de la Province canadienne de la Congrégation. Cette fondation était ardemment désirée par l'ambassadeur du Canada au Brésil, M. Jean Désy ; un des membres du personnel de l'ambassade, M. Léon Mayrand, était venu me voir à deux reprises, en 1944, pour me dire à quel point M. Désy souhaitait que Fides diffuse des livres canadiens dans le public brésilien[24].

Contrairement à Fides Publishers, la maison de São Paulo relève directement de Montréal[25]. La Corporation des Éditions Fides détient alors 90 % des actions de la société avec un investissement de 900 $ seulement. Editora Fides propagera au Brésil les éditions de Montréal, d'autres livres canadiens, de même que des ouvrages en portugais édités par ses soins[26]. Mais la maison brésilienne ne connaîtra pas un développement important « peut-être par manque de capitaux, dit le père Martin, peut-être aussi parce que les confrères qui s'en occupaient étaient trop pris par d'autres tâches[27] ». Quoi qu'il en soit, la société cessera toute activité en janvier 1952.

24. Document, n° 12, p. 15. Le père Martin retrouvera Jean Désy à Paris, qui sera ambassadeur du Canada en France de 1954 à 1958 après avoir été ambassadeur au Brésil de 1944 à 1947.

25. La succursale de São Paulo a été enregistrée sous le nom Editora Fides ltda au Département national des propriétés industrielles à Rio de Janeiro, le 14 juin 1947. Voir P.-A. Martin, « Rapport annuel », Montréal, Fides, 31 octobre 1947, p. 20.

26. Nous en connaissons au moins un dont l'auteur est Gérard PELLETIER, *10 anos de experiência ; estudo sobre um movimento de acção católica*, trad. de Wanda Galvão, São Paulo, Editora Fides ltda (rua Formosa 89, caixa postal 258-B), 1947, 95 p.

27. Document, n° 12, p. 15-16.

La guerre terminée, les regards se tournaient surtout vers l'Europe et la France en particulier où les éditeurs québécois espéraient diffuser leurs ouvrages et développer des projets de collaboration. Dès la libération de Paris, en août 1944, des éditeurs traversent l'Atlantique pour sonder le terrain. Fides suit le mouvement en envoyant, en 1945, un premier émissaire afin d'évaluer les possibilités d'une diffusion européenne. Ces premières démarches seront à l'origine de l'ouverture d'une succursale en France.

CHAPITRE V

FIDES-PARIS

À L'INSTAR DES ÉDITEURS DES ANNÉES 1940, Fides envoie un émissaire en France immédiatement après la guerre pour reprendre contact avec les éditeurs et les libraires français. En mars 1945, un responsable des Éditions Variétés était déjà en France pour conclure des ententes de coédition, entre autres, avec le Mercure de France, éditeur de Georges Duhamel dont presque tous les ouvrages avaient été réédités à Montréal depuis 1941. Bernard Valiquette s'apprêtait, lui aussi, à partir. Le père Martin se souvient avoir été quelque peu mortifié d'être ainsi devancé par ses collègues. Le 26 mars, le conseil d'administration décidait d'envoyer le directeur général en mission en France. Mais des problèmes liés à l'installation de Fides dans un nouvel immeuble rue Saint-Jacques, qui sera inauguré en 1946, retardaient le voyage. Finalement, lors de la réunion du conseil au mois d'août, il était convenu de déléguer Benoît Baril à la place du directeur général, trop accaparé par ses tâches administratives.

> Benoît Baril avait pour mission de resserrer les liens avec les maisons d'édition dont nous avions réimprimé des ouvrages durant la guerre, écrit le père Martin, et si possible de préparer des ententes de

distribution exclusive de leurs livres au Canada ; mais il devait surtout trouver une librairie qui pourrait effectuer la diffusion de nos éditions en France jusqu'à ce qu'il soit possible d'y établir une succursale. Depuis juin 1945, c'était la JECF (Jeunesse étudiante catholique féminine, 19, rue Dareau, Paris 14e) qui assurait la représentation de Fides en France, à titre provisoire. Grâce aux démarches de Benoît Baril, un contrat de diffusion fut conclu avec la Procure générale du clergé, 5, rue de Mézières, Paris 6e[1].

À son retour à Montréal, le 13 janvier 1946, après plusieurs mois d'absence, Benoît Baril donne une conférence de presse au cours de laquelle il fait état des résultats de ses démarches. Il se félicite, entre autres, d'avoir pu démontrer aux éditeurs français que les maisons d'édition québécoises étaient leurs meilleurs alliés pour diffuser le livre français au Canada et il annonce par la même occasion l'établissement d'une agence de Fides à Paris[2].

Quelques mois plus tard, en octobre, le père Cordeau s'embarque à son tour afin de voir aux intérêts de Fides en France. Il s'agit cette fois d'inciter la Procure à augmenter ses achats et à accélérer ses paiements. L'ouvrage que la Procure vendait le plus à cette époque était le *Missel dominical* de Joseph Stedman[3]. Mais les difficultés pour obtenir des permis d'importation et des autorisations de l'Office des changes ralentissaient considérablement les ventes ; « il est indéniable, déclare le père Martin, que, durant les trois ans qu'elle a représenté Fides, la Procure aurait propagé un nombre beaucoup plus grand de nos ouvrages, si le gouvernement français n'avait pas mis des restrictions à l'importation des livres imprimés au Canada, dans le but de conserver ses dollars pour les achats jugés "essentiels"[4] ».

1. Document, n° 12, p. 14.

2. Voir Louis Denis, « L'industrie du livre français au Canada », *Notre temps*, 19 janvier 1946, p. 3.

3. D'après Document, n° 13, p. 14.

4. *Ibid.*

Par ailleurs, comme les éditeurs européens désiraient vendre des livres au Canada, il n'était pas difficile de conclure des accords de coédition, ni d'acheter des livres, ce que fit le père Cordeau. Ce dernier devait aussi consacrer une partie de son temps à faire connaître Fides au public français et surtout aux milieux intellectuels. Ainsi « il prononça une conférence devant les membres de la Corporation des publicistes chrétiens, dit le père Martin, et ceux du Syndicat des écrivains français ; il adressa la parole lors d'une réunion de l'Union catholique du livre ; et il obtint enfin que le journal *La Croix* publie un article sur Fides[5] ». Au cours du même séjour, le père Cordeau annonce le lancement des œuvres de Félix-Antoine Savard en France (*Menaud, maître-draveur* et *L'Abatis*), la publication prochaine d'un catalogue destiné au marché français et rencontre François Mauriac qui lui exprime son intérêt pour le Canada et son désir de le visiter. Mais la question qui, à l'époque, est sur toutes les lèvres, c'est celle des rééditions de livres français durant la guerre et qui a commencé à susciter quelques escarmouches entre les éditeurs et les écrivains des deux côtés de l'Atlantique[6]. À son retour, le père Cordeau donne aux journalistes des explications qui éclairent en partie le débat. À l'automne de 1946, une certaine hostilité subsiste encore en France envers l'édition canadienne, bien que le malentendu suscité par un article de Georges Duhamel ait été rapidement oublié[7].

> Ce malaise provient de ce que les éditeurs français, précise-t-il, n'ont encore rien perçu des droits d'auteur qui leur étaient dus par suite de la réédition de leurs livres au Canada. Ces royautés ont été payées par nos éditeurs au gouvernement canadien et je me suis laissé dire qu'Ottawa avait remis la somme globale de ces royautés au

5. Paru le 28 novembre 1946. *Ibid.*

6. Voir Robert Charbonneau, *La France et nous*, Montréal, Éditions de l'Arbre, 1947, 79 p.

7. Georges Duhamel, « Manque à travailler », *Le Figaro*, 17 août 1945, p. 1.

gouvernement français. Mais les éditeurs français n'ont rien reçu, malgré leurs réclamations. La situation n'est pas claire et il en résulte un certain mécontentement. Des éditeurs de France, en tout cas, m'ont dit comprendre parfaitement qu'il n'y avait pas là de la faute des maisons canadiennes d'édition[8].

Au printemps suivant, en mars 1947, le père Cordeau effectue un second voyage en Europe pour établir de nouvelles ententes avec la Procure de Paris et les Éditions du Rendez-vous en Belgique et étudier avec eux la possibilité d'intensifier la distribution des ouvrages de Fides en France et en Belgique. Fides comptait beaucoup sur ces maisons pour écouler une partie de ses tirages. Le père Cordeau en profite aussi pour acheter d'autres ouvrages introuvables au Canada et destinés aux clients de la librairie.

À partir de cette époque, l'habitude du voyage annuel en Europe est prise ; Fides enverra dorénavant chaque année un représentant pour s'occuper des affaires de la maison et assurer de nouveaux débouchés à ses éditions.

Fides SARL

En mars 1948, c'est le directeur général qui entreprend pour la première fois la traversée de l'Atlantique. Le séjour durera trois mois. D'abord le père Martin participe à la Semaine des intellectuels catholiques organisée à Paris du 11 au 18 avril, où il a l'occasion de côtoyer des sommités comme Daniel-Rops, Paul Claudel, Étienne Gilson, le duc Maurice de Broglie et le cardinal Emmanuel Suhard. Il obtient une audience « spéciale » avec le pape Pie XII à qui il présente les réalisations de Fides et de la Société catholique de la Bible. Et enfin il entreprend des démarches pour

8. Jacques de Grandpré, « Fides lance des livres à Paris », *Le Devoir*, 16 décembre 1946, p. 7.

trouver un immeuble destiné à loger les pères de Sainte-Croix à Paris. Un édifice, situé rue Notre-Dame-des-Champs, dans le 6e arrondissement, à proximité de l'Institut catholique et de la Sorbonne, retient son attention. Sur sa recommandation et avec l'accord du supérieur général, le père Albert-F. Cousineau, la communauté en fera l'acquisition quelques mois plus tard. La maison devait surtout servir aux pères qui poursuivaient des études supérieures à Paris ; « mais j'étais persuadé, dit le père Martin, qu'elle contribuerait d'une façon ou de l'autre à l'implantation de Fides en France[9] ».

L'année suivante, l'entente conclue avec la Procure générale du clergé venant à échéance et après avoir étudié soigneusement la question, le conseil d'administration en vient à la conclusion qu'il faut établir Fides en France d'une façon plus permanente. Le père Martin est alors envoyé en mission avec le mandat exprès d'effectuer toutes les démarches nécessaires à cet établissement[10].

> La loi française ne prévoyant pas l'existence de la « société sans but lucratif », au sens où on l'entend au Canada, dit aujourd'hui le père Martin, il a fallu adopter pour notre œuvre le statut de « société à responsabilité limitée » (SARL). C'était une formule plus simple que celle de la société par actions, et qui nous permettait néanmoins d'exercer toutes les activités nécessaires pour atteindre nos fins. Le siège social de la société fut établi à Paris, dans la maison que la Congrégation venait d'acheter, au 58 de la rue Notre-Dame-des-Champs. Un bureau spacieux y fut réservé à Fides ; il servait à la fois de centre administratif et de salle d'exposition de livres[11].

Pendant le même voyage, le père Martin jette les bases d'une entente avec le docteur Georges Durand, rencontré l'année précédente, qui deviendra le premier gérant de la succursale. Le

---

9. Document, n° 14, p. 15.

10. Paul-Aimé MARTIN, « Rapport annuel », Montréal, Fides, 30 septembre 1949, p. 25-30.

11. Document, n° 14, p. 20.

docteur Durand qui s'était passionné pour le Canada durant la guerre avait fondé une association qui organisait, entre autres, des expositions de livres canadiens. C'est à Orléans, lors de l'exposition de 1948, que le père Martin l'avait rencontré. C'était la personne tout indiquée pour diriger les affaires de Fides en France. Le docteur Durand était même disposé à abandonner pour cela la pratique de sa profession[12].

Les principaux objectifs de Fides SARL comprenaient l'importation et la propagation des ouvrages et des revues édités par la maison de Montréal[13]. Il était aussi entendu que lui seraient confiés les intérêts de l'Oratoire Saint-Joseph. Pour donner suite à un désir exprimé par le père Émile Deguire, recteur de l'Oratoire et membre du conseil d'administration, une entente avantageuse pour Fides avait été signée. Ainsi les revenus qui devaient être tirés

12. « Une société à responsabilité limitée, comme celle que nous avions constituée, ne pouvait compter comme membres que des Français, ou des étrangers vivant en France depuis plus de six mois. Les premiers membres en furent donc deux confrères français : les pères Jean Dolivet et Alexis Hardouin, c.s.c., et deux confrères canadiens résidant en France : les pères Eustache Gagnon et Maurice Choquet, c.s.c. Aucun d'entre eux cependant ne pouvait consacrer beaucoup de temps à la société. C'est pourquoi l'administration en fut confiée au docteur Georges Durand. » Document, n° 14, p. 20.

13. Fides SARL, bien qu'autonome sur le plan juridique, relevait directement de Montréal ; c'est ce qui ressort clairement d'un procès-verbal du conseil d'administration qui se lit comme suit : « Au point de vue civil, la Corporation des Éditions Fides et la Société Fides sont deux sociétés distinctes : l'une canadienne, l'autre française ; l'une sans but lucratif, l'autre à responsabilité limitée. Mais en pratique, tant du point de vue des mises de fonds initiales que des autorisations reçues de la Congrégation de Sainte-Croix, la Société Fides est une filiale de la Corporation des Éditions Fides. Le P. Martin insiste sur ce point auprès des membres du conseil, tout comme il l'a fait auprès du personnel de la Société Fides. "En somme, dit-il, les deux sociétés sont une, et dans toutes nos décisions il faut agir en conséquence et non pas comme s'il s'agissait de deux maisons séparées." » Procès-verbal du conseil d'administration du 31 juillet 1952, ACEF.

de la promotion des œuvres de l'Oratoire en France permettaient à Fides SARL de couvrir une partie du salaire du docteur Durand. À la mission de propagande, venaient s'ajouter l'édition de livres, l'achat d'ouvrages pour la maison de Montréal et la diffusion en Europe de livres canadiens.

> Pour se préparer au travail qu'il devait effectuer en France, écrit le père Martin, le docteur Georges Durand fit un séjour au Canada du 26 juillet au 9 septembre 1949. Il en profita pour se renseigner le mieux possible sur l'Oratoire Saint-Joseph, et pour prendre contact avec les principaux membres de son personnel. Il étudia le fonctionnement des divers services de Fides et établit des relations avec leurs responsables[14].

Au cours de ce séjour, le docteur Durand rencontre plusieurs auteurs, amis et collaborateurs de Fides et des représentants de la presse écrite et parlée. Car la mission de l'établissement parisien dépassait de beaucoup la promotion des œuvres de Fides en Europe, elle comprenait un volet culturel important. Il s'agissait dans l'esprit de la direction de créer « un centre d'information et de documentation sur les choses canadiennes, un carrefour où se rencontrer[aient] Français de France et Français du Canada[15] ».

Un an à peine après l'adoption des statuts de la nouvelle société, il fallait songer à quitter le bureau de la rue Notre-Dame-des-Champs. L'espace nécessaire à l'entreposage des livres et au développement de la librairie exigeait la location de locaux plus grands. Après de nombreuses démarches, un magasin spacieux et très bien situé est trouvé boulevard Raspail, « à proximité de deux stations de métro, du siège social de Larousse, d'une succursale de Hachette et du Collège Stanislas. La façade, d'une longueur de

14. Document, n° 15, p. 1.

15. Lettre de Georges Durand à M. l'abbé Albert Tessier, le 27 octobre 1949, citée dans Document, n° 15, p. 1.

seize mètres, comportait quatre grandes vitrines[16] ». La librairie est inaugurée religieusement, le 14 juin suivant, en présence du supérieur général de la Congrégation de Sainte-Croix, le père Albert Cousineau, et de nombreux membres de la Congrégation dont Adrien Leduc, supérieur de la Maison Notre-Dame-de-Sainte-Croix, et Émile Deguire, de passage à Paris, qui représentait la Corporation[17].

Durant les mois qui suivent, le docteur Durand fait beaucoup d'efforts pour propager les livres de Fides en France ; la maison édite plusieurs ouvrages, elle importe des publications canadiennes provenant de différents éditeurs et répond aux nombreuses demandes d'information qui lui sont faites concernant le Canada.

> Grâce à des dispositions remarquables pour les relations publiques, dit le père Martin, le docteur Durand avait aussi fait connaître notre maison et ses initiatives notamment dans les cercles d'amitié franco-canadienne et dans les milieux de l'édition religieuse. Il était en effet l'un des membres fondateurs de l'Association nationale France-Canada, et les réunions du mouvement se tenaient dans les locaux de Fides. Par ailleurs, peu de temps après son entrée en fonction, en 1949, il avait été nommé membre du comité national d'action catholique du livre et, en octobre 1950, il avait été appelé à siéger au comité directeur de l'Union catholique du livre[18].

---

16. Document, n° 15, p. 5.

17. L'inauguration civile du local de Fides et du siège social de France-Canada eut lieu « le vendredi 7 juillet 1950, à 18h, en présence du général Georges Vanier, ambassadeur du Canada, de M. Raymond Laurent, secrétaire d'État à la Marine et président de France-Canada, et de Mgr Raymond Touvet, v.g., représentant de Mgr Maurice Feltin, archevêque de Paris. M. Jean Gachon, de l'Agence France-Presse, assistait à l'inauguration et à la réception qui suivit. Le lendemain, l'Agence expédiait à ses abonnés un compte rendu de l'événement. » Document, n° 15, p. 13. Voir « Allocution du Dr Georges Durand », *Lectures*, t. VII, n° 1, septembre 1950, p. 18-23.

18. Document, n° 16, p. 7-8. « Je demeurai par la suite en relation avec lui, ajoute le père Martin, car nous nous étions liés d'amitié, et il m'avait reçu

Même après son départ qui surviendra plus tôt que prévu, le docteur Durand ne cessera jamais de collaborer étroitement avec Fides. C'est surtout pour des raisons économiques qu'il devra donner sa démission deux ans seulement après son entrée en fonction. En effet, de retour d'un séjour en France, le père Martin présente un rapport concernant les problèmes de la succursale et dresse un bilan de la situation où il s'avère qu'il est devenu impossible de verser au gérant un salaire digne de sa condition. Le docteur Durand est donc obligé de retourner à l'exercice de sa profession tandis que Fides doit se chercher un nouveau gérant.

Il fallait pour le remplacer trouver quelqu'un qui comprenait bien le domaine de la librairie. Le père Martin connaissait, depuis 1949, un libraire qui exerçait sa profession à Troyes : Daniel Champy, qui avait suivi des cours du Cercle de la librairie et qui avait déjà manifesté son intérêt pour le livre et l'édition canadienne. À l'été de 1951, ce dernier avait réussi à faire un voyage d'étude au Canada, et de retour en France il avait rédigé un rapport de 40 pages intitulé « La vie du livre au Canada français ». Ce rapport l'avait bien préparé pour accomplir une tâche comme celle-là. Il fut donc engagé à la fin de novembre 1951. Champy devait poursuivre l'œuvre commencée par son prédécesseur en supervisant, entre autres, la publication de nouveaux ouvrages.

Un premier volume avait été édité par Fides SARL à l'automne de 1950. Il s'agissait d'une commande de la Congrégation de Sainte-Croix qui voulait faire paraître une biographie digne du fondateur de la communauté.

---

fréquemment dans son foyer. Je l'ai revu à chacun de mes voyages en France, et de son côté il est venu plusieurs fois au Canada, notamment en 1967, en 1977 et en 1989, pour assister aux Biennales de la langue française, dont il avait été l'un des membres fondateurs, à Namur, en 1965. Nous nous sommes aussi écrit bien souvent, et nous continuons de le faire. D'octobre 1964 à juin 1966, le docteur Durand a même publié chaque mois, dans *Lectures*, une lettre où il se faisait l'écho des événements qui, en France, étaient susceptibles d'intéresser les abonnés de la revue. » *Ibid.*, p. 9.

Le supérieur général de la Congrégation de Sainte-Croix, écrit le père Martin, le père Albert Cousineau, avait obtenu que le chanoine Étienne Catta, professeur à l'Université catholique d'Angers, et son frère, M. Tony Catta, ancien avocat au Barreau de Nantes, préparent une biographie scientifique du fondateur de la Congrégation, le père Basile-Antoine Moreau. En vertu d'un contrat signé le 3 janvier 1950, la Maison générale de la Congrégation de Sainte-Croix confia à Fides l'édition de cet imposant ouvrage, dont le premier tome était prêt pour la publication. Il parut sous le titre *Le T.R.P. Basile-Antoine Moreau (1799-1873) et les origines de la Congrégation de Sainte-Croix.* Ce fut le premier volume publié par Fides en France. Le deuxième tome de l'ouvrage des frères Catta parut en 1954, et le troisième, en 1955. Les trois tomes furent imprimés par la maison Firmin-Didot[19].

De 1951 à 1969, Fides édite ou réédite en France une douzaine de volumes[20] qui sont moins destinés au marché français qu'au marché québécois. Comme le constate le père Martin aujourd'hui, c'est surtout à Montréal que devait s'écouler la plus grande partie de ces ouvrages. Même les livres de Félix Leclerc, qui était pourtant connu à Paris et qui jouissait d'une grande popu-

19. Document, n° 15, p. 16.

20. Voici, par ordre chronologique, la liste des ouvrages édités en France sous la raison sociale de Fides : Marcel Clément, *Introduction à la doctrine sociale catholique* (1951) ; Georges Goyau, *Les Origines religieuses du Canada : une épopée mystique* (1951) ; Louis Lochet, *L'Apôtre dans le mystère de l'Église* (1951) ; Charles-Édouard Thivierge, *Les Rouages de l'exportation* (1951) ; André Vovard, *Le Mystère de la poésie. La poésie. Sa nature, ses rapports avec la littérature, l'art et la mystique, son rôle* (1951) ; Félix Leclerc, *Le Hamac dans les voiles* : contes extraits de *Adagio, Allegro, Andante* (1952) ; Edward Leen, *La Pentecôte continue : le Saint-Esprit et son œuvre dans les âmes*, traduit de l'anglais par Julien Péghaire (1952) ; Louis Lochet, *L'Union à Dieu, âme de tout apostolat* (2e édition, 2e tirage, 1959 ; 3e tirage, 1966) ; Tony Catta, *Le Père Dujarié (1767-1838)...* (1960) ; Félix Leclerc, *Théâtre de village* (2e tirage, 1960) et *Dialogue d'hommes et de bêtes* (2e éd., 2e tirage, 1960).

larité, ne faisaient pas exception à cette règle, comme l'édition de ses contes spécialement conçue pour le public français.

> Le docteur Georges Durand crut qu'il serait intéressant, dit le père Martin, que Fides publie un ouvrage de Leclerc spécialement à l'intention du public français. Félix Leclerc souhaitait précisément qu'un choix de ses textes soit édité en France. Il en avait parlé au père Cordeau, c.s.c., dans une lettre datée du 5 décembre 1950. Mais les pourparlers avec Leclerc traînèrent en longueur, parce que son gérant, M. Jacques Canetti, aurait voulu que l'ouvrage « soit lancé par une grosse maison d'édition française connue, vieille, célèbre[21] ».

Finalement, *Le Hamac dans les voiles*, comprenant une série de contes extraits des livres déjà publiés à Montréal, voit le jour, mais sur le tirage de 5000 exemplaires, 1400 seulement sont propagés en France et le reste, soit les trois quarts des exemplaires, sont écoulés au Québec. Au moment de faire ses adieux et de rentrer au pays, en juillet 1953, Leclerc donnera un récital dans les locaux du boulevard Raspail pour remercier son éditeur et le personnel de la maison.

Sur la devanture de la librairie du boulevard Raspail, à côté du nom de Fides, la direction avait fait ajouter l'inscription suivante : « Maison du livre canadien ». En effet, plus qu'une maison d'édition et un comptoir pour la diffusion des livres de Fides, la librairie était aussi une vitrine pour l'édition canadienne-française. La direction recevait les écrivains de passage[22], elle organisait des lancements et des expositions sur la littérature et l'histoire canadienne et elle prêtait ses locaux à l'administration de l'Association France-Canada[23]. De plus, à partir de février 1952, Daniel

21. Lettre de Félix Leclerc au père André Cordeau, mars 1951, ACEF.

22. Le 22 mai 1951, le docteur Durand organise une séance de signature avec Mgr Félix-Antoine Savard qui est en tournée de conférences en Europe.

23. « L'Association nationale France-Canada avait été fondée au début de l'année 1950, lors d'une réunion tenue dans le bureau de la Société Fides, rue

Champy y lancera la première d'une série d'expositions qui mettront en évidence, chaque mois, dans les vitrines et dans le magasin, les œuvres d'un écrivain canadien et des ouvrages portant sur le Canada. La première exposition, consacrée à Félix Leclerc, coïncidait avec la sortie du *Hamac dans les voiles.* Les autres expositions porteront sur les œuvres de Jean Bruchési, quelques écrivains canadiens, le Canada historique, géographique et touristique, les vacances au Canada, le Canada culturel, le Canada industriel et le Noël canadien[24].

Sous la direction de Champy, la librairie parisienne connaîtra une activité et une effervescence accrues. Le gérant de Fides-Paris profite des déplacements du père Martin en France pour organiser des événements autour des nouveautés de Fides. Les lancements se font en présence d'un auteur de passage, comme Félix-Antoine Savard, ou avec ceux qui résident déjà en France, comme Félix Leclerc, Georges Cerbelaud-Salagnac et Robert de Roquebrune[25]. Des personnalités de renom, des diplomates, des critiques littéraires et des écrivains susceptibles d'attirer l'attention de la presse française et canadienne sont sollicités et assistent aux réceptions.

Lors du lancement des quatre premiers volumes des « Classiques canadiens », le 28 novembre 1956, on remarque la présence de l'ambassadeur Jean Désy, de Maurice Genevoix et d'André Rousseaux, le critique du *Figaro*[26]. Le lancement de la collection « Alouette », le 8 juin 1960, se fait en présence de l'ambassadeur

Notre-Dame-des-Champs. Elle y avait installé son secrétariat. Elle emménagea avec Fides dans le local du 120 boulevard Raspail. » Document, n° 15, p. 13.

24. On trouvera la liste des expositions de l'année 1952 dans un article de Jean Lacourcière, « La Société Fides en France et le rayonnement du Canada à l'étranger », *Lectures*, t. VIII, n° 9, mai 1952, p. 414-415.

25. *La Seigneuresse* de Robert de Roquebrune, coll. « La Gerbe d'or », est lancée par Fides à Paris le 25 juillet 1960. Le roman sera repris en feuilleton dans plusieurs journaux de province. Document, n° 20, p. 10.

26. Voir Document, n° 18, p. 17.

Pierre Dupuy et de Félix Leclerc[27]. Le renom de Leclerc en France est un atout certain pour la maison. Le *Paris-Match*, dans son édition canadienne, fait paraître en 1961 une photo du père Martin prise à Paris, avec la légende suivante: « C'est l'éditeur de Félix Leclerc[28] ».

Jean Gachon, un journaliste de l'Agence France-Presse, était aussi un habitué de ces rencontres. Ses dépêches étaient presque toujours reprises dans les journaux de Montréal. Charles Temerson, le correspondant de Radio-Canada à Paris, y allait parfois d'un topo diffusé sur les ondes de la radio d'État. Les personnalités, les auteurs et les journalistes réunis par les soins du gérant de Fides constituaient aussi un réseau efficace dans la diffusion des nouvelles concernant la maison d'édition et ses activités en France. La présence d'un représentant à Paris permettait également la participation de la maison à des événements internationaux auxquels le Canada était associé, comme l'exposition « Visages du Canada » organisée dans les Magasins du Louvre en janvier 1956[29] ou l'Exposition internationale de Bruxelles en 1958[30].

Malgré tous ces événements qui assuraient une présence de l'éditeur en Europe, Fides SARL éprouvait toujours de grandes difficultés à vendre ses ouvrages en France.

---

27. À l'occasion de ce lancement, on constate toutefois que la presse française (*Le Figaro*, 9 juin 1960, *Les Nouvelles littéraires*, 23 juin 1960, et *La France catholique*, 17 juin 1960) retient moins les titres canadiens de la collection que la réédition en livre de poche de l'*Imitation de Jésus-Christ* (coll. « Alouette blanche »). Document, n° 20, p. 8-9.

28. *Paris-Match*, 4 février 1961, p. 16.

29. Voir R.V., « Les Éditions Fides à Paris », *Lectures*, nouv. série, vol. 4, n° 12, 15 février 1958, p. 190-191, et « Visages du Canada français », *L'Oratoire*, avril 1958, p. 23.

30. Voir Rita Leclerc, « Nos livres en ambassade », *Lectures*, nouvelle série, vol. 4, n° 17, 1er mai 1958, p. 257.

Obstacles à l'exportation

La priorité de la maison parisienne demeurait bien sûr la vente des livres publiés par Fides. La direction voyait dans l'exportation de ses propres ouvrages la principale solution aux problèmes économiques qui affectaient l'édition canadienne dans l'après-guerre. En réponse aux questions que se posaient les membres du conseil d'administration, le père Martin formulait en ces termes, en 1952, la raison d'être et le rôle de la Société :

> La Société Fides a comme premier but la propagande de nos livres en France. Cette propagande est extrêmement importante en ce qui concerne les livres que nous avons publiés il y a déjà plusieurs années et qui ne s'écoulent souvent que très lentement au Canada. Pour ce qui est des nouveautés, la Société Fides nous sera d'un précieux appoint le jour où, à cause des exemplaires qu'elle propagera en France, il nous faudra augmenter le tirage de nos publications, car alors toute l'édition nous coûtera moins cher[31].

Mais des problèmes administratifs liés aux difficultés de l'importation empêchaient toujours la réalisation de cet objectif. Fides SARL aurait peut-être pu subvenir à ses besoins, si les retards créés par les règlements de l'administration française n'avaient pas fait obstacle à l'importation du livre canadien.

> [...] la Société Fides rencontrait encore de grandes difficultés à ce sujet, écrit aujourd'hui le père Martin. Ce n'est qu'après des semaines et même des mois de démarches que nos livres finissaient par sortir de l'entrepôt des douanes pour être livrés à notre établissement du boulevard Raspail. Le père Léo-G. Morin et M. Champy m'avaient demandé d'alerter l'opinion publique canadienne à ce sujet. Il était inadmissible en effet que neuf ans après la guerre le gouvernement français rende encore aussi difficile l'importation du livre canadien[32].

31. Procès-verbal du conseil d'administration, 31 juillet 1952, ACEF.
32. Document, n° 17, p. 1.

Des démarches sont donc entreprises pour sensibiliser les autorités et l'opinion publique. L'occasion est offerte par les audiences publiques de la Commission royale d'enquête sur les problèmes constitutionnels (Commission Tremblay), le 18 mars 1954. Les éditeurs réclament « une intervention immédiate du gouvernement fédéral auprès du gouvernement français pour que des questions de change ne paralysent pas l'exportation du livre canadien sur le marché français[33] ». Le père Martin remet des documents relatifs à ces problèmes à Léopold Richer qui publie des articles dans *Notre temps.* Ces articles sont expédiés à Hubert Guérin, ambassadeur de France au Canada, avec une lettre sollicitant le concours du diplomate pour contribuer à l'amélioration de la situation en ce domaine. « La situation que M. Léopold Richer expose en des termes presque violents, écrit le père Martin à l'ambassadeur, a donné lieu à beaucoup de démarches dans le passé, mais malheureusement nous pouvons dire qu'à l'heure actuelle les éditeurs canadiens ont autant de difficultés à faire pénétrer des livres en France qu'ils en avaient en 1947[34]. »

Ces démarches ne réussissent pas toutefois à changer une situation qui mine les efforts des éditeurs canadiens. Lors de son huitième voyage, en novembre 1954, le père Martin doit se rendre à l'évidence : la situation financière de la succursale parisienne est encore moins bonne qu'il ne l'avait cru lors de son précédent séjour, en janvier. « Elle était même plutôt mauvaise, écrit-il, et cela pour les raisons suivantes : 1) l'augmentation considérable depuis 1950 du loyer, des taxes et des frais d'entretien du local du boulevard Raspail ; 2) le déficit causé par certaines opérations, notamment l'importation de livres de divers éditeurs canadiens ; 3) des frais d'administration trop élevés pour le chiffre de ventes[35]. »

33. *Ibid.*, p. 4.

34. Lettre du père Martin à Hubert Guérin, citée dans Document, n° 17, p. 7.

35. Document, n° 17, p. 14.

À son retour à Montréal, le directeur général présente un bilan de la situation. Pour pouvoir financer plus facilement Fides-Paris, le conseil d'administration décide de se départir de la librairie du boulevard Raspail et de limiter la mission de la société à la propagation des livres de la maison en Europe. La vente du local du boulevard Raspail permettait la récupération de l'argent investi, soit 10 000 $, tandis que la diminution des activités commerciales favorisait une réduction des coûts d'opération. En retournant en France en juin 1955, le père Martin mettra à exécution les décisions prises par le conseil quelques mois plus tôt et trouvera un acheteur pour le local du boulevard Raspail.

> C'est à la suite de circonstances tout à fait providentielles, raconte le père Martin, que la maison Larousse s'y est intéressée et que sa filiale, la Société encyclopédique universelle (S.E.U.), l'a acheté pour en faire son siège social. En vertu du contrat signé avec la S.E.U., le 21 juillet, la Société Fides cédait le fonds de commerce, c'est-à-dire le droit au bail du local, le mobilier et l'achalandage, pour le prix de 3 millions et demi de francs, soit environ 10,000 $. En ce qui concerne la diffusion de nos livres en France, elle devait à l'avenir constituer la seule activité de la Société Fides. Il fut décidé que cette activité s'exercerait par l'intermédiaire des Éditions de La Colombe (5, rue Rousselet, Paris 7e), qui agiraient comme maison de distribution. Pour ne pas mettre fin au travail accompli depuis 1950 par la « Maison du livre canadien », il fut résolu de céder ce secteur important de la Société à la librairie des Amitiés françaises, située au 48 de la rue Mazarine, et dirigée par un ami et un collaborateur de Fides depuis plusieurs années, Georges Cerbelaud-Salagnac[36].

Les services commerciaux étant assurés par le personnel des Éditions de La Colombe, le père Léo-G. Morin, supérieur de la Maison Notre-Dame-de-Sainte-Croix, à sa demande avait été relevé de ses fonctions d'administrateur et Daniel Champy demeu-

36. *Ibid.*, p. 22.

rait seul à l'emploi de Fides. Nommé cogérant[37], Champy voyait à l'administration des affaires courantes, il continuait à organiser des lancements, des séances de signature et les tournées de promotion du père Martin lorsqu'il était en Europe[38]. Il s'occupait également de l'importation en France des livres publiés par Fides et de l'exportation des livres français commandés par la librairie de Montréal.

À partir de mars 1956, moyennant une rémunération supplémentaire, on confie à Daniel Champy le rôle de représentant auprès des fournisseurs français. Dans les faits, il s'agissait de tenter d'obtenir des conditions plus avantageuses pour les achats de la librairie de Montréal qui était aussi tenue au courant des parutions des grandes maisons parisiennes plusieurs mois avant leur mise en marché, ce qui donnait à la librairie de Fides une longueur d'avance sur ses concurrentes montréalaises.

> Même si la réorganisation de la Société Fides s'imposait à cause d'une mauvaise situation financière, dit aujourd'hui le père Martin, elle fut plutôt présentée au public comme rendue nécessaire par les progrès de l'œuvre. Je crois maintenant qu'il aurait été plus juste de dire que cette réorganisation était nécessaire pour que l'œuvre continue d'exister et de progresser[39].

Fides-Montréal ne pouvait plus se permettre d'investir à fonds perdu dans une société qui ne produisait aucun profit. La décision de maintenir encore la Société reposait uniquement sur l'espoir

---

37. Le gérant de la Société, depuis sa constitution le 25 mai 1949, était le père Jean Dolivet, c.s.c., un citoyen français.

38. Dans le procès-verbal du conseil d'administration du 31 juillet 1952, ACEF, on peut lire ceci : « L'organisation de la Société Fides a été très utile au P. Martin lors de ses différents voyages en Europe. Le père insiste sur le fait que sans l'aide du personnel de la Société et sans l'utilisation des bureaux, du téléphone, de l'automobile, etc., il ne lui aurait pas été possible de faire autant de travail dans le même laps de temps. »

39. Document, n° 17, p. 23.

d'un autofinancement prochain et sur la conviction que l'existence d'une succursale parisienne ne pouvait avoir qu'un impact positif sur le prestige et l'image de marque de la maison.

> Le fait d'avoir un établissement à Paris, peut-on lire dans un procès-verbal du conseil d'administration de juillet 1952, contribue beaucoup à manifester la puissance de Fides au public canadien et à montrer que Fides est vraiment une œuvre désintéressée qui n'hésite pas à entreprendre et à maintenir des initiatives qui au point de vue strictement commercial sont très osées ou même irréalisables[40].

Dans chacun de ses rapports concernant la succursale parisienne, le père Martin ne manquera jamais de souligner les retombées symboliques de cette initiative.

Chaque année, depuis 1949, la Corporation versait une subvention à sa succursale, destinée à couvrir ses frais d'opération et une partie du salaire du gérant. En 1960, on estimait à 38 111 $ les sommes investies dans Fides SARL depuis sa fondation. Il s'agissait là d'un débours représentant environ 3400 $ par année, ce qui, compte tenu du travail accompli et des avantages qui en découlaient, semblait encore un coût raisonnable.

Depuis le démantèlement de la librairie du boulevard Raspail, c'est-à-dire depuis la vente de la « Maison du livre canadien » à Cerbelaud-Salagnac et l'attribution des services de distribution à La Colombe (Éditions du Vieux Colombier), Fides SARL ne possédait plus toutefois, sur le plan légal, de domicile fixe. Or, pour être conforme aux lois françaises, la Société devait être dotée d'un siège social avec une adresse indépendante. Provisoirement, Fides s'était installé dans l'immeuble de la Banque canadienne nationale (37, rue Caumartin, 9e), mais cela ne pouvait constituer qu'une solution provisoire. De 1956 à 1959, le père Martin fera

40. Procès-verbal du conseil d'administration, 31 juillet 1952, ACEF.

plusieurs voyages, entre autres, pour trouver une solution permanente à ce problème.

En novembre 1956, alors que la politique internationale est plutôt inquiétante — la Hongrie est en pleine révolte contre le régime communiste et la France et l'Angleterre mènent une action militaire au canal de Suez —, le directeur général de Fides prend à nouveau l'avion pour Paris afin de faire le point sur la réorganisation de la Société. Il constate que l'entente de distribution avec La Colombe ne porte pas fruit, qu'il faut y mettre fin. La librairie des Amitiés françaises (48, rue Mazarine, 6e), dirigée par Georges Cerbelaud-Salagnac qui était un auteur de la maison depuis 1947, est envisagée comme une solution de remplacement. On y aménage le bureau de Fides-Paris en échange des services de Daniel Champy qui prend la direction du commerce durant un an. Mais le problème de l'adresse indépendante n'est toujours pas résolu. Fides-Paris ne peut pas utiliser l'adresse de son hôte, ni celle de la maison de la communauté, rue Notre-Dame-des-Champs.

En janvier 1958, le père Martin s'embarque pour Paris afin de régulariser une situation qui devient de plus en plus préoccupante. En effet, il apprend à son arrivée que les Amitiés françaises doivent fermer leurs portes incessamment. La Société Fides doit décidément se trouver un nouveau local. La possibilité de prendre le contrôle de ce commerce est envisagée, mais cette solution s'avère trop coûteuse. Le père Martin et Daniel Champy se mettent alors en relation avec des agences immobilières spécialisées dans le domaine de la librairie et finissent par dénicher un immeuble sur la rue Félibien, près du marché Saint-Germain :

> Ce local se trouve dans le sixième arrondissement, tout près du carrefour de l'Odéon et du boulevard Saint-Germain, dit le père Martin. Il comporte deux entrées : l'une au numéro 76 de la rue de Seine et l'autre au numéro 3 de la rue Félibien. Cette dernière entrée se trouve juste en face de la Maison du livre français, entre-

prise très considérable qui groupe les commandes de tous les libraires de province[41].

Le conseil d'administration de Montréal approuve la décision en accordant les crédits nécessaires que l'on espère amortir à même le compte de la « propagande générale de la maison » et sur une période de sept ans (le bail de la rue Félibien venant à échance en 1965). Au cours de la même réunion, le conseil reconnaît que la fondation d'une procure par la maison des Pères de Sainte-Croix à Paris a pu causer un sérieux préjudice à la librairie des Amitiés françaises, qui avait pris la relève de la « Maison du livre canadien », en lui enlevant la plupart de ses clients.

Le père Martin entreprend un autre voyage en janvier 1959 pour, entre autres, constater l'établissement de Fides dans ses nouveaux locaux. C'est aussi l'occasion de célébrer le 10e anniversaire de la maison en France. Une réception est organisée dans la résidence Notre-Dame-de-Sainte-Croix, là même où la Société avait commencé ses activités en 1949. L'année suivante, un autre voyage en Europe est organisé, cette fois avec Victor Martin, le directeur des librairies Fides, et sa femme, Raymonde Simard-Martin. Il s'agit de visiter les fournisseurs de la librairie et de rencontrer les directeurs d'une cinquantaine de maisons d'édition de France, de Belgique et de Suisse[42]. Ces rencontres portent fruit. Dans plusieurs cas, les directeurs des maisons concèdent divers avantages dans le domaine de la publicité et accordent des conditions d'achat notablement plus favorables que dans le passé. Le 9 mai, les frères Martin sont reçus au Cercle de la librairie par la section des éditeurs religieux du Syndicat des éditeurs français. Au cours de la réunion présidée par Étienne Lethielleux, ils prennent la parole devant les représentants des maisons d'édition françaises et belges intéressées par la diffusion de leurs livres au

41. Procès-verbal du conseil d'administration, 20 février 1958, ACEF.

42. Document, no 20, p. 7.

Canada. Victor Martin fait état des moyens exceptionnels dont dispose Fides pour assurer la diffusion des livres importés. À cette époque, la maison compte six succursales et neuf dépôts exclusifs. Dans sa publicité, Fides est présentée comme étant « la plus vaste organisation de diffusion du livre français en Amérique[43] » ; en fait, aux dires du père Martin, la maison est « le plus gros importateur canadien de livres scolaires et de livres religieux édités en France et en Belgique[44] ».

Le départ de Daniel Champy

Au cours du voyage de 1960, Daniel Champy fait savoir au père Martin qu'il désire être déchargé des tâches d'ordre financier et administratif de la succursale. Il ne veut plus s'occuper que de la diffusion et de la vente de livres. Le père Martin souhaite que le gérant revienne sur sa décision, mais celui-ci insiste et fait connaître son intention dans une lettre au conseil de Fides qui refuse cette demande en invoquant un manque de ressources. Les revenus de la Société Fides ne sont pas suffisants pour envisager l'embauche d'un deuxième employé à qui serait confiée l'administration de l'entreprise. Devant ce refus, le libraire décide de donner sa démission et quitte son emploi le 28 février 1961. C'est un autre coup dur pour Fides SARL. Avec le départ de Champy, la maison perd un publiciste de premier ordre. Sous sa gérance, les expositions, les conférences de presse et les lancements s'étaient multipliés. Ce départ laissera un vide qui ne sera jamais comblé, en particulier au chapitre des relations avec les milieux littéraires et les médias. Champy avait eu l'idée d'inscrire les publications de Fides dans la *Bibliographie de la France*, ce qui s'était traduit par

43. Dépliant publicitaire reproduit en annexe du Document, n° 12.
44. Document, n° 20, p. 7.

une hausse significative des ventes de la maison[45]. Sa connaissance du milieu de l'édition et de la clientèle de Fides en France l'avait aussi amené à proposer des projets de publication. Ainsi, il avait fait la suggestion d'une biographie du frère André par Gilles Phabrey, un auteur français qui s'était fait connaître du grand public par un volume consacré au moine libanais Charbel Maklouf. Le livre intitulé *Le Portier de saint Joseph*, publié à Montréal en avril 1958, fut lancé à Paris le 7 janvier 1959 avec un certain succès.

Lorsqu'on s'arrête aux titres qui intéressent le lecteur français de Fides, on constate que la littérature canadienne n'y occupe pas une très grande place. À part les livres de Félix Leclerc, les titres qui se vendent appartiennent surtout au domaine religieux, c'est le cas de deux volumes de la collection « Éveil » intitulés *Prions* et *Mon petit missel en image*, qui s'écoulent à 6000 exemplaires chacun en 1954[46], et du *Missel dominical* de Mgr Stedman. *La Famille des chanteurs Trapp* obtient aussi un succès remarquable lié à la notoriété du film qui lui est consacré[47]. Comme l'avait noté Daniel Champy dès 1954, pour que Fides se fasse une place sur le marché français, il ne fallait pas présenter la maison comme une entreprise canadienne mais plutôt « comme la succursale française d'une maison d'édition d'envergure internationale[48] ». Le succès de ces titres très peu canadiens lui avait donné raison.

Le départ de Champy ne marque pas toutefois une rupture du libraire avec la maison d'édition puisque ce dernier demeurera au service du livre québécois en France et que, à ce titre, il contribuera encore pendant plusieurs années à la propagation des

45. Procès-verbal du conseil d'administration, 4 février 1954, ACEF.

46. Document, nº 17, p. 1.

47. Voir le procès-verbal du conseil d'administration, 19 février 1959, ACEF. De 1951 à 1967, le tirage total de *La Famille des chanteurs Trapp* devait atteindre 22 000 exemplaires.

48. Procès-verbal du conseil d'administration, 4 février 1954, ACEF.

ouvrages de Fides. Il faut tout de même trouver un nouveau gérant pour la succursale parisienne. Le père Martin prend encore une fois le bâton du pèlerin pour recruter un remplaçant. Mais avant de s'embarquer pour Paris, le 26 décembre 1960, il a déjà quelqu'un en vue.

> La personne à laquelle je songeais, écrit-il, était M. Jean Ritzinger. Il m'avait été recommandé par M. Étienne Lethielleux, directeur général de la maison Lethielleux et président de la section des éditeurs religieux du Syndicat des éditeurs français. M. Ritzinger était un libraire d'expérience ; après avoir eu la responsabilité de la Librairie Alsatia, de Strasbourg, il avait dirigé la Librairie française, à Rome, de 1954, année de sa création, jusqu'en 1959. Je rencontrai M. Ritzinger dès le lendemain de mon arrivée à Paris. Il me fit une excellente impression. [...] Il fut convenu qu'il serait aidé dans sa tâche par un comité consultatif composé de personnes qui connaissaient bien Fides et les sociétés d'amitié franco-canadienne[49].

Au cours du même voyage, des démarches sont entreprises afin de modifier le statut juridique de la Société. Alors que dans les faits la succursale parisienne relevait de la direction de Montréal, sur le plan légal elle était la propriété des Pères de Sainte-Croix établis en France. Une modification de la loi française permettait désormais à Fides-Montréal de devenir officiellement propriétaire de l'entreprise, ce qui fut fait ; la Corporation acheta la presque totalité des parts de Fides SARL (810 parts à 50 francs chacune sur 900)[50], un petit nombre d'entre elles seulement demeurant entre les mains du père Jean Dolivet, c.s.c., « de façon à ce qu'il puisse continuer à occuper le poste de gérant [officiel] de la société[51] ».

49. Document, n° 20, p. 18. Ce comité était composé du père Eustache Gagnon, c.s.c. (président), du docteur Georges Durand (vice-président), du père René Baudry, c.s.c. (qui avait remplacé Robert de Roquebrune comme délégué des Archives publiques du Canada à Paris), et de Daniel Champy.

50. Procès-verbal du conseil d'administration du 12 janvier 1961, ACEF.

51. Document, n° 20, p. 19.

Malgré tous ces changements, Fides SARL n'arrivait toujours pas à s'autofinancer même si, à sa principale activité qui consistait à propager ses livres en Europe, la succursale avait ajouté « un certain nombre d'autres initiatives », comme l'importation de livres français et en particulier de manuels scolaires[52]. Cette dernière activité était lucrative du fait que, pour l'exportation de livres français hors de France, Fides-Paris pouvait bénéficier d'une détaxe de 10 % et d'une subvention du fonds culturel de 3,75 %[53]. Mais cela n'était pas suffisant pour rentabiliser les opérations de la succursale dont la situation, si elle n'était pas excellente, demeurait stable. Les changements des dernières années visaient surtout à atteindre l'équilibre budgétaire. Par ailleurs, alors que toutes les modifications financières et juridiques et les relocalisations de l'entreprise depuis sa fondation étaient toujours présentées par la direction comme les manifestations d'une amélioration et d'une expansion de la maison en Europe, dans les faits la réalité était bien différente.

La « Librairie du Canada français »

Pour sauver la succursale parisienne qui était toujours en difficulté en 1964, le directeur de Fides conçoit un autre projet : créer un centre de diffusion du livre financé par les éditeurs canadiens. Profitant de l'expérience française de Fides, il songe d'abord à intéresser les éditeurs avec lesquels la maison a certaines affinités comme les Presses de l'Université Laval, les Éditions Bellarmin, les

52. Procès-verbal du conseil d'administration, 12 janvier 1961, ACEF. Le père Martin constate que Fides-Paris achète trop peu de livres de Fides-Montréal et que « le profit brut réalisé n'est pas suffisant pour payer les frais d'administration ». Procès-verbal du conseil d'administration, 16 août 1960, ACEF.

53. Procès-verbal du conseil d'administration, 19 janvier 1963, ACEF.

Éditions de l'Université d'Ottawa, les Éditions du Pélican, Wilson & Lafleur et l'Imprimeur de la Reine. Mais comme il aurait fallu refuser l'accès de ce centre à certaines maisons d'édition pour des motifs religieux ou moraux, le projet est bientôt modifié. Fides tente alors d'intéresser l'Association des éditeurs canadiens au projet d'un Centre de diffusion de livres canadiens (CDLC) qui sera bientôt connu sous le nom de « Librairie du Canada français ». Les discussions s'amorcent avec succès.

> Selon ce projet, écrit le père Martin, le CDLC n'était pas seulement une entité juridique entièrement indépendante de la Société Fides, mais il ne pouvait aucunement être confondu avec elle, puisque la partie du local qu'il devait occuper devait être séparée par une cloison des bureaux de Fides et avoir son entrée propre, rue Toustain[54].

Jean Bode, le président de l'Association des éditeurs canadiens, et Jean Ritzinger, le gérant de Fides SARL, avaient obtenu du ministère des Affaires culturelles du Québec une subvention de démarrage pour le projet. Mais bientôt ce projet devait sombrer dans une impasse face au refus des éditeurs de s'engager financièrement dans l'affaire.

> C'est là que les choses se gâtèrent, précise le père Martin ; en effet, même avec une subvention du ministère et l'appui du conseil de l'AEC, le lancement de la « Librairie du Canada français » ne pouvait se faire sans que les éditeurs consentent à y investir de l'argent ; or les éditeurs présents s'y refusèrent absolument[55].

Après avoir envisagé différents scénarios et la possibilité de confier la propriété du centre à Jean Ritzinger, Fides abandonne finalement le projet. À l'été de 1965, Ritzinger fait savoir à Fides qu'il renonce lui-même à créer un organisme du genre, ce refus

54. Document, nº 21, p. 33.
55. *Ibid.*, p. 34.

signifiant son départ de Fides puisqu'il ne pouvait soutenir seul la propriété d'une succursale. Revenue à la case de départ, privée à nouveau de gérant, la direction devait maintenant envisager la possibilité de quitter le local de la rue Félibien, de dissoudre la Société et de confier la diffusion de ses livres à un autre distributeur.

En octobre 1965, la visite à Montréal d'un certain Jean Lanore, directeur général de la maison Fernand Lanore[56] desservant une clientèle d'étudiants et d'éducateurs, apparut comme providentielle. Une entente devait être conclue quelques mois plus tard. « Cette entente prévoyait que M. Lanore se chargeait de la diffusion de nos livres non seulement en France, mais aussi en Belgique et en Suisse[57]. » Au cours d'un voyage à la fin de l'année, le père Martin procède à la fermeture de la succursale de la rue Félibien et signe un contrat de distribution avec Lanore.

> Ce n'est certes pas sans peine, déclare le père Martin, que je vis M. Ritzinger quitter Fides et que je présidai à l'abandon du local de la rue Félibien ; mais, je revins d'Europe persuadé que la solution que nous avions adoptée, tout en nous aidant à faire des économies, ne nuirait pas au prestige de Fides et nous permettrait de vendre plus de livres qu'auparavant. À l'appui de mon assertion concernant le prestige de Fides, je notais que le nom de notre maison figurerait dans la vitrine du local de la rue d'Assas, à côté de celui de Fernand Lanore, que nos livres pourraient continuer de porter, en page de titre, la mention de Paris comme lieu d'édition, avec celle de Montréal, et que la Société Fides demeurerait membre du Syndicat des éditeurs français. Lors d'une réunion du conseil d'administration tenue le 16 février 1966, le père [Elphège-M.] Brassard [supérieur de la Maison Notre-Dame-de-Sainte-Croix] fut désigné pour

56. Située au 48, rue d'Assas, 6e arrondissement, à proximité de l'Institut catholique de Paris.

57. Document, n° 22, p. 7.

représenter la Société Fides auprès de ce syndicat, en remplacement de M. Ritzinger[58].

L'entente avec Lanore va durer trois ans, jusqu'en 1969, alors que le distributeur connaît des difficultés financières qui l'obligent à vendre son magasin de la rue d'Assas. Ainsi, privé à nouveau de local, Fides n'a plus d'autre choix que d'envisager la fermeture de la succursale. Quant aux activités de Fides SARL, la décision d'y mettre fin avait été prise dès 1967 et les démarches relatives à la dissolution de la société avaient été complétées en octobre 1968.

* * *

Ainsi s'achevait une aventure qui avait causé bien des soucis à la direction de Fides et en particulier à son directeur général. Si, sur le plan financier, l'opération n'avait pas été rentable, sur le plan symbolique, au contraire, elle avait valu à la maison une certaine notoriété dans la mesure où elle avait réussi à assurer une présence du livre québécois en France.

Cette dissolution marquait la fin d'une époque et l'aboutissement d'une démarche dont on avait dû mesurer les limites. Si l'existence d'une succursale s'était révélée utile dans les années 1950, elle apparaissait maintenant trop coûteuse et aussi moins nécessaire que par le passé pour assurer une présence de Fides en Europe. En effet, la situation avait beaucoup évolué depuis 1949 : les fréquentes visites du directeur général en France et, depuis 1966, une participation régulière à la foire de Francfort avaient permis de créer des liens permanents avec les éditeurs et les libraires européens. Les relations d'affaires qui avaient été établies au cours des années demeuraient solides et pouvaient désormais se poursuivre depuis Montréal. De plus, Fides restait toujours en contact avec Daniel Champy qui, après son départ en 1961, était devenu chef du service

58. *Ibid.*, p. 7-8.

de l'exportation des Éditions de l'École et responsable du Centre de diffusion du livre canadien-français (CDLCF)[59].

Au cours de ses fréquentes visites — plus de 36 voyages en Europe durant son mandat —, le père Martin avait appris à bien connaître le marché européen et à faire affaire avec les maisons de distribution déjà en place. Là comme ailleurs, la tendance était à la spécialisation. Ainsi l'éditeur confiait la distribution de ses livres religieux à la maison Mame en 1972, et de ses livres d'histoire, de littérature, de sciences sociales et de bibliothéconomie au CDLCF en 1967, remplacé par le CLUF (Centre de diffusion de livres universitaires de langue française) de 1974 à 1980. Les voyages annuels à Francfort avaient aussi permis d'établir des relations directes avec de nombreuses sociétés européennes auxquelles, entre autres, l'éditeur vendait des droits et avec lesquelles il signait des ententes de coédition. Le père Martin avait constaté que les ventes européennes de Fides portaient sur un très petit nombre de titres et que, à l'exception d'ouvrages comme *Vatican II*, le *Dictionnaire des synonymes*, les *Tables abrégées de la classification décimale universelle* et la traduction française de *La Famille des chanteurs Trapp*, il était préférable dans la majorité des cas d'avoir recours à la coédition[60]. C'est la solution qui sera retenue pour plusieurs

59. « En mai 1967, écrit le père Martin, un Centre de diffusion du livre canadien-français (CDLCF) avait été organisé au sein de la librairie L'École, rue de Sèvres, sous les auspices de l'Association des éditeurs canadiens (AEC) et avec le concours du ministère des Affaires culturelles du Québec. J'assistai d'ailleurs à l'inauguration officielle de ce Centre ; elle eut lieu, le mercredi 18 octobre [...]. Le CDLCF propageait à ce moment-là environ 250 volumes dont le choix avait été fait par l'AEC ; 80 d'entre eux avaient été édités par notre maison ; ils appartenaient à nos collections d'histoire et de littérature. Grâce à la subvention qu'il recevait du ministère des Affaires culturelles, le CDLCF pouvait vendre les livres canadiens au prix où ils se vendaient au Canada. » Document, n° 22, p. 42.

60. Rapport du voyage en Europe du père Paul-Aimé Martin, 16 avril au 7 mai 1968, annexé au procès-verbal du conseil d'administration du 12 juin 1968, ACEF.

ouvrages et qui s'avérera, à long terme, la solution la moins coûteuse et tout de même avantageuse sur le plan symbolique.

Cette expérience européenne permettra aussi à l'éditeur d'éviter le piège de « Books from Canada / Livres du Canada », une vaste opération de diffusion subventionnée par le gouvernement fédéral au début des années 1970. Cette opération allait engloutir des fonds publics dans des centres de diffusion dirigés par des gestionnaires peu compétents. Plusieurs éditeurs s'étaient laissé séduire par des promesses qui en bout de ligne s'avérèrent illusoires[61]. Fides, qui était déjà engagée avec des maisons de distribution européennes et à qui l'organisme voulait arracher un contrat d'exclusivité, limita sa participation à quatre ouvrages. Sa prudence inspirée par sa connaissance de la librairie française devait lui épargner une expérience qui s'avéra très douloureuse pour plusieurs éditeurs québécois.

61. Sur cette aventure rocambolesque et les nombreux efforts de diffusion du livre québécois en France durant ces années, voir l'ouvrage récent et bien documenté de Josée Vincent, *Les Tribulations du livre québécois en France (1959-1985)*, Québec, Nuit blanche éditeur, 1997, 234 p.

CHAPITRE VI

COLLECTIONS LITTÉRAIRES

POUR LIMITER LES RISQUES INHÉRENTS au lancement de nouvelles publications, l'éditeur crée des collections. Il lance des séries d'ouvrages présélectionnés ou commandés. Il recycle des fonds anciens pour des publics nouveaux. Il effectue une sélection en fonction d'un « public théorique » au nom duquel il recrute les écrivains et choisit les textes. La vocation de l'homme de métier repose en fait sur sa capacité d'identifier des publics et de prévoir leurs besoins. Le succès d'une collection dépend souvent de la justesse de cette perception qui permettra de transformer un public en clientèle.

La collection permet « de baliser le champ perceptif[1] » à un double niveau. En amont, la collection constitue un mode de classification de la production. Elle permet de filtrer et de contrôler le flux des manuscrits et contribue, d'une certaine manière, à canaliser les forces créatrices dans le sens d'un projet éditorial. En aval, comme système de classement, elle facilite aussi les choix du

1. Jacques DUBOIS, *L'Institution de la littérature*, Paris / Bruxelles, Fernand Nathan / Éd. Labor, 1978, p. 121.

lecteur. Elle dispose à la lisière du livre un ensemble de signes linguistiques et visuels qui servent de guide et de point de repère. Comme l'affirme Gérard Genette, « le label de la collection [...] indique immédiatement au lecteur potentiel à quel type, sinon à quel genre d'ouvrage il a affaire[2] ». « Le nom de l'éditeur, le sigle de la collection parlent *avant* le texte lui-même », déclare Hubert Nyssen[3]. Jean-Marie Bouvaist constate encore que « celui qui connaît le style de la collection sait ce qu'il cherche et ce qu'il va trouver[4] ». Ainsi, pour la plupart des théoriciens du livre, la collection surdétermine la communication littéraire en servant de représentation, d'objet transitionnel ou de « pont idéologique » entre l'ouvrage édité et son lecteur réel.

Les Éditions Fides, issues de *Mes Fiches*, c'est-à-dire d'un périodique qui visait avant tout à former des lecteurs, étaient particulièrement sensibles au phénomène de la collection et au rôle qu'elle pouvait jouer dans la promotion du livre et de la lecture. Sous la direction du père Paul-Aimé Martin, de 1941 à 1978, la maison d'édition va lancer pas moins de 127 collections. Dans cet ensemble, conformément à la mission pédagogique de l'éditeur, une grande place sera accordée aux collections patrimoniales. Il s'agissait pour l'éditeur d'offrir à la fois aux étudiants et au grand public les œuvres les plus représentatives du répertoire. Les trois premières collections littéraires inaugurées par la maison à ses débuts, « Le Message français », « Selecta » et la « Collection du Nénuphar », n'ont pas d'autre objectif. Les deux premières visent surtout à combler une demande que ne pouvait plus satisfaire l'édition européenne, tandis que la troisième, de loin la plus

2. Gérard GENETTE, *Seuils*, Paris, Seuil, 1987, p. 26.

3. Hubert NYSSEN, *Du texte au livre, les avatars du sens*, Paris, Nathan, 1993, p. 31.

4. Jean-Marie BOUVAIST, *Pratiques et métiers de l'édition*, Paris, Éd. du Cercle de la librairie, 1991, p. 66.

connue et la plus prestigieuse, tente de renouveler le corpus des « classiques canadiens » confinés jusque-là aux collections de livres de récompense destinés à la jeunesse.

« Le Message français » et « Selecta »

La création de collections de classiques français, au cours des années 1940, doit être située dans le contexte de la guerre. Les éditeurs cherchent alors à combler la pénurie de livres provoquée par l'interruption des relations commerciales avec la France[5]. Ainsi, en 1942, la direction de Fides accepte de lancer « Le Message français », collection créée par Roger Varin, membre fondateur des Compagnons de Saint-Laurent, dont l'objectif est d'offrir des extraits des grands auteurs catholiques du XXe siècle. Cinq volumes sont publiés contenant des textes de Charles Péguy, de Paul Claudel, de Philippe Pétain, de Georges Duhamel et de Guy de Larigaudie. Malgré ou peut-être à cause de la nature idéologique et « militante » des premiers volumes, la collection connaît un certain succès comme l'atteste l'évolution des tirages. Publiés en 1942 et 1943, les numéros consacrés à Péguy, Claudel et Pétain sont tirés à 5000 exemplaires et s'écoulent à bon rythme ; les stocks sont épuisés en quatre ans. Ces premiers titres semblent d'abord répondre aux préoccupations de l'heure et à l'intérêt suscité par les débats opposant les partisans de la France libre et ceux d'une France réformée. La collection prend visiblement parti pour la France de Pétain. Mais le succès de la série, lié aux événements, est de courte durée. Les numéros publiés après 1945, moins engagés politiquement, ne décollent pas. *Le Message français de Georges Duhamel,* tiré à 10 000 exemplaires, et *Le Message*

5. À ce sujet, voir *Éditeurs transatlantiques*, sous la dir. de Jacques Michon, Sherbrooke / Montréal, Ex Libris / Triptyque, 1991, 245 p.

français de Guy de Larigaudie, tiré à 5000, se vendent peu et doivent être soldés ou détruits après un certain nombre d'années[6].

En dépit d'une conjoncture défavorable, Fides lance tout de même une nouvelle collection de classiques français, en 1945, dans l'espoir de faire concurrence aux « petits classiques » des éditeurs européens. Elle veut offrir aux lecteurs des collèges et des écoles supérieures des morceaux choisis de grands auteurs dans des éditions adaptées pour le marché québécois. Une dizaine de titres sont lancés jusqu'en 1948, essentiellement des choix de textes de Ronsard, Baudelaire, Villon, Lamartine, Chénier, Mme de Sévigné, Théophile Gautier, Musset, Vigny et Louis Mercier[7]. Malgré la notoriété et la diversité des auteurs retenus, les ventes sont lentes. Le tirage moyen, d'abord établi à 5000 exemplaires, est ramené à 3000 en 1947. Nonobstant ce réajustement, l'éditeur reste encore avec de grandes quantités d'exemplaires sur les bras. Les stocks ne s'écoulent qu'au compte-gouttes. Comme la précédente, cette collection est finalement abandonnée, puis soldée en 1953 alors que le nombre d'invendus s'élève à 1500 exemplaires par titre.

L'éditeur doit se rendre à l'évidence ; « une fois les grandes collections françaises de classiques revenues sur le marché canadien, "Selecta" ne pouvait survivre longtemps[8] ». Dans son « Rapport annuel » de 1946, le directeur général précise :

---

6. Le *Larigaudie* est mis en solde en 1953 alors qu'il en reste 1500 exemplaires, tandis que le *Duhamel*, avec 3000 exemplaires en stock, est « passé au couteau » en 1960, d'après les fiches des tirages des Archives de la Corporation des Éditions Fides.

7. Le *Baudelaire* est présenté par François Hertel, *Mme de Sévigné* par Vallery-Radot et les autres titres (*Théophile Gautier*, *André Chénier*, *Alfred de Vigny*, *Louis Mercier*, *Alfred de Musset*) sont présentés par Amable Lemoine, docteur ès lettres. Les poésies du recueil consacré à Louis Mercier ont été choisies par l'auteur lui-même.

8. Document, n° 12, p. 17.

> Une telle diminution n'est pas un phénomène propre à Fides. En effet, tous ceux qui s'occupent de la propagande des livres s'accordent à dire que, durant l'année dernière [1945], la reprise des relations avec la France a eu un effet psychologique considérable auprès des libraires et du public. Cette vague de désintéressement à l'égard du livre canadien n'a pas été de longue durée. Malgré tout, certains éditeurs ont été tellement affectés qu'ils ont dû cesser leurs activités[9].

Alors que, à la fin des années 1940, toutes les collections de littérature française des éditeurs québécois disparaissent, Fides ne met pas de temps à comprendre la nécessité de se limiter à l'édition d'œuvres canadiennes. Tous ses efforts vont désormais se déployer dans cette direction. Le succès de la « Collection du Nénuphar », créée en 1944, viendra renforcer la tendance. En matière d'édition littéraire, c'est même elle qui donnera bientôt le ton à toutes les autres collections littéraires de l'éditeur après une courte période de gestation au cours de laquelle elle acquerra les grandes caractéristiques qui feront sa réussite.

La « Collection du Nénuphar »

Le public de la littérature est un public particulier, relativement autonome et exigeant, il a une histoire et un système de valeurs qui lui sont propres. Il a ses représentants attitrés dans la presse, dans les médias, dans les maisons d'enseignement et dans les maisons d'édition. Ce sont notamment les critiques, les professeurs et les membres des comités de lecture qui sont désignés pour le représenter auprès de l'éditeur. « La pré-critique des comités de lecture, écrit Robert Escarpit, se modèle sur la critique tout court et le désir de tout éditeur est d'avoir une équipe de lecteurs qui

---

9. Paul-Aimé Martin, « Rapport annuel », Montréal, Fides, 31 octobre 1946, p. 35.

sont un échantillonnage du public théorique sur l'image duquel il réglera ses choix[10]. » Pour qu'une collection littéraire réussisse à s'imposer, elle doit reposer sur une convergence d'intérêts entre la communauté à qui elle est destinée et ceux qui, auprès de l'éditeur, la représentent et font des choix à sa place. En se penchant aujourd'hui sur les causes de l'échec de la collection « Selecta », le père Martin admet d'ailleurs qu'elle a pu reposer en grande partie sur la faible renommée des collaborateurs responsables du projet et du choix des volumes[11]. En proposant une sorte d'alternative aux « Classiques Larousse », l'éditeur avait aussi sans doute mal évalué le degré de pénétration de cette collection dans les milieux de l'enseignement.

L'éditeur ne répétera pas la même erreur avec la « Collection du Nénuphar ». Il comprendra très rapidement qu'il doit se plier au système de valeurs du public auquel il s'adresse s'il veut être accrédité auprès de lui et être assuré de faire les bons choix. À cette fin, il fait appel à la collaboration de critiques et d'auteurs reconnus, dotés d'un certain capital symbolique. C'est à cette condition seulement qu'il peut montrer au milieu qu'il défend ses intérêts. La « Collection du Nénuphar » est sans doute celle qui a le mieux réussi à jouer ce rôle et à constituer une application remarquable de cette stratégie dans le champ littéraire.

À l'origine de la collection, il faut situer la rencontre de l'éditeur avec l'auteur de *Menaud, maître-draveur*, Félix-Antoine Savard, qui jouit alors d'une grande renommée. Couronné par l'Académie française en 1938, récipiendaire du prix David en 1939, Savard est, au début des années 1940, l'écrivain qu'il faut s'attacher pour lancer une collection patrimoniale. Plusieurs

---

10. Robert Escarpit, *Sociologie de la littérature*, 8e éd., Paris, PUF, coll. « Que sais-je ? », 1992, p. 82.

11. En entrevue, le père Martin reconnaît qu'à part François Hertel qui avait préparé le recueil de morceaux choisis du *Baudelaire*, les autres personnes auxquelles Fides s'était adressées étaient peu connues dans les milieux littéraires.

rencontres ont lieu entre l'éditeur et l'auteur de 1940 à 1943 alors qu'est lancée l'idée d'une collection de « Classiques canadiens ». Dès février 1942, un contrat est signé où Fides, tout en s'engageant à publier le nouveau livre de l'auteur, *L'Abatis* (1943), prévoit la réédition de *Menaud, maître-draveur* comme premier numéro de la nouvelle collection[12]. Mais l'éditeur doit d'abord vaincre les résistances de l'écrivain lui-même qui hésite à voir son roman érigé en modèle.

Entre la signature du contrat et la parution du premier « classique canadien », plusieurs lettres sont échangées. Luc Lacourcière, qui agit comme secrétaire de l'écrivain, participe aux délibérations. Les deux hommes font connaître leur point de vue et tentent d'infléchir la décision de l'éditeur en ce qui concerne le nom de la série. La logique symbolique axée sur une perception du monde littéraire s'oppose ici à l'approche pragmatique de l'éditeur qui cherche d'abord à offrir à la jeunesse et au grand public des modèles de lecture. L'appellation « classique canadien » apparaît inadéquate au littéraire qui connaît la faible légitimité de la littérature canadienne dans les milieux intellectuels. « J'hésite, dit Savard, à coiffer Menaud du titre pesant de "classique...". Le pauvre draveur n'avait qu'un feutre troué. » C'est plus le nom de la collection qui gêne ici l'auteur que l'idée de voir son roman réédité.

Pour vaincre les scrupules de l'écrivain, le père Martin propose une solution de rechange :

> À l'heure actuelle, nous avons sous presse « Nelligan et son œuvre », écrit-il. Cet ouvrage commencerait très bien la collection et la critique pourrait difficilement nous faire grief d'appliquer à Nelligan l'épithète de classique canadien. *Menaud* pourrait paraître comme

12. Voir « L'éditeur de *Menaud* raconte... Entrevue avec le père Paul-Aimé Martin », propos recueillis par Aurélien Boivin, *Cap-aux-Diamants*, vol. 3, n° 4, hiver 1988, p. 35-36.

> deuxième volume de la collection. Pour ma part, je suis persuadé que M. l'abbé Savard accepterait facilement que son ouvrage paraisse dans les « Classiques canadiens », pourvu qu'il ne soit pas le premier[13].

Mais cet argument ne suffit pas. Le 2 mars 1944, Lacourcière traduit la pensée de Savard en proposant un nouveau nom. Il s'agit de lever la gêne que suscite encore l'étiquette de « classique ». Cette fois, c'est l'argument de la perception de la communauté littéraire qui est invoqué.

> Les « Classiques canadiens » ? Nous avons longuement et de nouveau parlé de la collection et de son titre, écrit Lacourcière. Il n'y a aucun doute que le titre présent provoquerait une polémique analogue à celle qui remplissait les journaux de 1904 et des années qui suivirent. On se demandait alors : y a-t-il une littérature canadienne ? Aujourd'hui on dirait : y a-t-il des classiques canadiens ? Aujourd'hui on ne met plus en doute l'existence de la littérature canadienne et la question, quand on la pose encore, est oiseuse. Est-ce à dire que dans une quarantaine d'années il sera aussi oiseux de se demander s'il y a des classiques canadiens ? Je le crois pour ma part. Mais malgré cela, M. Savard pense que si le titre de « Classique canadien » convient à un certain nombre d'ouvrages, il sera gênant dans certains cas, en particulier quand il s'agira de rééditer de vieux auteurs du XIXe siècle. La liste des classiques proprement dits ne serait pas très longue en effet.

C'est alors que Lacourcière avance la nouvelle proposition :

> Mais M. Savard est un poète et il suggère un titre symbolique qui ne manque pas de charme. Pourquoi, dit-il, ne pas appeler cette collection « *La Collection du Nénuphar* » et en sous-titre, en plus petit, « choix d'auteurs canadiens », ou « les meilleurs auteurs cana-

13. Lettre de Paul-Aimé Martin à Luc Lacourcière, 26 février 1944, ACEF. Les *Poésies* de Nelligan paraîtront en novembre 1945 avec l'approbation de Luc Lacourcière si l'on en croit une lettre du père Cordeau qui lui est adressée le 2 août 1945, ACEF.

diens » ou même « les classiques canadiens ». De la sorte on éviterait les critiques, sans pour cela changer le but ou les éléments de la collection. Je vous avoue que cette solution me semble heureuse. D'autant plus que M. Savard met à notre disposition le dessin d'André [Morency] représentant un nénuphar. Il pourrait être reproduit sur chaque volume en plus petit[14] [...].

Le lettré qui connaît bien l'horizon d'attente de son public cherche à ne pas trop bousculer le lecteur tout en le devançant sur le terrain de la valorisation des œuvres canadiennes. Pour motiver le choix du nénuphar comme symbole d'une collection consacrée à la littérature nationale, Lacourcière ajoute :

M. Savard prétend en plus que le nénuphar, bien plus que l'érable, au point de vue strictement botanique, symbolise le Canada, parce que c'est une fleur que l'on retrouve jusque dans l'extrême nord et sur presque tous nos lacs. Nous pourrions lui demander d'expliquer cela lui-même, si vous trouvez ce titre convenable[15].

La proposition est tout de suite acceptée, le dessin d'André Morency adopté, et *Menaud, maître-draveur* retenu comme premier titre de la série. Puis le plan de la maquette est fixé ; le père Cordeau propose le « liséré noir et rouge imitant vaguement une ceinture fléchée[16] ». La couleur du cadre indiquera le siècle auquel appartient l'œuvre publiée : bleu pour le XIXe siècle, rouge pour le XXe siècle.

Dans la déclaration liminaire du premier numéro, « les éditeurs » adoptent un ton extrêmement modeste, voire provocateur dans la mesure où ils renversent le discours habituel de valorisation

14. Lettre de Luc Lacourcière au père André Cordeau, 2 mars 1944, ACEF.

15. *Ibid.*

16. « La collection du Nénuphar », entrevue de Luc Lacourcière avec Réjean Beaudoin, émission diffusée sur les ondes de Radio-Canada FM, réalisée par André Major, le 10 décembre 1984.

des œuvres sélectionnées : « Qu'on veuille bien cependant ne point inférer de notre choix que ces pages soient toutes, à notre avis, d'une valeur absolue », peut-on y lire ; « notre littérature est pauvre », ajoute-t-on. Introduction étonnante pour une série qui veut faire connaître les meilleurs ouvrages d'une littérature nationale ! En fait Savard, le rédacteur de cette présentation, voudrait placer le lecteur québécois devant ses responsabilités : si notre littérature est pauvre, « les causes en sont nombreuses, écrit-il. Parmi lesquelles, il faut mettre, en premier lieu, l'indifférence et le mépris que nous ne cessons d'avoir à l'égard de nos écrivains[17]. » Les chefs-d'œuvre sont devant nous, plutôt que derrière nous, laisse-t-il entendre. Les lecteurs sont invités à poursuivre les efforts des prédécesseurs et à se mettre, à leur tour, à l'œuvre : « Puisse cette *Collection du Nénuphar*, si elle ne témoigne pas d'une très grande richesse, du moins stimuler nos jeunes à la reconnaissance et au travail[18] », affirme-t-il en conclusion.

Bien qu'inspirée par Savard et Lacourcière, la collection n'est pas d'abord placée sous leur gouverne. De 1944 à 1946, c'est le père André Cordeau qui en a la responsabilité. C'est lui qui voit à la préparation des manuscrits et qui prend les principales décisions éditoriales. Né le 14 avril 1914, ordonné prêtre en 1940, le père Cordeau avait été professeur au Collège de Saint-Laurent en 1937-1938, après avoir fait des études de théologie en 1936-1937. De 1938 à 1941, il poursuit sa formation dans cette discipline avant d'occuper finalement le poste d'assistant directeur de Fides en 1941. Il était, avec les pères Martin et Deguire, comme on le sait, l'un des trois signataires des lettres patentes de la

17. Les éditeurs, dans Félix-Antoine SAVARD, *Menaud, maître-draveur*, « Collection du Nénuphar », Montréal, Fides, 1944, p. 9-10. Un manuscrit de la main de Savard dans les Archives de Fides nous permet d'attribuer ce texte liminaire à l'auteur de *Menaud* lui-même.

18. *Ibid.*, p. 10.

Corporation[19]. Au moment de la création de la collection, il exerçait la fonction de directeur des éditions. C'est lui qui avait la responsabilité de toutes les publications de la maison qui, à cette époque, publiait plus de 80 titres par année. Les titres du « Nénuphar » ne représentaient donc qu'une très petite portion des publications dont il avait la responsabilité. N'ayant pas l'expérience ni la compétence pour éditer des textes anciens et débordé par ses nombreuses tâches, il fera des erreurs qui, vu l'état embryonnaire des études québécoises à l'époque, passeront relativement inaperçues.

Le père Cordeau prépare l'édition de 1945 des *Poésies* d'Émile Nelligan qui constitue le deuxième numéro du « Nénuphar », en rééditant l'édition du père Thomas-Marie Lamarche publiée en 1932, qui reprenait celle de Louis Dantin en y ajoutant quelques coquilles. Dans une réédition de 1952, il faudra corriger à la fois les erreurs de 1932 et celles de 1945[20]. Lors de la préparation du troisième numéro du « Nénuphar », consacré à la réédition des *Forestiers et voyageurs* de Joseph-Charles Taché, le père Cordeau prend conscience de la difficulté de publier des textes anciens et de

19. Il occupera la fonction d'assistant directeur durant dix ans. Il quittera la maison en 1951. À partir de cette date, il sera successivement administrateur des Compagnons de Saint-Laurent, économe et vice-supérieur de l'Oratoire Saint-Joseph, vice-supérieur et vicaire de la paroisse Saint-Laurent. Il prendra sa retraite en 1975, trois ans avant son décès, en 1978.

20. L'exemplaire qui a servi au père Cordeau, toujours présent dans les Archives des Éditions Fides, porte le nom de Jean-Louis Roux. Il ne contient en général que des indications typographiques destinées aux ateliers de l'Imprimerie Saint-Joseph. L'interversion des trois poèmes de la première partie du recueil intitulée « L'âme du poète », qui caractérise entre autres l'édition de 1945, doit sans doute être attribuée à une erreur de l'atelier de composition, car aucune indication à ce sujet ne figure dans l'exemplaire annoté. Quant aux notes figurant à la fin du volume et dont nous n'avons pas retrouvé le manuscrit, « elles ont été préparées par quelques-uns de nos employés », comme l'écrit le père Cordeau à Luc Lacourcière à qui il était demandé d'en vérifier le contenu dans une lettre du 2 août 1945, ACEF.

son inexpérience dans le domaine. C'est Luc Lacourcière qui sème le doute dans son esprit lorsqu'il lui fait remarquer *in extremis* que le manuscrit qu'il a retenu pour cette édition est incomplet. L'ouvrage est déjà « composé, corrigé et prêt pour l'impression » lorsqu'on demande à Lacourcière de rédiger une présentation ; ce dernier constate l'absence d'un important passage. « Je vous retourne les épreuves après une vérification assez sommaire, écrit-il. J'espère qu'il n'y a pas d'autres suppressions dans le texte[21]. » Si le livre paraît finalement en 1946, revu et corrigé, l'éditeur vient de réaliser que ce genre de travail doit être confié à un spécialiste. C'est Luc Lacourcière qui prendra la relève.

Luc Lacourcière, directeur de collection

Un contrat est signé en juin 1947 donnant les pleins pouvoirs au nouveau directeur. Il est stipulé entre autres que :

> Le directeur *seul* a toute autorité pour décider des textes à publier dans le « Nénuphar », c'est-à-dire que nulle autre personne, pas même l'éditeur, peut lui imposer la publication d'un texte qui ne lui agrée pas. [...] Le directeur proposera à l'éditeur chacun des textes qu'il croira avantageux d'éditer dans la « Collection du Nénuphar ». L'éditeur pourra refuser s'il croit que le texte proposé aura une vente difficile, ou exigera l'engagement d'une somme trop considérable, ou encore, contient des passages contraires à la foi et à la morale[22].

Le directeur s'engage à fournir au moins deux textes par année et « à faire alterner les textes anciens et les textes modernes » ; il est aussi précisé que « les récits de nos découvreurs et explorateurs, les

21. Lettre de Luc Lacourcière au père André Cordeau, 11 décembre 1945, ACEF.

22. Le contrat est signé le 30 juin 1947 et approuvé par le conseil d'administration le 7 juillet suivant. Une nouvelle version du contrat sera signée presque sans modification le 30 mai 1950, ACEF.

écrits de mémorialistes et historiens de notre Régime français, certaines œuvres de nos écrivains du siècle dernier et enfin les meilleurs ouvrages des auteurs canadiens contemporains » seront d'abord retenus[23]. Mais la rareté des connaissances et des travaux dans le domaine québécois, ajoutée à la gêne exprimée plus haut quant à la qualité littéraire des textes anciens, va rendre difficile la réalisation de cet objectif. Les textes anciens et les récits des explorateurs et des mémorialistes seront presque absents de la série. Lorsqu'on fait le décompte des titres publiés à partir du premier numéro jusqu'au numéro 61, le dernier paru sous la direction de Lacourcière en 1984, on constate que les trois quarts des œuvres, soit 46, proviennent d'auteurs du XXe siècle. D'ailleurs, les trois premiers titres, également publiés sous la direction de Lacourcière en 1948, *À l'ombre de l'Orford* d'Alfred DesRochers, *Né à Québec. Louis Jolliet* d'Alain Grandbois et *Le Rêve de Kamalkouk* de Marius Barbeau, datent des années 1920 et 1930. Un coup d'œil au Tableau I nous permet de constater l'intérêt du public pour ce corpus puisqu'on y constate la présence presque exclusive des œuvres contemporaines dans la catégorie des douze meilleurs succès du « Nénuphar ».

En 1958, voulant convaincre l'éditeur de publier le *Journal historique* de F.-X. Charlevoix, Luc Lacourcière dresse un bilan de la collection et regrette lui-même cette préférence trop absolue pour les œuvres récentes :

> Je pense qu'il y a à considérer plus que le simple cas de Charlevoix, écrit-il, dont l'édition, je l'admets, n'est pas une entreprise qui rapportera financièrement. Mais c'est le prestige de Fides et du « Nénuphar » qui est en cause. La réédition d'un ouvrage comme celui-ci donne à la « Collection du Nénuphar » un crédit intellectuel qu'elle ne peut avoir par la simple réédition d'ouvrages récents. C'est une collection rétrospective qui doit regarder bien au-delà des

23. Contrat du 30 juin 1947, ACEF.

> quelque 20 dernières années de littérature canadienne. Or, si l'on jette un coup d'œil sur les ouvrages publiés, on trouve le tableau suivant:
> 17e siècle: rien
> 18e siècle: rien
> 19e siècle: seulement trois ouvrages: Taché, Laure Conan et Nelligan.
> 20e siècle: une quinzaine d'ouvrages dont 4 seulement sont antérieurs à 1935.
> J'aurais bien aimé pouvoir exposer de vive voix toutes ces raisons à votre comité[24].

Finalement le *Journal historique* ne sera pas publié et le catalogue restera dominé par les œuvres du XXe siècle.

Dans une entrevue de 1984, Luc Lacourcière reconnaissait sa part de responsabilité dans cette sous-représentation des œuvres du passé[25]. Il s'était lui-même engagé à préparer plusieurs ouvrages du XIXe siècle qui ne seront finalement jamais livrés à l'éditeur. Les brouillons et les notes sur les *Anciens Canadiens* de Philippe Aubert de Gaspé, les *Muses de la Nouvelle-France* de Marc Lescarbot, les poèmes d'Octave Crémazie et les œuvres poétiques de François-Xavier Garneau resteront dans les cartons du directeur.

Toutefois, les œuvres modernes publiées dans le « Nénuphar » ont le mérite de répondre à une demande que l'on peut très bien vérifier dans les statistiques des tirages, des réimpressions et des rééditions qui atteignent des sommets entre 1965 et 1974, période

24. Lettre de Luc Lacourcière à Clément Saint-Germain, 28 mai 1958, ACEF.

25. « Il est sûr que le travail qu'on entreprend aujourd'hui de réédition critique, on ne peut plus le concevoir comme je l'ai fait au temps de Nelligan, déclare-t-il. Aujourd'hui, c'est un travail d'équipe. Je pense que c'est la formule de l'avenir que de travailler en équipe sur les rééditions. Parce qu'un seul ne peut pas tout faire ou il veut trop entreprendre et finalement il n'étreint pas tous ses projets. Ç'a été mon cas [...] ». Entrevue de Luc Lacourcière avec Réjean Beaudoin, 1984.

TABLEAU I

Les douze premiers succès de la « Collection du Nénuphar », 1944-1984

Auteur	*Titre et année de 1re édition*	*Éditions et tirages*	*Exemplaires publiés*
Nelligan, É.	*Poésies*, 1945 *Poésies complètes*, 1952	17	53 663
Saint-Denys Garneau, H.	*Poésies complètes*, 1949 *Poésies*, 1972	12	31 482
Savard, F.-A.	*Menaud, maître-draveur*, 1944	12	30 643
Ringuet	*Trente arpents*, 1957	8	26 669
Desrosiers, L.-P.	*Les Engagés du Grand Portage*, 1946	8	23 781
Savard, F.-A.	*L'Abatis*, 1949	8	22 521
Guèvremont, G.	*Marie-Didace*, 1956	8	20 152
Hémon, L.	*Maria Chapdelaine*, 1946	6	17 525
Guèvremont, G.	*Le Survenant*, 1959	8	14 040
Savard, F.-A.	*Le Barachois*, 1963	5	13 019
DesRochers, A.	*À l'ombre de l'Orford*, 1948 *Œuvres poétiques I, II*, 1977	6	11 604
Savard, F.-A.	*La Minuit*, 1949	4	11 531

Source: ACEF, compilation de Jacques Michon.

durant laquelle la totalité des exemplaires représente presque 50 % de tous ceux qui ont été produits avant 1980 (voir Tableau II). On peut croire que ces œuvres répondaient bien à une demande ; elles allaient constituer le corpus des œuvres enseignées dans les collèges et les universités des années 1960. Les textes de Nelligan, de Saint-Denys Garneau, de Savard, de Ringuet, de Germaine Guèvremont et d'Alfred DesRochers, réédités dans la collection entre 1949 et 1959, allaient être reçus comme annonciateurs du renouveau littéraire du Québec de la Révolution tranquille.

Tableau II

Tiragesglobaux de la «Collection du Nénuphar», 1944-1979

Périodes de cinq ans	*Éditions et rééditions*	*Tirage global*	*Pourcentage des tirages*
1944-1949	14	50 757	12 %
1950-1954	5	13 399	3 %
1955-1959	18	60 659	14 %
1960-1964	21	38 974	9 %
1965-1969	55	131 562	31 %
1970-1974	33	74 792	18 %
1975-1979	27	52 818	13 %
Total	**173**	**422 961**	**100 %**

Source: ACEF, compilation de Jacques Michon.

Des éditions revues et corrigées

Le succès impressionnant de la collection, en particulier à partir du milieu des années 1950, découle de la demande mais également de l'offre de l'éditeur, qui ne se contente pas de rééditer ou de réimprimer des œuvres reconnues mais tente aussi d'en donner une version améliorée. La direction veut propager des textes parfois enrichis de nouveaux éléments. Félix-Antoine Savard avait lui-même, dès le début, donné l'exemple en offrant une édition revue et corrigée, dite «définitive», de *Menaud, maître-draveur*. À l'écrivain encore vivant, l'éditeur donnera ainsi l'occasion d'offrir une œuvre renouvelée sans toutefois autoriser de changements majeurs dans le «plan historique» de l'ouvrage, c'est-à-dire dans la structure du livre fixée par la première édition. Si *À l'ombre de l'Orford* d'Alfred DesRochers, réédité en 1948, peut être enrichi de «treize nouveaux poèmes du *Cycle du village*», c'est parce que, écrit Lacourcière, ils « sont la contrepartie naturelle des sonnets forestiers[26] ».

En ce qui concerne les œuvres des auteurs disparus, elles sont établies selon les données les plus récentes de la critique littéraire. Ainsi les œuvres de Nelligan et de Saint-Denys Garneau sont publiées à deux reprises dans la même collection et dans des éditions complètement remaniées. Les *Poésies complètes, 1896-1899* de Nelligan, lancées en 1952[27], remplacent les *Poésies* éditées hâtivement par le père Cordeau en 1945. Les *Poésies* de Saint-Denys Garneau, rééditées pour la première fois dans la « Collection du Nénuphar » en 1949, d'après un texte établi par Jean Le Moyne et Robert Élie, sont remplacées par un ouvrage remanié d'après l'édition critique de Benoît Lacroix et de Jacques Brault en 1972. Les œuvres d'Alfred DesRochers et de Laure Conan, rééditées une première fois dans le « Nénuphar » en 1948 et en 1950, sont, elles aussi, présentées dans des éditions refondues et complétées au milieu des années 1970[28]. Les *Œuvres poétiques* de Robert Choquette, publiées en deux volumes en 1956, paraissent dans une deuxième édition, revue et augmentée, en 1967. *Le Survenant* de Germaine Guèvremont connaît, lui aussi, deux éditions différentes, parues respectivement en 1959 et en 1974.

26. Luc Lacourcière, « Avertissement », dans A. DesRochers, *À l'ombre de l'Orford* suivi du *Cycle du village*, « Collection du Nénuphar », Montréal, Fides, [1964] (c1948), p. 10. En 1961, on refusera à Paul Morin une réorganisation de ses recueils dans les *Œuvres poétiques*, justement parce que cela ne correspond pas au « plan historique » ; voir à ce sujet la lettre de Jean-Paul Plante à Clément Saint-Germain, 18 janvier 1959, ACEF.

27. Il s'agissait de la première édition critique consacrée à une œuvre québécoise. À la vulgate établie par Dantin en 1903, rééditée à plusieurs reprises en 1925, 1932 et 1945, Luc Lacourcière ajoutait un tiers de nouveaux poèmes, inédits ou colligés dans des périodiques.

28. Les *Œuvres poétiques* (1977) de DesRochers remplacent *À l'ombre de l'Orford* suivi du *Cycle du village* (1948) et les *Œuvres romanesques* de Conan (3 volumes, 1974-1975) remplacent *Angéline de Montbrun* (1950).

Parmi les auteurs vivants réédités, il faut signaler la présence exceptionnelle de Félix-Antoine Savard dont quatre titres différents figurent au palmarès du « Nénuphar » avec un tirage total de 77 714 exemplaires (voir Tableau I). Savard, qui est à l'origine de la collection, est également celui dont les œuvres sont les plus rééditées et diffusées par Fides. Si l'on ajoute à cela *La Dalle-des-Morts* suivie de *La Folle*, ouvrage paru dans la collection en 1969, on dépasse les 84 000 exemplaires. Si l'on tient compte des autres collections littéraires de la maison, le bilan est encore plus impressionnant. En 1988, le père Martin qui faisait le décompte des seules rééditions et réimpressions de *Menaud* arrivait déjà au chiffre de 170 000 exemplaires :

> À compter de 1960, dit-il, *Menaud* fut publié par Fides en livre de poche, d'abord dans la collection « Alouette bleue » (1960-1964), puis dans la « Bibliothèque canadienne-française » (1965-1982), enfin dans la « Bibliothèque québécoise » (depuis 1982). Le rythme de diffusion du volume s'accéléra très sensiblement, à cause sans doute d'un prix de vente plus bas, mais aussi parce qu'il était utilisé plus largement dans les classes. Il s'en est propagé 14 000 exemplaires dans « Alouette bleue », 110 000 dans la « Bibliothèque canadienne-française » et 13 500 dans la « Bibliothèque québécoise ». Si l'on ajoute à ce chiffre le nombre d'exemplaires vendus dans la « Collection du Nénuphar » (30 000), on arrive à la conclusion que, de 1944 à nos jours, Fides a publié et vendu près de 170 000 exemplaires de *Menaud, maître-draveur*[29] !

L'influence de Savard se fait sentir non seulement dans la production mais aussi dans l'esprit qui préside à la sélection des titres. Luc Lacourcière remplit bien le programme esthétique et patrimonial tracé par l'œuvre même de l'auteur. La plupart des

29. « L'éditeur de *Menaud* raconte... Entrevue avec le père Paul-Aimé Martin », propos recueillis par Aurélien Boivin, *Cap-aux-Diamants*, vol. 3, nº 4, hiver 1988, p. 36.

romans retenus illustrent un aspect de la vie traditionnelle du Québec. Dans *Né à Québec. Louis Jolliet* d'Alain Grandbois et *Les Engagés du Grand Portage* de Léo-Paul Desrosiers, on raconte la vie des explorateurs, dans *Menaud, maître-draveur*, *L'Abatis*, *La Minuit* et *Le Barachois* de Félix-Antoine Savard, *Maria Chapdelaine* de Louis Hémon et *La Rivière solitaire* de Marie Le Franc, c'est la vie des draveurs et des défricheurs qui est évoquée, puis celle des forestiers dans *À l'ombre de l'Orford* d'Alfred DesRochers, et celle des paysans dans *Trente arpents* de Ringuet, *Marie Calumet* de Rodolphe Girard, *Marie-Didace* et *Le Survenant* de Germaine Guèvremont et *Croquis laurentiens* du frère Marie-Victorin. La vie des autochtones était aussi bien représentée dans *Le Rêve de Kamalkouk* de Marius Barbeau et *Ashini* d'Yves Thériault.

Avec près de soixante-dix volumes publiés de 1944 à 1994, la « Collection du Nénuphar » constitue sans doute la meilleure bibliothèque de littérature québécoise de la première moitié du XXe siècle. Elle rassemble les œuvres tenues pour les plus représentatives de cette période. Elle est devenue rapidement le modèle des collections de prestige de l'édition québécoise. Jacques Ferron parlait même à son propos du « ciel de l'écrivain canadien[30] ». Gaston Miron s'en inspirera lorsqu'il créera la collection « Rétrospectives » aux Éditions de l'Hexagone en 1965.

Cette reconnaissance publique découle aussi en partie des manifestations que l'éditeur organise régulièrement autour de la collection et qui ont pour effet, dans les années 1950 et 1960, de renforcer les liens entre l'éditeur et la communauté littéraire. En plus de multiplier les éditions nouvelles, revues et corrigées, de rééditer continuellement les titres épuisés et de s'assurer de ne

30. Jacques FERRON, « Du côté de chez Fides », *Historiettes*, Montréal, Éd. du Jour, 1969, p. 168. André MAJOR reprend l'expression dans l'une de ses chroniques hebdomadaires, « Ciel de l'écrivain québécois. Les noces d'argent du Nénuphar », *Le Devoir*, 8 décembre 1969, p. 10.

jamais être en rupture de stock, Fides organise de nombreux lancements collectifs et ne manque jamais de souligner un anniversaire. Ces célébrations constituent autant d'occasions pour l'éditeur de mettre en valeur ses liens avec les auteurs et les lecteurs et de multiplier les signes d'appartenance à un patrimoine commun.

Inaugurée plutôt discrètement en 1944, la « Collection du Nénuphar » est lancée en grande pompe en 1948, c'est-à-dire au moment même où Fides abandonne la collection « Selecta ». À tous les lancements sont conviés les écrivains, les journalistes et les intellectuels qui comptent. En 1956-1957, au cours d'une seule année, l'éditeur organise pas moins de quatre lancements : le 20 février, il souligne l'arrivée de Lionel Groulx dans la collection[31] ; le 1er octobre, c'est au tour de Germaine Guèvremont de faire son entrée dans « la Pléiade québécoise » avec *Marie-Didace*[32] ; un mois et demi plus tard, on lance les *Œuvres poétiques* de Robert Choquette[33] ; après deux mois, Fides organise encore une autre fête pour souligner la parution de *Trente arpents* de Ringuet[34]. Une cinquième réception à l'automne 1957 marque la sortie de *La Rivière solitaire* de Marie Le Franc[35].

En 1954, le 10e anniversaire de la collection est célébré en présence d'une cinquantaine d'auteurs. En 1969, le 25e anniversaire est souligné avec faste, de même que le 30e anniversaire, en 1974. Le père Martin garde un vif souvenir de tous ces événements qui ont permis de tisser des liens étroits avec les milieux intellectuels et qui ont attiré l'attention des médias. Les nouveaux auteurs qui se sont ajoutés au fil des ans sont venus également enrichir les autres collections patrimoniales de Fides comme les

31. Document, n° 18, p. 2.
32. *Ibid.*, p. 14.
33. *Ibid.*, p. 18.
34. *Ibid.*, p. 20.
35. *Ibid.*, p. 28-29.

« Classiques canadiens », la collection « Alouette », la « Bibliothèque canadienne-française » et la « Bibliothèque québécoise ».

Les « Classiques canadiens »

La collection des « Classiques canadiens » reprendra plusieurs éléments de la « Collection du Nénuphar » dans un format plus accessible et la complétera, jusqu'à un certain point, en y introduisant des auteurs qui n'y avaient pas encore trouvé place. En 1955, l'expression « classique canadien » ne faisait plus peur au public lettré.

> Il fut entendu, ajoute le père Martin, qu'elle viserait à faciliter l'étude des textes originaux et à favoriser le retour aux sources en histoire. Le comité insista aussi sur la signification à donner au mot « classique » ; ce mot devait être compris au sens premier de Littré et désigner les auteurs jugés dignes d'être étudiés dans les classes et de former les esprits[36].

Ainsi sont réédités, en morceaux choisis et dans un format de poche, les textes déjà édités dans la série précédente. Le père Martin relate en ces termes les motifs qui ont mené à sa création :

> La nouvelle collection s'inscrivait dans le prolongement de la « Collection du Nénuphar ». Avec le temps, en effet, aussi bien Mgr Savard et M. Lacourcière que mes collaborateurs et moi-même, nous nous étions rendu compte de la nécessité d'une collection de présentation plus modeste et de prix plus modique qui offrirait au public et surtout aux étudiants un choix des textes de nos écrivains les plus représentatifs[37].

Le comité de direction est formé en partie des mêmes personnes. À Félix-Antoine Savard et Luc Lacourcière viennent

---

36. Document, n° 17, p. 21.
37. *Ibid.*

s'ajouter Marcel Trudel, le père Benoît Lacroix, o.p., et Guy Frégault. Les premiers volumes sortent des presses en 1956. Aux côtés des écrivains du « Nénuphar » et de ceux qui devaient y figurer, les « Classiques » réservent une place importante aux écrits des grands explorateurs et des figures historiques, Jacques Cartier, Champlain, Frontenac, Brébeuf, Marguerite Bourgeoys.

> Le numéro 1 avait été réservé à Mgr Félix-Antoine Savard, écrit le père Martin, qui devait préparer un choix de textes de Marie de l'Incarnation. En 1958, comme Mgr Savard n'avait pas encore pu terminer son travail, ce numéro fut attribué à *Brébeuf*, textes choisis et présentés par René Latourelle. Finalement, le choix de textes de *Marie de l'Incarnation* fut préparé par sœur Marie-Emmanuel Chabot, o.s.u., et parut en 1963. Quant au numéro 3, il avait été réservé à M. Luc Lacourcière qui désirait préparer un choix de textes d'Émile Nelligan. En 1958, à cause du retard de M. Lacourcière à remettre son manuscrit, le numéro 3 fut attribué à *Marguerite Bourgeoys*, textes choisis et présentés par Hélène Bernier. M. Lacourcière ne renonça pas à faire son travail, mais ne le termina jamais, si bien qu'il n'y eut pas, dans les « Classiques canadiens », de volume consacré à Nelligan. [...] La collection devait comprendre quarante-cinq volumes. Le dernier parut en 1972. De tous ces volumes, c'est *Saint-Denys Garneau* qui connut le plus de succès. Fides en propagea plus de 40 000 exemplaires. La notoriété du poète n'est sans doute pas étrangère à ce succès, mais le soin avec lequel le père xprépara le choix de textes y a certainement contribué, d'autant qu'il tint à réviser l'ouvrage en 1961, puis en 1967. Ces éditions révisées furent plusieurs fois réimprimées[38].

De 1956 à 1961, sauf en 1960, la série s'enrichit au rythme de quatre à cinq nouveaux titres par année. Le choix des textes complète en partie les lacunes de la « Collection du Nénuphar », surtout en ce qui concerne les textes de Pierre Boucher, de

38. Document, n° 18, p. 15-16.

François-Xavier Charlevoix, d'Octave Crémazie, de François-Xavier Garneau et de Louis Dantin. Enfin, plusieurs auteurs déjà présentés dans le « Nénuphar » sont repris ici dans des éditions simplifiées souvent préparées par les mêmes spécialistes.

Le comité de direction reste fidèle aux critères établis par le « Nénuphar ». Lorsque le projet soumis ne respecte pas le « plan historique », il est tout simplement écarté. C'est ce qui arrive à Alfred DesRochers qui, malgré sa notoriété et son appartenance au club des élus du « Nénuphar », se voit refuser un manuscrit en 1964, parce qu'il ne retient dans son œuvre que des pièces mineures au lieu de faire un choix des meilleurs poèmes de son recueil le plus connu, *À l'ombre de l'Orford*[39].

Conformément à l'habitude prise avec le « Nénuphar », l'éditeur organise des lancements, trois la première année et, par la suite, un par an. Lors de ces événements, en 1959 et en 1963, outre les invités habituels, auteurs et membres du comité de direction, on remarque la présence d'un délégué du secrétaire de la province, du recteur de l'Université Laval et du secrétaire du Comité catholique du conseil de l'Instruction publique ; il faut dire que c'était avant la publication du Rapport Bouchard et la création du ministère de l'Éducation.

39. Voir Richard GIGUÈRE, « Alfred DesRochers et ses éditeurs : des relations d'affaires tendues », dans *L'Édition littéraire en quête d'autonomie. Albert Lévesque et son temps*, sous la dir. de Jacques MICHON, Sainte-Foy, PUL, 1994, p. 13-24.

Tableau III

Collections littéraires, 1942-1978[40]

Collections	*Années de publication*	*Nombre de titres*	*Tirage global*
Le Message français	1942-1946	5	30 000
Collection du Nénuphar	1944-1978	57	422 961
Selecta	1945-1948	10	38 700
Amour et aventures	1947	5	50 000
Classiques canadiens	1956-1972	45	301 000
La Gerbe d'or	1958-1963	11	45 800
Alouette bleue	1960-1965	15	212 500
Écrivains canadiens d'aujourd'hui	1963-1975	12	67 500
Archives des lettres canadiennes	1963-1976	3	22 500
Bibliothèque canadienne-française	1965-1978	36	860 000
Études littéraires	1967-1978	6	11 900
Dossiers de documentation sur la littérature canadienne-française	1967-1973	9	n. d.
Écrivains du Québec (disques)	1969	4	3 000
Voix québécoises	1972-1978	10	8 000
Intermondes	1976-1977	5	12 800
Total		**233**	

Source: ACEF, compilation de Jacques Michon.

De la collection « Alouette » à la « Bibliothèque québécoise »

À la fin des années 1950, le livre de poche fait son entrée dans les librairies et les débits de tabac. Pour moins d'un dollar, le lecteur

40. Seules les collections contenant trois titres et plus ont été retenues. À moins d'indication contraire, la compilation s'arrête à 1978 même si certaines collections ont continué à s'enrichir après cette date et si certains titres ont connu de nouveaux tirages.

peut désormais se procurer les chefs-d'œuvre de la littérature moderne et classique[41]. Fides emboîte le pas, dès 1960, en lançant sa propre collection de poche subdivisée elle-même en trois séries : « la première présente des livres religieux sous le titre d'"Alouette blanche", la seconde des livres d'intérêt général sous le titre d'"Alouette bleue" et la troisième des livres pour jeunes sous le titre d'"Alouette des jeunes"[42] ».

L'éditeur retient d'abord les valeurs sûres de la maison : *Menaud, maître-draveur* (série bleue), *L'Imitation de Jésus-Christ* (série blanche), *Prisonniers des cavernes* de Guy Boulizon et *Les Habits rouges* de Robert de Roquebrune (série jeunes). Les tirages initiaux oscillent entre 9000 et 14 000 exemplaires. *La Perle au fond du gouffre* du père Eugène Nadeau, o.m.i., publiée dans la série bleue, dépasse quant à elle ce bilan ; lancé chez Fides en 1947, réédité et réimprimé six fois dans la collection, l'ouvrage atteint les 50 000 exemplaires en 1965.

> Dans ce livre, écrit le père Martin, l'auteur raconte l'odyssée de dix-sept missionnaires partis de New York pour le Basutoland [aujourd'hui le Lesotho], en mars 1941, à bord du « Zam-Zam ». Le 17 avril, le vaisseau est coulé par un navire allemand qui prend toutefois à son bord les passagers. Amenés en Europe, les missionnaires passent les années de guerre derrière les barbelés des camps allemands[43].

La série blanche a aussi son best-seller : *Le Nouveau Testament*, publié sous la direction de la Société catholique de la Bible et approuvé par le Département de l'instruction publique en 1957,

41. Fides songe à lancer une collection de classiques français, mais le projet ne voit pas le jour. Voir le procès-verbal de l'assemblée du comité des éditions du 12 décembre 1961, ACEF.

42. Paul-Aimé Martin, « Une collection canadienne de livres de poche : "Alouette" », *Lectures*, nouv. série, vol. 6, nº 9, mai 1960, p. 284.

43. Document, nº 26, p. 42.

bat tous les records de vente de l'éditeur avec sept tirages qui, de 1960 à 1966, totalisent plus d'un million d'exemplaires[44].

Les séries de poche s'enrichissent rapidement de nouveaux titres. Un catalogue de 1962 fait état de vingt-trois ouvrages. L'éditeur vise le grand public, mais surtout la clientèle scolaire. Lors du lancement qui a lieu au Cercle universitaire de Québec, le 9 mai 1960, on remarque la présence des hauts dignitaires du gouvernement : Raymond Douville, sous-secrétaire de la province, Jules-Omer Côté, surintendant de l'Instruction publique, et Roland Vinette, le secrétaire du Comité catholique du conseil de l'Instruction publique.

> La présence de MM. Desaulniers et Vinette, écrit le père Martin, était une preuve manifeste de l'intérêt que l'on portait dans les milieux de l'éducation à une collection qui pouvait fournir, à un prix modique, des ouvrages de valeur aux bibliothèques scolaires et aux élèves eux-mêmes[45].

L'éditeur cherche, entre autres, à offrir une alternative aux collections de poche européennes qui ont tendance à remplacer, dans l'enseignement secondaire, les recueils de morceaux choisis. À long terme, ce type d'ouvrages remplacera la collection des « Classiques canadiens ».

L'éditeur ne se contente pas d'une diffusion québécoise, il cherche aussi à faire connaître ces séries sur le terrain même de ses concurrents. Comme nous l'avons vu dans le chapitre précédent, le père Martin profite de son séjour en Europe, au mois de juin, pour lancer la collection dans la succursale parisienne de Fides. Il met alors l'accent sur *Pieds nus dans l'aube* de Félix Leclerc, réédité dans la série bleue. Leclerc est déjà une personnalité connue en France ; le lancement retient l'attention des médias.

---

44. À ce sujet, voir chapitre XIII.
45. Document, n° 20, p. 6.

Comme la série bleue connaît un beau succès dans les écoles, Fides décide d'en améliorer la présentation et d'en faire une collection mieux adaptée au marché scolaire. C'est ainsi que l'« Alouette bleue » est remplacée en 1965 par la « Bibliothèque canadienne-française ».

> Lors d'une réunion du conseil d'administration tenue le 7 janvier 1965, écrit le père Martin, je soumis à mes collègues le projet de publier une nouvelle collection de livres de poche qui présenterait des œuvres d'auteurs canadiens étudiés dans les classes. Ce projet avait été élaboré au cours de réunions du comité des éditions. [...] Chaque livre devait comporter une introduction, une bibliographie et une chronologie. Le conseil se montra très favorable au lancement de cette collection et approuva le titre que M. Jean-Paul Pinsonneault et moi-même suggérions : « Bibliothèque canadienne-française »[46].

L'éditeur fait appel à des spécialistes pour rédiger les présentations et les bibliographies et chronologies. Plusieurs titres de la série bleue y sont réédités, dont *Menaud, maître-draveur*, *Pieds nus dans l'aube*, *Le Survenant* et *Maria Chapdelaine*. Une trentaine de titres paraissent durant cette période. De nouveaux auteurs y font leur entrée : Nelligan (*Poèmes choisis*) et André Giroux (*Au delà des visages*) en 1966, Philippe Aubert de Gaspé (*Les Anciens Canadiens*), Laure Conan (*Angéline de Montbrun*) et Pierre Perrault (*Toutes isles*) en 1967, Robert Élie (*La Fin des songes*) en 1968, Yves Thériault (*Ashini*) en 1969, Robert Charbonneau (*Ils posséderont la terre*) en 1970, Ringuet (*Trente arpents*) en 1971, Rodolphe Girard (*Marie Calumet*) et Alain Grandbois (*Les Îles de la nuit*) en 1972. Les œuvres de Félix-Antoine Savard, Félix Leclerc, Germaine Guèvremont et Louis Hémon y sont réimprimées presque chaque année.

En 1979, tout en conservant la même formule, la collection change de nom et devient la « Bibliothèque québécoise ». On y

46. Document, n° 21, p. 46.

introduit alors les œuvres de Jovette Bernier *(La Chair décevante)*, Alfred DesRochers (*À l'ombre de l'Orford*), Saint-Denys Garneau (*Poèmes choisis*), Pamphile Le May (*Contes vrais*) et Alain Grandbois (*Les Voyages de Marco Polo*). Enfin, en 1988, la « Bibliothèque québécoise » connaît une dernière mutation en se transformant en société indépendante, propriété à parts égales de trois maisons d'édition, Leméac, Hurtubise HMH et Fides. Connue sous le sigle de « BQ », la collection comprend aujourd'hui plus de cent vingt titres.

* * *

En jouant un rôle de premier plan dans la diffusion des classiques contemporains, la « Collection du Nénuphar » a fixé l'image de marque de l'éditeur et elle a assuré une pérennité à des œuvres qui, sans elle, n'auraient pas connu une diffusion aussi large et sur une aussi longue période. Il faut également rappeler que, pendant que des maisons concurrentes comme Librairie Beauchemin et Granger Frères se contentaient souvent dans le domaine des « classiques canadiens » de réimprimer des éditions qui n'avaient pas été modifiées depuis le début du siècle, Fides changeait les façons de faire et offrait des textes revus et corrigés. Le succès commercial ne l'empêchait pas non plus de se renouveler. Plusieurs éditions conçues dans les années 1940 et 1950 sont refaites et refondues dans les années 1960 et 1970. Pour demeurer à la fine pointe des connaissances, la direction s'attache les meilleurs spécialistes de l'heure. Même si l'on découvre aujourd'hui la faiblesse de certaines éditions, ce n'est pas faute d'avoir fait appel aux personnes les plus compétentes[47].

47. Voir, entre autres, les réserves formulées par Yvan G. Lepage, responsable de l'édition critique du *Survenant* (« Bibliothèque du Nouveau Monde »), dans son article intitulé « Du manuscrit au livre imprimé : le cas du

L'éditeur a compris très tôt la nécessité de servir les intérêts de la littérature québécoise en faisant appel aux représentants les plus légitimés de la communauté littéraire. Sous la direction de Luc Lacourcière, la « Collection du Nénuphar » est devenue une collection de référence non seulement pour l'éditeur, mais aussi pour toute la profession. En fixant la barre très haut, la direction a établi un standard qui a servi de point de repère aux écrivains, aux enseignants et aux chercheurs. Le succès de la formule a favorisé par la suite le lancement de collections à prix populaire. En ce sens, Fides a suivi de près l'évolution du marché. L'éditeur s'est adapté à la demande sociale qui exigeait des classiques contemporains dans des éditions accessibles. Les œuvres du « Nénuphar » ont alors été rééditées en format de poche. La maison a ainsi acquis une renommée qui lui a donné une longueur d'avance sur ses futures concurrentes.

Souvent les mêmes titres se sont retrouvés édités simultanément dans la grande édition et en format de poche. Ainsi certaines œuvres, comme *Le Survenant*, *Menaud, maître-draveur*, les *Poésies* de Nelligan et de Saint-Denys Garneau, ont poursuivi chez Fides des carrières parallèles. Et les deux formats, loin de se nuire, se sont au contraire enrichis mutuellement. Les textes du « Nénuphar », parfois refondus, ont servi de modèles aux autres collections qui ont suivi la même évolution. C'est pourquoi, entre autres, l'« Alouette bleue » deviendra la « Bibliothèque canadienne-française » en 1965. L'effort déployé par Fides pour assurer une présence de la littérature québécoise à tous les niveaux, qui a été reconnue dans les années 1950 et 1960, devait même recevoir les félicitations de Maurice Bouchard, en 1963, lors des séances

Survenant de Germaine Guèvremont », dans *L'Édition littéraire en quête d'autonomie. Albert Lévesque et son temps*, sous la dir. de Jacques Michon, Sainte-Foy, PUL, 1994, p. 25-38.

publiques de la Commission d'enquête sur le commerce du livre dans la province de Québec.

À la fin des années 1960, fort de sa notoriété et soucieux de bien exploiter son fonds, Fides s'est même lancée à la conquête d'un troisième marché, celui des « éditions de luxe » ; les *Poésies* de Nelligan et *Menaud, maître-draveur* en 1967, *Poèmes* d'Alain Grandbois en 1970 et *Le Survenant* en 1977 ont été offerts aux collectionneurs accompagnés de gravures originales dans des séries à tirages limités.

Le lancement d'une collection constitue toujours une expérience nouvelle pour l'éditeur, elle représente une sorte de test et de sondage du lectorat. Parmi les 127 collections lancées par Fides de 1941 à 1978, la grande majorité (60 %) n'ont jamais dépassé cinq titres et, parmi elles, près d'une collection sur cinq (19 %) n'a connu qu'un seul ouvrage. Parmi les plus riches, c'est-à-dire celles qui, en 1978, comptaient plus de vingt-cinq titres, la « Collection du Nénuphar » se classe, et de loin, au premier rang avec plus de 68 ouvrages publiés à ce jour, suivie par les collections de littérature pour la jeunesse et par les autres collections patrimoniales en format de poche. La réussite de ces collections repose autant sur la qualité des stratégies éditoriales que sur une demande sociale, qui, dans le cas du « Nénuphar », s'est développée et maintenue de façon significative durant plus de cinquante ans.

CHAPITRE VII

ACHAT D'UNE IMPRIMERIE

DANS LES ANNÉES 1950, la population scolaire est en pleine expansion. Le « baby-boom » de l'après-guerre amène les pouvoirs publics à débloquer des fonds pour la construction de bâtiments et l'achat de matériel pédagogique. Pour les éditeurs, les commissions scolaires représentent un marché de plus en plus important. Jusque-là, les Éditions Fides s'étaient peu intéressées à la production de manuels et leur attitude n'allait pas changer au cours des années. En effet, elles ne publieront qu'une trentaine d'ouvrages scolaires en quarante ans, soit à peine 1 % de tous les titres lancés par elles entre 1937 et 1978. Toutefois, pour atteindre ce marché en pleine croissance et une population de jeunes lecteurs qu'elle connaissait très bien, la direction conçut, avec la collaboration d'un professeur de la Commission des écoles catholiques de Montréal, la création de périodiques pédagogiques adaptés aux classes du primaire. Les succès de *Hérauts* et l'expérience acquise avec la publication de cette revue tirée à plus de 80 000 exemplaires rendaient le projet concevable et réalisable aux yeux de la direction.

Grâce au savoir-faire et à la collaboration de Roland Canac-Marquis qui était corédacteur de *Hérauts* depuis 1947, les revues pédagogiques de la maison devaient connaître un grand succès. À tel point que la Corporation put envisager bientôt la possibilité d'acquérir une imprimerie, ce qui devait favoriser le lancement de nouveaux projets, comme l'achat de l'hebdomadaire *Notre temps* en 1953. À cette époque, la maison est en pleine croissance. Les années 1950 sont des années de prospérité économique pour l'ensemble de la société québécoise et la situation financière de Fides reflète cette réalité. Les chiffres des ventes de la maison durant cette période, de 1950 à 1959, sont multipliés par six (5,6 %) et ceux des profits par dix (voir l'Annexe A).

Cette expansion a cependant ses limites qui sont moins économiques que politiques et imposées par une opinion publique et des luttes sociales et idéologiques qui vont bientôt transformer le Québec des années 1960. Déjà en 1956, avec la fin de l'aventure de *Notre temps*, la direction de Fides va sentir le vent tourner ou du moins voir les limites de ses stratégies de croissance et, selon l'expression du père Martin, de son « labeur conquérant ».

Essor de *L'Élève*

Roland Canac-Marquis devait être le principal artisan et l'initiateur du projet de revues pédagogiques. Il « avait une grande aptitude pour préparer des publications destinées aux jeunes[1] », écrit le père Martin. En tant qu'enseignant à la CECM, il connaissait les besoins des élèves et les contenus des programmes d'enseignement. Diplômé de l'école normale Jacques-Cartier, il « avait fait deux années d'études spécialisées en psychologie et en pédagogie à l'Institut pédagogique Saint-Georges. Il avait ensuite enseigné durant une dizaine d'années à la Commission des écoles catholiques de Montréal, et collaboré pendant trois ans au journal

1. Document, n° 14, p. 18.

Le Canada à titre de responsable d'une rubrique quotidienne intitulée "Le Coin des jeunes"[2] ».

En octobre 1949, Canac-Marquis propose à Fides d'éditer des fascicules destinés à l'enseignement primaire. Ce projet d'envergure effraie d'abord la direction peu familière avec la production de manuels scolaires. Il est refusé. Deux ans plus tard, en février 1951, le professeur revient à la charge. « Cette fois, il propose l'édition de deux revues ; l'une destinée aux professeurs intitulée *Le Maître*, l'autre destinée aux écoliers intitulée *L'Élève*, comportant une édition spéciale pour chacune des classes de la 3e à la 7e année.[3] »

Le projet visait à combler une lacune qui se faisait sentir dans l'enseignement primaire depuis plusieurs années. En effet, en 1948, le Comité catholique du conseil de l'Instruction publique avait adopté un nouveau programme pour les écoles primaires mais aucun outil n'était disponible pour le mettre en application. En 1951, la situation n'avait pas encore changé. La réforme visait à susciter la curiosité et l'activité de l'enfant en classe en lui fournissant des outils appropriés. *Le Maître* et *L'Élève*, en présentant les diverses matières dans des textes accompagnés de questionnaires, d'exercices, de dessins et de gravures, semblaient bien répondre à cette attente.

> Le projet de M. Canac-Marquis, dit le père Martin, nous parut très intéressant et nous acceptâmes d'autant plus volontiers de le mettre à exécution que, dans sa pensée, la présentation de *L'Élève* devait être semblable à celle de *Hérauts*. En septembre 1951, furent lancés *Le Maître* et les éditions de *L'Élève* pour les niveaux de la 3e à la 7e année, et en septembre 1952, les éditions de *L'Élève* pour les 1re et 2e années[4].

---

2. Document, n° 16, p. 1.
3. *Ibid.*
4. *Ibid.*, p. 2.

Avant 1951, les revues pédagogiques n'avaient pas besoin d'une approbation pour être vendues dans les écoles. Le Comité catholique révisa cette politique à l'automne de la même année et l'approbation devint obligatoire. Dès lors le père Martin devait entreprendre des démarches pour obtenir l'aval des autorités compétentes.

> J'adressai, dit-il, une demande officielle à M. Omer-Jules Désaulniers, surintendant de l'Instruction publique, qui avait accepté de se faire le parrain des revues, et je fis de nombreuses démarches auprès de membres du Comité catholique[5]. [...] La demande d'approbation fut étudiée les 19 et 20 février 1952, au cours de réunions de la Commission des programmes et des manuels et du Comité catholique. Mgr Léger prit la parole plusieurs fois pour montrer les avantages des revues, et presque toutes les personnes présentes étaient en faveur de leur approbation, selon ce que me communiqua par la suite Mgr Frénette. Mais il y avait des opposants, et le Comité catholique nomma un comité spécial chargé d'étudier les revues et de faire rapport à l'assemblée du mois de mai. Lors de cette assemblée, le Comité catholique décida simplement de tolérer les revues pour l'année scolaire 1952-1953[6].

---

5. « Je rencontrai, écrit le père Martin, notamment Messeigneurs Paul-Émile Léger, archevêque de Montréal, Maurice Roy, archevêque de Québec, Joseph-Arthur Papineau, évêque de Joliette, Alfred Langlois, évêque de Valleyfield, Émilien Frénette, évêque de Saint-Jérôme, Gérard-Marie Coderre, évêque de Saint-Jean. Je communiquai aussi par téléphone avec MM. J.-P. Labarre et B.-O. Filteau. » *Ibid.*

6. « Le 6 mai 1953, écrit le père Martin, le Comité catholique prit une décision similaire concernant l'année scolaire 1953-1954, "grâce à la bienveillante intervention de S. Ém. le cardinal Léger et de S. Ém. Mgr Frénette", comme il est dit dans le procès-verbal de la réunion du conseil d'administration de Fides, tenue le 7 mai 1953. Le Comité catholique décida de plus qu'un comité composé de trois censeurs réviserait la matière des revues avant leur publication. » *Ibid.*

Une sous-commission des revues pédagogiques est alors mise sur pied par le Comité catholique afin d'étudier la question de l'approbation. Finalement, c'est au cours de l'année 1955 que les revues de Fides sont approuvées avec un devoir de surveillance de la part de la sous-commission.

> Le 11 janvier 1955, écrit le père Martin, je participai à une réunion de cette sous-commission, en compagnie de M. Canac-Marquis et de M. Jean-Marie Laurence, qui agissait comme rédacteur en chef des revues. Les numéros de septembre 1955 furent préparés selon les directives que nous donna alors la sous-commission. Au cours d'une nouvelle réunion tenue le 25 avril suivant, la sous-commission prit connaissance de ces numéros et porta un jugement très favorable à leur sujet. Ce jugement fut ensuite présenté à la Commission des programmes et des manuels, qui, à son tour, fit rapport au Comité catholique. Le 11 mai 1955, le Comité décidait d'approuver *Le Maître* et *L'Élève* et recommandait à leurs rédacteurs de continuer de se tenir en contact avec la sous-commission des revues pédagogiques, afin que la formule des revues soit graduellement améliorée, de façon à répondre le plus adéquatement possible aux besoins de l'enseignement primaire. C'était là l'heureux aboutissement de démarches qui m'avaient grandement accaparé pendant des années[7].

Ces périodiques constituaient un enjeu important pour le Comité catholique et pour l'épiscopat qui y voyaient un complément utile à l'enseignement religieux. Les élèves n'avaient jusque-là que le petit catéchisme comme manuel de religion.

> Les revues, dit le père Martin, consacraient à l'enseignement religieux un grand nombre de leurs pages (souvent le tiers). Au surplus, nous tenions à ce que la section de l'enseignement religieux soit la mieux préparée possible, et dans ce but nous nous étions assurés le concours de collaborateurs compétents. Le conseiller pédagogique pour cette section était M. l'abbé Irénée Lussier,

7. *Ibid.*, p. 3.

> visiteur en chef des écoles catholiques de Montréal. M. l'abbé Lussier avait d'ailleurs été nommé censeur des revues par l'archevêché de Montréal et, en plus de nous apporter sa collaboration pour la section de l'enseignement religieux, il nous prodiguait de précieux conseils au sujet de l'orientation générale des revues[8].

Les autres matières étaient aussi couvertes.

> Elles apportaient des compléments aux manuels, ajoute le père Martin, après, dans certains cas, les avoir remplacés temporairement. La formule des revues s'améliora d'ailleurs au cours des années en conformité avec les directives reçues de la sous-commission. Il importe de souligner qu'à compter de septembre 1954, *L'Élève* était particulièrement utile aux professeurs de classes à divisions multiples à cause de la concordance, pour les sept éditions, des pages et des matières. Ainsi un professeur qui enseignait à des écoliers de plusieurs classes à la fois, comme cela se faisait fréquemment à l'époque, pouvait être assuré qu'à la même page, dans les diverses éditions de la revue, tous les écoliers trouveraient des textes et des illustrations portant sur la même matière et conformes au programme de la classe à laquelle ils étaient inscrits[9].

La série connut immédiatement un grand succès. Deux et trois ans après leur lancement, les sept éditions atteignaient déjà un tirage de plus de 400 000 exemplaires. En 1962-63, les tirages mensuels de *L'Élève* dépassaient le demi-million de copies. La répartition se faisait comme suit :

8. « Il continua de le faire même après son élévation à la prélature, en 1953, et sa nomination comme recteur de l'Université de Montréal, en 1955. » *Ibid.*

9. *Ibid.*

TABLEAU IV

Tirages mensuels de *L'Élève*, 1962-1963[10]

Niveau	*Tirage mensuel*
1re année	55 500
2e année	55 350
3e année	80 860
4e année	88 200
5e année	85 800
6e année	85 800
7e année	88 200
Total	**539 710**

Source: ACEF, compilation de Paul-Aimé Martin, c.s.c.

Le tirage du *Maître* s'établissait alors à 23 487 exemplaires; l'abonnement annuel n'était que d'un dollar et *Le Maître* était envoyé gratuitement aux professeurs comptant plus de huit abonnés dans leurs classes.

La publication de *L'Élève* et du *Maître* apportait ainsi la prospérité à la maison d'édition qui avait connu une crise de liquidité au cours des années précédentes. Le rapport financier de 1952-1953 présente une augmentation substantielle du chiffre des ventes et des profits qui proviennent en grande partie du succès des deux revues (voir l'Annexe A). En effet, la perception des abonnements au début de chaque année scolaire permettait à la maison d'édition d'éponger une part importante de ses dettes et de stabiliser sa situation financière pour plusieurs mois.

> Ce qui nous permettait de rembourser ainsi totalement chaque automne les emprunts contractés précédemment en vertu de notre ligne de crédit, dit le père Martin, c'était le montant considérable

10. D'après le relevé intitulé « Tirage de nos périodiques pour l'année 1962-63 », 5 décembre 1962, ACEF, cité dans Document, n° 16, p. 4.

> que nous recevions dans les premiers mois de l'année scolaire en paiement des abonnements à *L'Élève*. Ainsi, en novembre 1956, ce montant s'élevait à 317 882,02 $, le tirage total des sept éditions de la revue étant de 411 907 exemplaires ; en novembre 1957, ce tirage était passé à 446 779 exemplaires, et le montant reçu s'élevait à 353 904,14 $. (Ces chiffres sont tirés du procès-verbal de la réunion du conseil d'administration tenue le 19 novembre1957[11].)

Ces nouvelles rentrées d'argent permettent d'élaborer de nouveaux projets, en particulier dans les domaines des publications destinées à l'enseignement.

À partir de 1956, Fides commence à manifester plus d'intérêt pour le livre scolaire lui-même. Destinée aux élèves du primaire, une collection intitulée « L'Élève et le Maître » est créée. On y publie trois manuels de bienséance préparés par un groupe d'enseignants dirigé par Roland Canac-Marquis. Les manuels sont approuvés par le Comité catholique du conseil de l'Instruction publique en septembre 1956.

> Ils furent l'objet d'une très forte demande, écrit le père Martin, d'autant qu'ils étaient seuls, je crois, sur le marché dans le domaine des bienséances. Au cours des dix années qui suivirent leur parution, ils furent réimprimés six fois, et le tirage de chacun d'eux dépassa les 300 000 exemplaires. La collection ne compta que ces trois manuels. M. Canac-Marquis voulait en préparer d'autres, mais les circonstances ne s'y prêtèrent pas[12].

En 1961, un autre ouvrage du même genre, *Visages de la politesse, code de savoir-vivre* de Thérèse Thériault, obtient aussi un grand succès de vente.

> La politesse et les bienséances étaient sans doute assez loin dans l'ordre d'importance des matières à enseigner aux élèves. Mais le livre se propagea quand même très bien dans les classes de la 8e à

11. Document, n° 18, p. 24.
12. *Ibid.*, p. 32.

la 11e année, pour lesquelles il avait été approuvé comme livre de l'élève par le Comité catholique du conseil de l'Instruction publique, le 22 février 1961 ; au surplus, si je me rappelle bien, il était seul, dans cette matière, sur le marché. La première édition était de 123 500 exemplaires ; elle s'épuisa en quelques mois ; l'ouvrage fut réimprimé trois fois par la suite. Le tirage total dépassa les 250 000 exemplaires[13].

Le manuel de *Littérature canadienne-française* de Samuel Baillargeon faisait également partie de ces ouvrages destinés à l'enseignement secondaire et qui connurent une large diffusion. Le père Martin relate dans quelles circonstances il fut propagé :

> Au cours d'une assemblée à Québec, en mai ou juin 1957, j'appris que le père Samuel Baillargeon, c.ss.r., professeur au Séminaire Saint-Alphonse, à Sainte-Anne-de-Beaupré, venait de terminer un manuel intitulé « Littérature canadienne-française » et qu'il en avait confié l'impression à la maison Charrier et Dugal. Lors d'une réunion du comité des éditions tenue le 3 juillet 1957, il fut décidé que M. Clément Saint-Germain et moi-même rencontrerions le père Baillargeon afin de prendre connaissance de son travail et de voir si le père accepterait que Fides agisse comme éditeur. La rencontre eut lieu et aboutit à un accord[14].

L'ouvrage, préfacé par Lionel Groulx, est lancé avec tous les honneurs au Cercle universitaire de Québec, le 21 novembre 1957[15]. « Néanmoins, ajoute le père Martin, le livre ne fut pas bien accueilli dans tous les milieux et certains lui adressèrent de sévères critiques ; on s'en prenait surtout au choix des auteurs et on déplorait que le père Baillargeon ait omis des écrivains importants ».

---

13. Document, nº 20, p. 37.

14. Document, nº 18, p. 30.

15. A.V., « L'enquête la plus vaste jamais entreprise sur la littérature canadienne-française », *Lectures*, nouv. série, vol. 4, nº 7, 1er décembre 1957, p. 103.

Gilles Marcotte, entre autres, démolit l'ouvrage dans *Cité libre*[16]. En dépit de l'accueil négatif, l'ouvrage, tiré à 4800 exemplaires, s'écoule rapidement. Il semble répondre à une demande. Il est réimprimé en 1959. L'année suivante une nouvelle édition, comptant 65 pages de plus, est offerte aux lecteurs. Le manuel est encore réimprimé une dizaine de fois jusqu'en 1972 alors que le tirage total atteint 53 000 exemplaires.

L'importance de la production de périodiques et de livres scolaires amène la Corporation à envisager, dès 1953, la possibilité d'acheter une imprimerie. Les revenus générés par *L'Élève* et *Le Maître* rendaient ce projet réalisable.

Achat de l'Imprimerie du *Canada*

Le père Martin relate les circonstances entourant l'acquisition de l'Imprimerie du *Canada* en ces termes :

> Durant la guerre, nous aurions eu avantage à posséder une imprimerie, car il nous aurait alors été possible d'éditer beaucoup plus de volumes ; l'Imprimerie Saint-Joseph et les autres imprimeurs avec qui nous traitions avaient bien d'autres clients que Fides, et ils ne pouvaient répondre adéquatement aux besoins de tous. Mais à cette époque, pour de multiples raisons et en particulier par manque de ressources, on ne pouvait songer à soutenir une telle entreprise.
>
> En 1953, nous n'avions plus de difficulté à faire imprimer les volumes que nous éditions, mais il n'en était pas ainsi pour les revues destinées aux jeunes, qui devaient être tirées sur des presses rotatives, travail qu'aucune maison de Montréal ne pouvait ou ne voulait faire ; la section de seize pages de *Hérauts* comportant des bandes dessinées était imprimée à Buffalo, aux États-Unis ; les trente-deux autres pages de *Hérauts* de même que les sept éditions de *L'Élève* étaient imprimées par le journal *L'Action catholique*, à

16. Gilles Marcotte, « Le coup de bambou », *Cité libre*, n° 20, mai 1958, p. 32-33.

Québec. Nous nous trouvions à encourir de ce fait des dépenses importantes au chapitre des déplacements et des communications téléphoniques, et le transport, en plus d'entraîner des frais considérables, occasionnait des retards et des complications, d'autant que le tirage de ces revues était alors de 500 000 exemplaires par mois.

On comprendra que, dans les circonstances, la nouvelle de la mise en vente d'une grande imprimerie de Montréal ait retenu notre attention. En effet, l'achat d'une imprimerie nous paraissait alors possible, car notre situation financière s'était affermie. Cet achat nous paraissait souhaitable, car il pouvait nous permettre d'imprimer nous-mêmes, non seulement nos revues destinées aux jeunes, mais aussi toutes nos autres publications, ce qui, pensions-nous, permettrait des économies substantielles. Je dois signaler en plus qu'à cette époque nous croyions qu'une maison d'édition n'atteignait son plein épanouissement que le jour où elle pouvait imprimer elle-même ses publications.

La grande imprimerie qui était mise en vente était celle du *Canada*, quotidien fondé en 1903 par des membres influents du Parti libéral. Le journal était alors très déficitaire, car son tirage, si je me rappelle bien, n'atteignait pas 15 000 exemplaires. Le Parti libéral fédéral, qui le possédait, n'en avait vraiment pas besoin, car il était solidement implanté dans la province ; le Parti libéral provincial souhaitait que le journal continue d'être publié pour faire la lutte à l'Union nationale, mais il n'avait pas les moyens de le maintenir. Toutefois le Parti libéral fédéral ne voulait pas vendre son journal à un organisme qui le combattrait, et c'est pourquoi la mise en vente n'avait pas été annoncée publiquement, et je ne sais comment je l'avais apprise. De toute façon, le parti ne craignait pas de traiter avec Fides, parce qu'il savait que, si nous décidions de publier le journal, nous tiendrions à être indépendants des partis politiques[17].

17. Le père Martin ajoute cette précision : « Si la mise en vente du *Canada* avait retenu notre attention, ce n'était pas tellement que nous songions à l'acheter. En effet notre première idée était plutôt d'obtenir que *Le Devoir* en fasse l'acquisition pour que Fides achète l'Imprimerie populaire, qui éditait *Le*

La décision d'achat et le contrat de vente de l'imprimerie ont lieu en novembre 1953, à deux semaines d'intervalle:

> Lors d'une réunion tenue le 11 novembre 1953, le conseil d'administration de Fides décida donc de faire l'achat de l'immeuble, de l'outillage et du mobilier du journal, au prix [de] 225 000 $, prix payable comptant. L'immeuble comportait deux étages dont les dimensions étaient d'environ 70 pieds de largeur par 195 pieds de profondeur; quant à l'outillage, il comprenait principalement une presse rotative, une clicherie et un atelier de composition pourvu de onze linotypes. Au cours de cette réunion, le conseil décida aussi de débourser un montant supplémentaire de 85 000 $ pour compléter l'outillage, de façon à pouvoir imprimer des volumes de même que des revues en quatre couleurs[18].

Pour effectuer les modifications et changements nécessaires, le père Martin ajoute que l'imprimerie devait être fermée durant un

---

Devoir, et qui, étant située sur la rue Notre-Dame, était beaucoup plus rapprochée de notre édifice, rue Saint-Jacques; alors que *Le Canada* occupait un immeuble au numéro 5221 de la rue de Gaspé, un peu au nord de la rue Laurier. De plus, l'Imprimerie populaire était outillée pour imprimer, non seulement des journaux, mais aussi des livres, ce qui n'était pas le cas de l'atelier du *Canada*. J'eus des pourparlers à ce sujet, en octobre 1953, avec le directeur du *Devoir*, Gérard Filion; mais ces pourparlers n'aboutirent pas. En fait, M. Filion, après avoir réfléchi pendant quelques semaines à mon projet, était disposé à l'accepter, mais il exigeait pour l'Imprimerie populaire un montant minimum de 400 000 $. Ce prix nous parut trop élevé en comparaison de celui qui était demandé pour *Le Canada*, soit 225 000 $. En effet, bien que l'outillage du *Canada* fût moins complet que celui de l'Imprimerie populaire, puisqu'il ne permettait pas l'impression de volumes, il était par ailleurs en bien meilleur état. Quant à l'immeuble, celui du *Canada* était mieux aménagé que celui de l'Imprimerie populaire et il avait été restauré peu d'années auparavant, car *Le Canada* n'y était installé que depuis 1949. Cela pouvait compenser pour le fait que l'immeuble du *Canada* était plus éloigné de nos bureaux que celui de l'Imprimerie populaire.» Document, n° 16, p. 26-27.

18. *Ibid.*, p. 27. Le père Martin rappelle que certaines précautions s'imposaient: «Comme *Le Canada* était un journal très engagé politiquement, il

certain temps. Il fallait, entre autres, vendre la presse rotative du *Canada* pour en acquérir une plus puissante, « conçue spécialement pour l'impression de journaux et de revues en quatre couleurs[19] ».

Le père Martin profite d'un voyage en Europe, en janvier 1954, pour recruter un gérant capable de diriger la nouvelle entreprise. Grâce à ses relations avec Albert Trachsel, directeur du *Courrier*, un quotidien catholique de Genève[20], il rencontre Bernard Deshusses qui lui semble bien préparé pour cette tâche.

---

fallait bien prendre garde de ne pas donner l'impression qu'en l'achetant, et par conséquent en interrompant sa publication, Fides fît le jeu de l'Union nationale aux dépens du Parti libéral. Aussi, pour nous assister dans cette délicate affaire et pour faire preuve d'impartialité, nous retînmes les services, non seulement de Mes Daniel Johnson et Reginald Tormey, de l'étude légale Johnson & Tormey, mais aussi de Mes Jean-Marie Nadeau et André Nadeau, de l'étude légale Nadeau, Côté & Nadeau ; Me Johnson était membre de l'Union nationale et député de Bagot à l'Assemblée législative, et son associé, Me Tormey, partageait ses convictions politiques ; par ailleurs, Mes Jean-Marie Nadeau et André Nadeau étaient des membres en vue du Parti libéral. Ces quatre avocats étaient présents lors de la signature du contrat de vente qui eut lieu, à Fides, le jeudi 26 novembre 1953, à midi. *Le Canada* avait publié son dernier numéro quelques heures plus tôt ; le lendemain, *Le Devoir* prenait sa place comme journal du matin. En apprenant que nous avions acheté *Le Canada*, certaines personnes croyaient que nous voulions reprendre la publication du journal ; d'autres évoquaient la possibilité que *Notre temps* devienne un quotidien. Je ne puis nier que ces pensées aient effleuré notre esprit ; mais nous nous sommes bientôt rendu compte que de telles entreprises dépassaient nos moyens. » *Ibid.*, p. 28.

19. *Ibid.*, p. 28. La presse rotative du *Canada* fut achetée par Pierre Péladeau qui, grâce à cette acquisition, put fonder, le 31 octobre 1954, l'Imprimerie Hebdo. « C'était pour ainsi dire, ajoute le père Martin, le début bien modeste d'une entreprise connue aujourd'hui sous le nom de Quebecor. »

20. « Il était aussi président de l'Union genevoise des éditeurs de journaux et trésorier de l'Union internationale de la presse catholique (UIPC), signale le père Martin. C'est d'ailleurs lors du congrès de l'UIPC tenu à Rome, en 1950, que j'avais fait sa connaissance. Je l'avais revu par la suite à Genève, et il était venu me visiter à Montréal, à l'automne 1953. » Document, n° 17, p. 2.

> En effet, M. Deshusses, écrit le père Martin, après quatre ans d'apprentissage à *La Tribune* de Genève, avait travaillé au *Courrier* pendant quatre ans également, et se trouvait alors à l'Imprimerie Henri Studer, comme adjoint du patron pour les questions techniques. Je fus favorablement impressionné, non seulement par sa compétence et son expérience, mais aussi par sa personnalité très attachante qui ne pouvait que l'avantager grandement dans ses rapports avec le personnel et avec le public. [...]
>
> Il y avait certes à Montréal des personnes qui avaient la compétence et l'expérience voulues pour prendre la direction [de l'imprimerie]. Mais ces personnes avaient déjà un emploi bien rémunéré, et elles ne seraient venues à Fides que si un salaire considérable leur avait été promis[21].

À son retour, le père Martin présente cette candidature au conseil d'administration qui l'accepte. À l'arrivée de Deshusses, en avril, la réorganisation de l'imprimerie n'était pas encore très avancée. C'est lui qui en sera le principal maître d'œuvre.

> À titre de gérant de l'imprimerie, M. Deshusses eut à diriger le personnel et à coordonner l'action des divers services. Durant la première année, le rodage de la machinerie lui donne beaucoup de soucis et accapare une grande partie de son temps. La presse rotative que nous avions achetée pour remplacer celle du *Canada* n'était pas neuve ; d'un poids de 140 tonnes et d'une hauteur de près de 20 pieds, elle avait été fabriquée, en 1927, pour un journal de Brooklyn, le *Brooklyn Eagle*, qui venait de fermer ses portes. Cette presse semblait devoir répondre adéquatement à nos besoins ; elle pouvait en effet imprimer une revue de 64 pages, du même format que *Hérauts*, entièrement en quadrichromie. Mais son installation, en plus de coûter beaucoup plus cher que prévu, s'avéra bien compliquée et il se passa de longs mois avant qu'elle soit en mesure d'imprimer nos revues de jeunes. M. Deshusses joua un rôle déterminant dans la mise en service de cette énorme machine comme

21. *Ibid.*, p. 3.

dans celle des presses à cylindre que nous avions achetées pour imprimer nos livres. Au début de l'année 1955, l'imprimerie était en mesure de produire d'une façon normale toutes nos publications[22].

Au cours des premières années, l'imprimerie s'avère déficitaire. Elle rapporte moins que prévu, en particulier à cause des coûts engendrés par les nouvelles installations.

Dans le procès-verbal de la réunion du conseil d'administration tenue le 17 février 1955, rapporte le père Martin, il est dit que nous avions dépensé, de novembre 1953 à juin 1954, un montant de 327 316 $ pour l'achat de l'immeuble et de l'outillage du *Canada*, et de diverses autres machines, et que nous prévoyions effectuer, durant l'année financière 1954-1955, des dépenses additionnelles de 130 000 $. C'est dire que nous pensions qu'à la date du 30 juin 1955 l'organisation de notre nouvelle imprimerie nous aurait coûté environ 450 000 $, soit beaucoup plus que nous l'escomptions lorsque nous avions décidé de faire l'acquisition du *Canada*. Nous ne regrettions pas pour autant l'initiative que nous avions prise, mais, comme il est mentionné dans le procès-verbal de la réunion du conseil tenue le 21 avril suivant, nous souhaitions trouver des contrats d'impression rémunérateurs qui nous auraient permis de boucler le budget. L'année financière 1953-1954 s'était terminée pour l'imprimerie avec un déficit de 14 431 $; l'année financière 1954-1955 se termina avec un déficit de 36 561 $, et l'année financière 1955-1956 avec un déficit de 32 552 $. Il faut noter que le

22. Et le père Martin ajoute : « Malheureusement M. Deshusses ne put rester longtemps avec nous. Lorsqu'il m'avait été présenté par M. Albert Trachsel, à Genève, en janvier 1954, il fréquentait déjà une jeune fille et s'était marié avec elle avant de venir au Canada ; il pensait bien qu'elle s'adapterait facilement à la vie en notre pays ; mais ce ne fut pas le cas et, à l'expiration de son contrat, il décida de retourner en Suisse avec sa femme. Je suis demeuré depuis lors en relation épistolaire avec eux, et ils m'ont reçu bien souvent dans leur foyer à l'occasion de mes voyages en Europe. Lorsque M. Deshusses nous quitta, en avril 1957, M. Saint-Germain cumula de nouveau pour un temps la gérance de l'imprimerie et celle de l'édition. » *Ibid.*

déficit de l'imprimerie aurait été bien plus grand si nous avions pris, sur la machinerie, l'amortissement qui était alors considéré comme normal, soit de 10 % à 20 % par année. Nous ne prenions en effet qu'un amortissement de 5 % par année[23].

En contrepartie, les revues de jeunes, *Hérauts* et *L'Élève*, font des profits substantiels, comme l'indique le tableau suivant[24], ce qui permet d'afficher un bilan positif à la fin de chaque année (voir l'Annexe A).

TABLEAU V

Profits des périodiques pédagogiques, 1953-1956

Revues	*1953-1954*	*1954-1955*	*1955-1956*
L'Élève	99 606 $	99 478 $	100 357 $
Hérauts	16 077 $	2 719 $	26 866 $

Source: ACEF, compilation de Paul-Aimé Martin, c.s.c.

Tirées à plusieurs milliers d'exemplaires par mois, les deux revues commandent aussi d'importants stocks de papier ; plus de 48 tonnes par mois en 1957[25]. Pour disposer de ces stocks[26], il faut aussi des entrepôts. Ainsi, en 1957, des démarches sont entreprises pour acquérir l'immeuble adjacent à l'imprimerie, occupé par les presses de *La Revue moderne*.

L'immeuble du journal *Le Canada*, que nous avions acheté en 1953, écrit le père Martin, était en fait la moitié d'un grand bâtiment de la rue de Gaspé dont *La Revue moderne* occupait l'autre partie.

23. *Ibid.*, p. 17.

24. Compilation du père Martin. *Ibid.*

25. Selon le procès-verbal du conseil d'administration du 22 mai 1957, cité dans Document, n° 18, p. 22.

26. Les stocks de papier pour la production de *L'Élève* et du *Maître* proviennent des États-Unis. *Ibid.*

L'immeuble du *Canada* portait le numéro 5221, et celui de *La Revue moderne*, le numéro 5225. Dans le but d'entreposer le papier nécessaire à une imprimerie de l'importance de la nôtre ainsi que les stocks de livres qui augmentaient sans cesse, nous avons entrepris des démarches, en août 1957, en vue de faire l'achat de l'immeuble de *La Revue moderne*. Cet immeuble comportait un seul étage d'une superficie d'environ 16 000 pieds carrés. En façade, toutefois, il y avait deux étages ; au rez-de-chaussée, se trouvaient les bureaux, et au premier, l'appartement du concierge. La partie arrière de l'immeuble avait une hauteur d'environ 25 pieds, ce qui permettait d'y installer de très grosses presses ou de hautes étagères pour recevoir des stocks de livres.

Les pourparlers avec le directeur de l'entreprise, M. Léo Cadieux, durèrent plusieurs mois. M. Cadieux tenait notamment à vendre, en même temps que l'immeuble, une presse rotative Cottrell pouvant imprimer sur papier calandré 64 pages format *L'Élève* (32 en quatre couleurs et 32 en deux couleurs), presse qu'il lui aurait été très coûteux de déménager. Après étude, il nous parut que cette presse pourrait nous être utile, et le 27 mars 1958 le conseil d'administration approuvait officiellement l'acte en vertu duquel la Corpo-ration des Éditions Fides achetait de La Revue moderne inc. l'immeuble au prix de 225 000 $ et la presse au prix de 25 000 $[27].

Fides est aussi tentée par l'achat de la revue elle-même, mais la vocation commerciale de l'entreprise fait reculer l'éditeur qui, après deux ans de négociations, renonce au projet.

Nous étions d'avis qu'il entrait bien dans les buts de Fides de publier un magazine de nature à intéresser le grand public, à le récréer et aussi à le former. Mais ce qui nous faisait hésiter à lancer un tel magazine en achetant et en améliorant *La Revue moderne*, c'était que les montants à débourser étaient considérables ; c'était aussi que nous savions que les périodiques de ce genre tiraient leurs revenus surtout des annonces ; or nous ne nous faisions pas d'illusion ; nous

27. Document, n° 19, p. 6-7.

prévoyions ne pas pouvoir accepter toutes les annonces que les agences de publicité nous transmettraient[28].

Finalement, vers la fin d'avril 1960, la revue sera vendue à Maclean Hunter, de Toronto, qui à l'automne suivant lancera la revue *Châtelaine*.

Doté de ces nouvelles infrastructures, imprimerie et entrepôt, Fides peut désormais s'autosuffire et réunir, sous un même toit, toutes ses activités de production et d'édition. Lors de la bénédiction de l'immeuble de la rue de Gaspé, en 1959, le père Martin dresse un bilan impressionnant des publications imprimées par la maison :

> Chaque année, nous imprimons ou réimprimons environ soixante-quinze volumes, dont un grand nombre sont groupés dans des collections [...]. Chaque année également nous faisons des tirages nouveaux de nos ouvrages de grande diffusion parmi lesquels nous voulons signaler tout spécialement *Faites ça... et vous vivrez* et *Mon missel dominical* dont le tirage total dépasse respectivement le million d'exemplaires, et *Le Nouveau Testament*, traduction de l'ACEBAC [Association catholique des études bibliques au Canada], qui atteindra les 400 000 exemplaires avec le tirage que nous commencerons à imprimer la semaine prochaine. Dans le domaine des périodiques, outre la revue *Mes Fiches* qui est actuellement mensuelle, et la revue *Lectures* qui est bimensuelle, nous éditons et imprimons la revue *L'Élève* qui comprend sept éditions mensuelles différentes [...], *Hérauts* qui comporte six éditions différentes [...]. Enfin nous voulons mentionner la plus récente de nos revues de jeunes, celle que nous avons lancée l'année dernière, *Le Petit Héraut*, revue qui est destinée aux enfants de 6 à 9 ans. Le tirage global de toutes ces revues est de 750 000 exemplaires par mois[29].

28. *Ibid.*, p. 7.

29. Paul-Aimé Martin, « La bénédiction de l'Imprimerie Fides », *Lectures*, nouv. série, vol. 5, n°s 19-20, 1er-5 juin 1959, p. 290, 308.

À cette occasion, en reprenant l'un des grands thèmes du programme éditorial de Fides, le père Martin retrouve les accents de sa jeunesse jéciste et parle « d'un labeur toujours plus conquérant ». Il formule aussi la nécessité de rendre le livre et la lecture accessibles au plus grand nombre en offrant des « publications très bon marché[30] ». Les acquisitions de l'imprimerie et de l'entrepôt faisaient partie des moyens mis en œuvre pour atteindre cet objectif.

Le nombre d'employés atteignait dans ces années-là des sommets inégalés avec quelque 150 personnes qui œuvraient au siège social, à l'imprimerie et dans les succursales (voir l'Annexe D). Si l'on ajoute à cela le personnel qui était embauché à temps partiel, les effectifs s'élevaient à plus de 175 employés, du moins si l'on en croit le chiffre avancé dans *Lectures* en 1962[31].

Il s'agit plus que jamais de mettre au service de la cause un puissant appareil de production et de diffusion. L'achat de *Notre temps* et la mise en place d'un réseau de librairies à travers tout le Canada, comme nous le verrons au chapitre suivant, vont concrétiser sur le plan de la diffusion cette stratégie de l'entreprise conquérante. Après le livre, le périodique, l'imprimerie, la librairie et les différents services aux lecteurs, il ne manquait plus à Fides que le journal.

L'aventure de *Notre temps*

Depuis un certain nombre d'années, le père Martin étudiait la possibilité de fonder un journal. Il avait participé à cette fin à différents congrès et à des rencontres privées. L'idée de la création

30. *Ibid.*, p. 308-309.

31. Voir Julia Richer, *Fides, œuvre d'apostolat intellectuel, 1937-1962*, Montréal / Paris, Fides, 1962, p. 20, et « Paul-A. Poirier, 25 ans de service », *Lectures*, nouv. série, vol. 8, nº 9, mai 1962, p. 275.

d'un journal diocésain édité par Fides mûrissait, entre autres, depuis le Congrès international de la presse catholique organisé à Rome en 1950. Un Secrétariat international de la presse catholique avait été créé à Paris, en 1952, à la suite de ce congrès[32]. Le père Martin avait profité de son passage en France cette année-là pour rencontrer le premier secrétaire général de l'Union internationale de la presse catholique (UIPC), Jean-Pierre Dubois-Dumée, afin particulièrement d'aborder avec lui la question de l'organisation de journaux diocésains, question qui intéressait la direction de Fides.

> Mes collaborateurs et moi-même, écrit le père Martin, nous considérions que la publication d'un journal était le couronnement normal de l'œuvre que Fides voulait accomplir. Nous pensions en effet que, dans le domaine de l'imprimé, c'était le journal qui exerçait l'influence la plus grande et la plus marquante. Dès septembre 1949, le père Émile Deguire, c.s.c., avait évoqué, au cours d'une réunion du conseil d'administration, la possibilité de la publication d'un hebdomadaire. Dans la suite, j'eus l'occasion de faire part de nos préoccupations à ce sujet à Mgr Paul-Émile Léger[33].

Au début de 1953, le cardinal Léger suggère au père Martin de rencontrer Léopold Richer pour lui proposer d'acheter le journal *Notre temps* qu'il avait fondé en 1945 avec son épouse Julia et qui, à cette époque, compte 4500 abonnés.

> *Notre temps* se présentait comme un « hebdomadaire social et culturel ». Son orientation était très proche de celle de Fides. M. et Mme Richer étaient en contact constant avec plusieurs évêques, notamment avec le cardinal Léger et Mgr Arthur Douville, évêque de Saint-Hyacinthe. L'épiscopat avait beaucoup aidé le journal au point de vue financier, lors des souscriptions de 1950 et 1952. Je ren-

32. Voir Paul-Aimé Martin, « Le Secrétariat international de la presse catholique », *Lectures*, t. VIII, nº 7, mars 1952, p. 321-322.

33. Document, nº 16, p. 21.

> contrai donc M. et Mme Richer ; ils accueillirent d'autant plus favorablement ma démarche qu'ils se rendaient bien compte que leur journal ne pouvait se maintenir indéfiniment en recourant à la générosité de ses lecteurs. Après en avoir conféré avec le cardinal Léger, ils me communiquèrent qu'ils seraient heureux de céder *Notre temps* à Fides[34].

Le conseil d'administration saisit donc l'occasion et prend la décision d'acquérir le journal, le 23 avril.

Il s'agissait pour Fides de transformer *Notre temps* en un journal d'envergure nationale comportant des pages propres à certains diocèses. On souhaitait adopter la formule qui avait réussi avec *Hérauts*, soit la publication simultanée de plusieurs éditions adaptées aux besoins des communautés locales ; le journal aurait comporté des pages particulières à certains diocèses[35]. « Le cardinal favorisait ce projet d'édition conjointe, affirme le père Martin, et avait lui-même mentionné qu'il pourrait intéresser les diocèses de Saint-Jérôme, de Saint-Hyacinthe et de Saint-Jean[36]. » Cette acquisition était vue par la direction comme le couronnement normal de l'œuvre, comme une réalisation de premier plan susceptible d'avoir une influence déterminante sur le grand public, en plus de constituer « un medium d'annonce très puissant pour les livres que nous publions et que nous propageons », précise le père Martin ; à ce propos, dans son rapport au conseil d'administration, il souligne le fait que « le journal *L'Action catholique* a énormément contribué au succès de la librairie de l'Action catholique[37] ».

Avant de conclure l'entente avec Léopold Richer, deux obstacles devaient cependant être levés. Le premier était d'ordre administratif : la charte de la Corporation ne prévoyait pas la

34. *Ibid.*, p. 22.
35. Procès-verbal du conseil d'administration, 23 avril 1953, ACEF.
36. Document, n° 16, p. 22.
37. Procès-verbal du conseil d'administration, 23 avril 1953, ACEF.

publication de journaux, une nouvelle société devait donc être créée. Une corporation à but non lucratif fut ainsi constituée sous le nom de Société Fides inc. Le deuxième, d'ordre technique : le directeur du journal devait soumettre la proposition à ses actionnaires. Bien que Léopold Richer ait détenu la majorité des parts, une opposition inattendue apparut chez certains actionnaires et en particulier du côté d'un certain Pierre Elliott Trudeau ; « [...] même si M. Léopold Richer détenait 75 % des actions de la Société Notre Temps ltée, il ne pouvait agir sans que les actionnaires minoritaires soient mis au courant ; or, parmi eux, certains, dont Pierre Elliott Trudeau, n'étaient pas favorables à cette vente ; ils ne pouvaient pas l'empêcher, mais ils ne manquèrent pas d'exprimer leur désaccord[38] ». Trudeau, qui se définissait comme un « anticléricaliste », représentait bien le point de vue de *Cité libre* opposée à « l'extension cléricale en matière non ecclésiale[39] ». Malgré cette divergence l'affaire fut réglée en juin.

Plusieurs autres difficultés, plus déterminantes quant à l'avenir de l'hebdomadaire, devaient toutefois surgir au cours des mois suivants. D'abord, la nouvelle direction ne réussit pas à augmenter suffisamment le tirage pour maintenir une distribution en kiosque.

> Le journal ne se vendait alors que par abonnement, dit le père Martin, et son tirage était d'environ 4500 exemplaires. Nous prîmes en octobre la décision de le mettre en vente dans tous les kiosques à journaux de Montréal. En février 1954, une nouvelle société accepta de le distribuer, non seulement à Montréal, mais aussi dans plusieurs autres villes du Québec. Le tirage atteignit alors les 20 000 exemplaires. Mais, après quelques mois, la distribution dans les kiosques à journaux dut être abandonnée, car les ventes étaient trop faibles[40].

38. Document, n° 16, p. 22.

39. André-J. BÉLANGER, *Ruptures et constantes*, Montréal, Hurtubise HMH, 1977, p. 71.

40. Document, n° 16, p. 23.

Des offres de vente

L'entrée de Fides dans le monde des journaux, l'achat du *Canada,* les pourparlers pour l'acquisition de *La Revue moderne* et la propriété de *Notre temps* avaient donné à la maison une visibilité et une importance publique qui dépassaient de beaucoup son poids financier. Fides offrait l'image d'une vaste et puissante entreprise commerciale aux reins solides, capable de soutenir plusieurs publications et périodiques. L'appui de la Congrégation de Sainte-Croix lui assurait également une crédibilité à toute épreuve auprès des banques et d'éventuels prêteurs.

Ainsi, au cours de l'année 1955, la Corporation se voit inondée par les offres de vente provenant des milieux de l'information et de l'édition allant du *Globe and Mail* de Toronto à la station radiophonique CJMS, en passant par *La Bonne Chanson* et la Librairie Beauchemin ltée.

> Le 5 mars 1955, dit le père Martin, des représentants de The Globe Printing Co., de Toronto, nous communiquaient que la compagnie était sur le point de vendre le journal *The Globe and Mail* et de réaliser ainsi son actif qui était d'environ 11 000 000 $. The Globe Printing Co. devait ensuite distribuer cette somme aux actionnaires, et ces derniers auraient à payer en impôt un montant d'au moins 500 000 $. Toutefois, dans le cas où une société sans but lucratif interviendrait dans la transaction, il y aurait moyen de ne pas payer d'impôt. On nous demandait donc si Fides consentirait à jouer ce rôle, et dans l'affirmative on nous offrait un montant de 100 000 $ comme récompense. Après avoir consulté nos avocats, Mes Johnson et Tormey, nous décidâmes de ne pas nous mêler de cette affaire plutôt nébuleuse, dont au surplus on pouvait certainement mettre en doute la moralité[43].

43. Document, n° 17, p. 18.

Quelques jours plus tard, Fides reçoit une offre des propriétaires de la station de radio CJMS.

> Le poste CJMS, qui avait été lancé par M. l'abbé Charles-Émile Gadbois, directeur fondateur de *La Bonne Chanson* et membre du clergé du diocèse de Saint-Hyacinthe, était alors en réorganisation, et ses conseillers juridiques avaient proposé à Fides d'en faire l'acquisition, poursuit le père Martin. D'après Mes Johnson et Tormey, il n'y avait pas d'obstacle légal à ce que la Corporation des Éditions Fides ou la Société Fides inc. possède et administre un poste de radio. Lors d'une réunion du conseil d'administration tenue le 24 mars 1955, nous étudiâmes longuement la proposition et nous prîmes connaissance du bilan de l'entreprise à la date du 31 décembre 1954. Nous arrivâmes à la conclusion que nous ne pouvions pour l'instant accepter une telle proposition et que nous l'examinerions de nouveau à l'été, quand nous aurions en main le rapport financier de Fides pour l'année 1954-1955. Il fut aussi décidé que je rencontrerais le père Laurent Lapalme, c.s.c., pour voir si la Province canadienne des Pères de Sainte-Croix ou l'une de ses œuvres pourrait être intéressée à envisager l'achat du poste conjointement avec Fides. Il fut aussi résolu que je consulterais le cardinal Paul-Émile Léger à ce sujet. Je ne sais si je fis toutes ces démarches, mais de toute façon l'affaire n'eut pas de suite[44].

Un mois plus tard, c'est *La Bonne Chanson* elle-même qui se présente.

> Lors d'une réunion du conseil d'administration tenue le 21 avril 1955, écrit le père Martin, je fis rapport d'une rencontre que j'avais eue la veille avec Mgr Jean-Charles Leclaire, vicaire général du diocèse de Saint-Hyacinthe. Mgr Leclaire était venu me parler de l'entreprise, me remettre son bilan et me demander si Fides accepterait d'en faire l'acquisition. Le prix demandé était de 200 000 $, mais Monseigneur m'avait dit qu'une offre équivalant au montant dû aux créanciers, soit 150 000 $, serait certainement acceptée.

44. *Ibid.*, p. 19.

> Nous étudiâmes la proposition de Mgr Leclaire avec d'autant plus d'attention qu'avant de me rencontrer il avait vu à ce sujet le cardinal Paul-Émile Léger et qu'il m'avait déclaré en me quittant : « En nous aidant à régler cette affaire, vous rendriez un grand service à l'Église, non seulement de Saint-Hyacinthe, mais du Canada tout entier. » Nous allâmes donc visiter à deux reprises les locaux de *La Bonne Chanson*, à Saint-Hyacinthe, et nous tentâmes de nous faire une idée de la valeur de l'ameublement, du matériel d'imprimerie et des stocks de publication. Malheureusement, nous arrivâmes à la conclusion que, pour nous, tout cet actif était loin de valoir 150 000 $. Mais surtout, il nous paraissait imprudent de faire un achat de cette importance, avant de connaître les résultats de l'année financière courante. Nous étions disposés toutefois à continuer les négociations au cours de l'automne suivant, mais Mgr Leclaire ne communiqua pas de nouveau avec nous. Je crois que l'entreprise avait été vendue entre-temps aux Frères de l'Instruction chrétienne, de Laprairie[45].

En juillet, on approche encore le père Martin pour lui faire savoir que la Librairie Beauchemin est à vendre.

> M. Émile Boucher, gérant général de la maison Dupuis Frères, m'avait téléphoné pour me dire que la Librairie Beauchemin était mise en vente, confie-t-il, et pour me demander si les Éditions Fides seraient éventuellement intéressées à en faire l'acquisition. M. Boucher avait précisé que le chiffre d'affaires de Beauchemin était d'environ 2 000 000 $ et que le stock valait 600 000 $. Le conseil étudia brièvement le problème et arriva à la conclusion que Fides pourrait peut-être avoir intérêt à acheter, non pas toute l'entreprise, mais seulement l'une ou l'autre de ses publications, notamment l'*Almanach du peuple* et *Le Canada ecclésiastique*. Je ne me rappelle pas ce qu'il advint alors de Beauchemin, mais, en ce qui nous concerne, l'affaire n'eut pas de suite[46].

45. *Ibid.*

46. *Ibid.*, p. 23. En 1958, Fides se verra aussi offrir l'achat de la librairie de J.-P. Garneau de Québec. Document, nº 19, p. 13.

En octobre enfin, c'est au tour de l'Imprimerie populaire de faire une offre à Fides.

> L'Imprimerie populaire publiait un hebdomadaire de format tabloïd intitulé *Le Foyer*, qui tirait à 45 000 exemplaires. M. Gérard Filion était disposé à vendre à Fides la liste des abonnés au prix de 45 000 $. Lors de réunions tenues les 25 et 26 octobre 1955, le conseil d'administration étudia le projet d'acheter cette liste et d'unir *Le Foyer* à *Notre temps*. Le journal qui aurait été intitulé : *Notre temps et le Foyer* aurait comporté chaque semaine seize pages imprimées en quatre couleurs et seize pages imprimées en deux couleurs. Ce projet paraissait très intéressant, mais après l'avoir étudié longuement le conseil décida de ne pas y donner suite, parce que le montant de 45 000 $ exigé par M. Filion paraissait très élevé, et que le lancement de *Notre temps et le Foyer* aurait forcément coûté très cher[47].

Comme on peut le constater à la lecture des exemples précédents, on proposait à Fides l'achat d'entreprises susceptibles d'intéresser une corporation habituée à brasser de grosses affaires. Il est vrai que les profits de la maison étaient en hausse et que la bonne santé financière de la Corporation était de nature à rassurer les investisseurs. Il ne fait pas de doute non plus que le retentissement des publications de l'éditeur, de son équipement moderne et de son réseau de distribution donnaient l'impression d'une grande richesse, plus grande qu'elle ne l'était en réalité. C'est la raison pour laquelle on n'hésitait pas à l'approcher quand venait le moment de chercher un acheteur ou d'aider une entreprise en difficulté. Il faut ajouter que, dans les années 1950, Fides était aussi une société très active dans un autre secteur du monde du livre dont nous allons parler maintenant, la librairie.

---

47. Document, n° 17, p. 24.

La famille Deguire vers 1912. Assis : Exilda Deguire et son père, François Legault dit Deslauriers. Debout : Émile, Victor et Laurida Deguire. *Collection P.-A. Martin.*

La famille Martin vers 1913. Première rangée : Ernest, Herménégilde, Adrien, Hortense et Maria. Deuxième rangée : Albina, J.-Arthur, Henri et Alphonse. *Collection Charles-A. Martin.*

J.-Arthur Martin et Laurida Deguire, 1916.
Collection P.-A. Martin.

La maison d'Exilda Deguire, 10 rue de l'Église (autrefois rue Decelles), vers 1915.
Collection Cécile Martin-Potvin.

Paul-Aimé Martin au noviciat de Sainte-Geneviève, 15 août 1933.
Collection P.-A. Martin.

Premier numéro de *Mes Fiches*, 1er mars 1937.

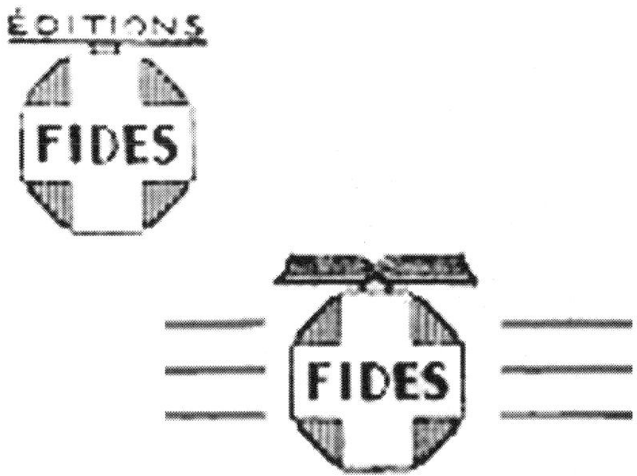

Logos de Fides, 1942 et 1943.
Collection Fides.

Immeuble de Fides,
3425 rue Saint-Denis, 1942-1945.

Immeuble de Fides,
25, rue Saint-Jacques Est, 1945-1964.
Dessin original.

Membres du personnel de Fides, photographiés dans la grande salle de l'immeuble de Fides, 25, rue Saint-Jacques Est, le 1er mars 1946. Personnes assises (de gauche à droite) : 1. Gabrielle Benoît ; 2. Camille Gagnon ; 3. Yolande Cloutier ; 4. René Sarrazin ; 5. Théophile Bertrand ; 6. frère Placide Vermandere ; 7. père André Cordeau ; 8. père Paul-Aimé Martin ; 9. Benoît Baril ; 10. Paul Poirier ; 11. Cécile Martin ; 12. Victor Martin ; 13. Rita Landry ; 14. Constantin Bagordo ; 15. Madeleine Lafleur. Personnes debout (de gauche à droite) : 1. Marie-Thérèse Choquette ; 2. Estelle Nepveu ; 3. Marie Beaulieu ; 4. Adrienne Crevier ; 5. Lucienne Bariteau ; 6. Gabrielle Proulx ; 7. Madeleine Brooks ; 8. Cécile Lafleur ; 9. André Lafleur ; 10. Alice Kéroack ; 11. Jean Laurier ; 12. Madeleine Brunet ; 13. Jeannine Collin ; 14. Rita Leclerc ; 15. Madeleine Maher-Baril ; 16. Wilfrid Bilodeau ; 17. non identifiée ; 18. Lucien Fontaine ; 19. Germaine Brunet ; 20. Fernande Cloutier (don de Yolande Cloutier-Bouchard. *Collection du GRELQ* (Université de Sherbrooke).

Le cardinal J.-M.-Rodrigue Villeneuve, o.m.i., signe le livre d'or avant de se rendre au Cercle universitaire de Montréal pour présider le dîner marquant la bénédiction et l'inauguration de l'édifice Fides, le 28 mai 1946. Debout, de gauche à droite, le père Émile Deguire, Victor Martin, Paul Poirier, le frère Placide Vermandere, Benoît Baril et Armand Corriveau. *Collection P.-A. Martin.*

POURQUOI SE MARIER ?

par Gérard Petit

10¢

FACE AU MARIAGE — 21 ÉDITIONS FIDES

Collection « Face au mariage », nº 21, 1942.

GANTS DU CIEL

ANNE HÉBERT
PÈRE HILAIRE
JACQUES DE TONNANCOUR
REX DESMARCHAIS
MAURICE COINDREAU
ALEXANDRE KOYRÉ

FIDES

Gants du ciel, juin 1944.

CAHIERS D'ART

ARCA

IV

PROPOS D'UN BÂTISSEUR
DU BON DIEU

DOM PAUL BELLOT, o.s.b.

FIDES

Cahiers d'art Arca, IV, 1948.

Lectures

REVUE MENSUELLE
DE
BIBLIOGRAPHIE CRITIQUE

SOMMAIRE

Tome I - no 1
SEPTEMBRE 1946

Lectures, t. I, n° 1, septembre 1946.

PAUL-A. MARTIN

ÉDITIONS
ET LECTURES

FIDES

Paul-Aimé Martin, *Éditions et lectures*, 1944.

Entouré du capitaine Mgr J.-A.-E. Charest et de Benoît Baril, le père Martin remet un exemplaire de *Mon missel dominical* de Mgr Joseph Stedman au brigadier à Mgr C.-L. Nelligan, ordinaire de l'armée canadienne, à Ottawa le 24 septembre 1943. Grâce à la générosité de Mgr Stedman, 30 000 exemplaires de ce missel ont été distribués par le service des lectures pour les soldats mis sur pied par Fides. *Collection P.-A. Martin.*

Inauguration de l'immeuble de Fides, 3425 rue Saint-Denis, le 8 janvier 1944. De gauche à droite : les pères André Cordeau, Paul-Aimé Martin et Émile Deguire, Paul Poirier, Mgr Albert Valois, Jean-Marie Gauvreau, Joseph Brunet, le père Félix Morlion, o.p., et Benoît Baril. *Collection Fides.*

Page couverture de l'album n° 25, 1952, de la revue *Hérauts*. *Collection Fides.*

25 EST, RUE SAINT-JACQUES
MONTRÉAL. — TÉL.: PL. 8335

FIDES

CENTRE D'ÉDITIONS, DE BIBLIOGRAPHIE
ET D'ORGANISATION DE BIBLIOTHÈQUES

120, BOULEVARD RASPAIL
PARIS. — TÉL.: LIT. 7385

Septembre 1951.

AUX MEMBRES BIENFAITEURS, AUX AUTEURS ET AUX AMIS DE FIDES

Depuis la dernière guerre, le Canada jouit d'une grande popularité en France. Jamais auparavant journaux et revues n'avaient consacré autant d'articles à notre jeune nation. L'élite de la France, et non plus seulement quelques académiciens et universitaires, éprouve à notre endroit une profonde sympathie.

De nouvelles sociétés d'amitié franco-canadienne ont surgi; on a organisé des expositions d'oeuvres d'art et de publications canadiennes. Puis on a réclamé l'introduction du livre canadien sur le marché français. C'est ainsi qu'aussitôt la guerre terminée nous retenions les services d'un représentant à Paris, et qu'en 1949, nous fondions la Société Fides de France. L'année dernière, nous ouvrions, boulevard Raspail, à Paris, sous les auspices de Fides, une Maison du livre canadien.

Le centre du livre canadien de Paris apparaît à tous comme un foyer incomparable de rayonnement. Mgr Félix-Antoine Savard, à son retour de France en juin dernier, nous disait dans un mouvement d'enthousiasme: "La Maison du livre canadien est une véritable ambassade pour nous". Mais cette maison, jusqu'à présent, s'est maintenue très difficilement. La vente du livre canadien, trop dispendieux pour la majorité des Français, n'a pu fournir des revenus suffisants pour défrayer les dépenses d'administration. Le déficit annuel représente une somme considérable. Mis au courant de cette situation, Mgr Savard nous déclarait: "Il faut, à tout prix, maintenir la Maison du livre canadien. Il est injuste, par ailleurs, de laisser reposer sur une Oeuvre le fardeau financier d'un foyer de culture et de rayonnement dont profite tout le peuple canadien-français. Nos sociétés nationales, nos corps publics se doivent d'y aller de leur généreuse contribution. On ne saurait exagérer l'importance, pour nous Canadiens de culture française, de maintenir la Maison du livre canadien à Paris".

Un témoignage aussi autorisé, un appel aussi pressant se passent de tout commentaire. Aussi nous vous déclarons sans plus que cette lettre est un appel à votre générosité. Toutefois, nous sommes heureux de vous dire que votre don sera plus qu'une obole: il sera une contribution directe à la diffusion du livre canadien. En effet, tout montant que nous recevrons servira à distribuer gratuitement des livres canadiens à des bibliothèques et à des institutions françaises.

La Maison du livre canadien remplira ainsi le but premier de sa fondation tout en recueillant un légitime profit qui lui permettra de se maintenir.

Nous n'insistons pas davantage. Nous sommes assuré que vous tiendrez à nous aider généreusement et à l'avance nous vous en remercions.

Tout à vous dans le Christ-Roi,

Paul-Aimé MARTIN, c.s.c.
directeur général de FIDES.

FIDES, centre d'édition et de bibliographie au service de l'ordre social chrétien, a débuté à Montréal en 1937, avec le lancement de *Mes Fiches*. Depuis 1943, l'œuvre existe aux Etats-Unis, sous le nom de *Fides Publishers Inc.*, et depuis 1945, à Sao Paulo, Brésil, sous le nom de *Editora Fides Ltda*. La Société Fides a été établie à Paris en mai 1949.

"Sa Sainteté le Pape Pie XII apprécie beaucoup l'effort fourni par les fondateurs de Fides et se réjouit du magnifique essor qu'a pris la société durant ces dernières années. Son activité, en outre, répond entièrement aux multiples exigences de notre époque". (S. E. Mgr J.-B. Montini, 4 octobre 1947.)

La Maison du livre Canadien, Fides, 120 boulevard Raspail, Paris VIe.
Collection P.-A. Martin.

Lancement de la collection « Classiques canadiens » à la Librairie des Amitiés françaises, le 28 novembre 1956. De gauche à droite : Maurice Genevoix, le père Martin, André Rousseaux, critique au *Figaro*, et Jean Désy, ambassadeur du Canada en France. *Collection P.-A. Martin.*

Le père Martin à la sortie des locaux de Fides SARL, 3 rue Félibien, Paris VIe, le 6 janvier 1961. *Collection P.-A. Martin.*

Daniel Champy photographié dans les locaux de Fides SARL, 3 rue Félibien, Paris VIe, en 1959. *Collection P.-A. Martin.*

Le père André Cordeau, Luc Lacourcière, l'abbé Félix-Antoine Savard et le père Paul-Aimé Martin devant la résidence de l'abbé Savard à Saint-Joseph-de-la-rive, le 24 juin 1947. *Collection P.-A. Martin.*

FÉLIX-ANTOINE SAVARD

MENAUD
MAÎTRE-DRAVEUR

COLLECTION DU
NÉNUPHAR
les meilleurs
auteurs canadiens

FIDES

Page de couverture de *Menaud, maître-draveur*, « Collection du Nénuphar », n° 1.

CHAPITRE VIII

UN RÉSEAU DE LIBRAIRIES

Fides ne ménage pas ses efforts pour assurer la diffusion du bon livre et de la bonne lecture. Pour propager les ouvrages dont il fait la promotion dans *Mes Fiches*, il s'adjoint un service de librairie dès 1941 en faisant l'acquisition de la librairie de la JEC mise en vente pour libérer les jécistes des questions administratives et commerciales[1]. En 1945, le conseil d'administration songe à fermer l'entreprise parce qu'elle nécessite une organisation considérable et mobilise des capitaux importants. L'occasion lui en est offerte au moment de la vente de l'édifice de la rue Saint-Denis acquis en 1942 et du déménagement dans les nouveaux locaux de la rue Saint-Jacques[2]. Mais, faute d'acheteur et devant la demande, le conseil revient sur sa décision. La direction constate que la librairie répond bien à un besoin, qu'elle constitue un maillon essentiel entre le service de bibliographie et de

1. « Le 27 janvier 1941, Fides achète le stock de livres qui est évalué à un montant de 2038 $. Jusqu'au mois de mai suivant, la librairie demeure à la Palestre nationale où se trouve alors le Secrétariat de la JEC. » Document, n° 9, p. 3.

2. Document, n° 12, p. 11.

documentation et la clientèle des bibliothécaires et des institutions qui sont les principaux clients des ouvrages présentés dans *Mes Fiches* et *Lectures et bibliothèques*. Ainsi, au lieu de fermer ses portes, la librairie va au contraire se développer et prendre de l'expansion, surtout à partir de 1954, au moment où la maison inaugure sa première succursale canadienne à Saint-Boniface, au Manitoba. Ce sera le premier élément d'un réseau pan-canadien qui ne cessera de s'étendre pendant plus de dix ans.

À la conquête de l'Ouest

Après Paris qui constitue la porte d'entrée du continent européen, Fides se tourne vers l'Ouest où il compte desservir les marchés de la diaspora francophone et aussi tâter le terrain du côté de la clientèle catholique anglophone. Saint-Boniface devait être l'avant-poste d'une conquête des marchés institutionnels du Canada occidental.

> Quand, en 1949, nous avons fondé une succursale à Paris, déclarait le père Martin à l'occasion de l'inauguration de la succursale manitobaine, nous avions en vue de propager des livres canadiens non seulement en France, mais aussi en Europe et dans toute l'Union française. De même, en établissant cette succursale à Saint-Boniface, nous avons voulu en faire un centre de propagande du bon livre non seulement pour cette ville et cette province, mais aussi pour tous les centres catholiques des diocèses de l'Ouest[3].

L'occasion de cette implantation s'était présentée lorsque les autorités locales s'adressèrent à Fides pour l'organisation d'une librairie diocésaine. Une petite librairie, fondée par M. l'abbé Léo

3. *Le Livre français dans l'Ouest canadien*, allocutions de Mgr Maurice Baudoux et Paul-Aimé Martin prononcées le 2 octobre 1954, lors de la bénédiction de la nouvelle librairie de Fides à Saint-Boniface, Montréal / Paris, Fides, [1954], p. 11.

Blais, futur évêque du diocèse de Prince Albert, désignée sous le nom de Librairie catholique, existait déjà depuis 1946. Elle était installée au sous-sol de la cathédrale. C'est Mgr Maurice Baudoux lui-même, l'archevêque de Saint-Boniface, qui avait pris l'initiative d'approcher Fides.

> En juin 1952, à peine intronisé comme archevêque coadjuteur de Saint-Boniface, déclare Mgr Baudoux, j'invitais les membres de l'Association canadienne des éducateurs de langue française [ACELF] à tenir leur congrès dans notre ville, durant l'année 1953. Et je demandais au président, Mgr Alphonse-Marie Parent, d'insister pour que Fides tienne une exposition à l'occasion du congrès de l'ACELF. Ce n'était pas sans une arrière-pensée puisque déjà, à ce moment-là, nous estimions qu'il fallait donner une nouvelle impulsion à notre librairie pour qu'elle puisse rendre pleinement les services qu'on attendait d'elle[4].

Conformément au désir exprimé, Fides organise l'exposition et, l'année suivante, inaugure sa première succursale après divers pourparlers et négociations avec les autorités diocésaines. Le contrat comprenait l'achat de l'actif de la Librairie catholique. Le père Martin se souvient avec joie du jour mémorable qui l'amena à Saint-Boniface pour la signature du contrat.

> Je me rendis à Saint-Boniface pour signer le contrat, écrit-il. J'en étais à mon premier voyage dans l'Ouest. J'arrivai à l'archevêché le 18 avril dans la matinée ; c'était le jour de Pâques et il faisait un temps magnifique ; de l'autre côté de la rue, se trouvait la belle cathédrale, qui malheureusement a été incendiée depuis lors ; le parvis était rempli de gens qui sortaient de la grand-messe ; je me mêlai à eux un instant et je fus très impressionné de voir qu'ils s'exprimaient si bien en français ; on se serait cru au Québec. Je fus heureux de penser que Fides, en continuant l'œuvre de la Librairie catholique, les aiderait, eux et tous leurs compatriotes du Manitoba,

4. Maurice Baudoux, *ibid.*, p. 14.

à conserver leur langue, en dépit de circonstances souvent défavorables. Car, il importe de le signaler ici, la Librairie catholique, dont Fides prenait la succession, se présentait officiellement comme étant au service, non seulement des mouvements d'action catholique, mais aussi de l'Association d'éducation des Canadiens français du Manitoba.

Mgr Baudoux m'accueillit bien cordialement et [...] dès le lundi 19 avril il fit part lui-même aux médias du contrat que nous venions de signer. Je profitai de mon séjour à Saint-Boniface pour faire connaissance avec le père Joseph Gendron, s.j. Le père Gendron enseignait au Collège de Saint-Boniface et, à titre bénévole, il agissait comme conseiller religieux et culturel pour la Librairie catholique; il voulut bien continuer à remplir cette fonction pour notre succursale. Avec un dévouement qui ne s'est jamais démenti, il nous rendit pendant des années des services inappréciables; il me représentait auprès du personnel et voyait à entretenir de bons rapports avec le Collège de Saint-Boniface et l'Association d'éducation des Canadiens français du Manitoba. Je rencontrai aussi M. Victor Gray que M. l'abbé [Rémi-J.] De Roo [vice-chancelier du diocèse] proposait comme gérant de la succursale. M. Gray travaillait alors pour F. J. Tonkin ltée, établissement de Winnipeg qui vendait des objets de piété et des livres religieux[5].

Quelque temps après le retour du père Martin à Montréal,

M. Gray fut engagé, mais il ne remplit pas très longtemps la fonction de gérant; il exerça son activité surtout comme représentant, et c'est au père Gendron et à la libraire, Mlle Noëlie Palud, que nous dûmes nous en remettre pour la bonne marche de la succursale, explique le père Martin, jusqu'à l'engagement de M. Léo Dufault, comme gérant, en janvier 1957. M. Dufault était administrateur d'une compagnie de construction, mais il avait la formation voulue pour diriger une entreprise comme la nôtre car, après avoir fait son cours classique au Collège de Saint-Boniface et obtenu, en 1949,

5. Document, nº 17, p. 8.

son baccalauréat ès arts, il avait poursuivi pendant trois ans des études supérieures à l'Université du Manitoba.

En juin 1954, la librairie quittait le sous-sol de la cathédrale et s'installait dans un local situé sur la rue Taché, en face de l'hôpital de Saint-Boniface. Elle y demeura jusqu'en novembre 1956; elle déménagea alors dans un grand magasin de l'avenue Provencher, la principale artère de la ville.

La bénédiction du local de la rue Taché et l'inauguration officielle de la succursale eurent lieu le 2 octobre 1954. Je me rendis à Saint-Boniface, pour la circonstance, en compagnie du père Laurent Lapalme, c.s.c., supérieur de la province canadienne des Pères de Sainte-Croix, et de deux membres du personnel de Fides: M. Victor Martin, gérant des ventes, et Mlle Madeleine Lafleur, comptable. Mgr Baudoux présida la cérémonie à laquelle participèrent un grand nombre de personnalités[6].

Dans une entrevue qu'il accorde alors à *Notre temps*, le père Martin signale que la succursale propage aussi des livres en anglais et qu'elle entretient d'excellentes relations avec l'archevêque anglophone de Winnipeg, Mgr Philip Pocock.

Durant mon séjour à Saint-Boniface, j'étais allé le rencontrer, en compagnie du père Gendron et de M. Gray. Mgr Pocock tenait beaucoup à avoir dans son diocèse une librairie catholique; il comprenait que nous préférions demeurer à Saint-Boniface, mais il aurait souhaité que notre succursale s'occupe seulement de la diffusion des livres français, et que nous en fondions une autre à Winnipeg pour la diffusion des livres anglais[7].

La direction de Fides jongle un moment avec l'idée de créer une succursale anglaise à Winnipeg, mais c'est plutôt l'objectif de desservir la diaspora française de l'Ouest qui l'emporte[8].

6. *Ibid.*, p. 9.
7. *Ibid.*, p. 10.
8. Procès-verbal du conseil d'administration du 15 juillet 1958, ACEF.

En 1957, le père Martin profite de l'organisation d'un congrès de l'ACELF à Edmonton et d'une exposition de livres organisée par sa maison à cette occasion pour établir des contacts avec les autorités locales et les associations d'éducation de l'Alberta et de la Colombie-Britannique, afin de voir les possibilités d'implantation de nouvelles succursales francophones. Plusieurs scénarios sont envisagés. Les compétences du gérant de Saint-Boniface, Léo Dufault, sont mises à contribution. On songe à ouvrir des succursales à Regina et à Edmonton. Finalement, en 1960, l'occasion se présente lorsque les dirigeants de l'Association canadienne-française de l'Alberta et de l'Association des éducateurs bilingues de l'Alberta manifestent leur intention de se départir de leurs services de librairie. Des démarches sont entreprises et Fides devient propriétaire d'une nouvelle succursale à l'ouest de Saint-Boniface, en mai 1960, non sans avoir auparavant obtenu l'approbation des autorités ecclésiastiques de la province.

En effet, la bonne marche des affaires était liée au respect des volontés des évêques qui étaient les premiers responsables de l'Action catholique dans leurs diocèses. Ainsi fallut-il ouvrir un dépôt de livres de Fides à Saint-Paul, ville située à 200 kilomètres au nord d'Edmonton, pour ne pas donner l'impression à l'évêque de l'endroit que Fides voulait entrer en concurrence avec sa propre librairie.

> Il nous était pratiquement impossible, dit le père Martin, d'ouvrir une succursale à Edmonton, sans l'accord de l'évêque de Saint-Paul, Mgr Philippe Lussier, qui avait fondé et organisé un Centre d'information catholique dans son diocèse. Mgr Lussier vint me rencontrer en février 1960 et me communiqua qu'il trouvait difficile qu'il y ait dans la province deux centres de diffusion du bon livre ; il était d'avis qu'un seul centre suffisait et que c'est à Saint-Paul qu'il devait être. Mgr Lussier revint à Montréal en avril ; il avait réfléchi au problème et me déclara qu'il était maintenant prêt à accepter que nous fondions une succursale à Edmonton, à la condition que la librairie du Centre d'information catholique devienne un déposi-

taire exclusif de Fides pour le diocèse de Saint-Paul. Mes collaborateurs et moi-même, nous nous entendîmes facilement avec lui sur ce point et, en mai, nous annoncions officiellement que Fides ouvrirait une succursale à Edmonton et un dépôt exclusif à Saint-Paul[9].

Fides avait mis au point quelques années plus tôt un système de dépôt. L'année précédente, le conseil d'administration avait approuvé un contrat en vertu duquel une librairie de Windsor, propriété de l'Association des parents et des instituteurs de langue française de l'Ontario, devenait un dépositaire exclusif de Fides. Ainsi, en quelques années, la Corporation avait ouvert quatre comptoirs de vente à l'ouest de l'Outaouais, deux succursales et deux dépôts exclusifs, en plus de ceux qu'elle avait créés entretemps sur le territoire québécois.

Succursales et dépôts au Québec

Entre l'implantation de la librairie de Saint-Boniface et celle d'Edmonton, Fides, sous l'impulsion de Victor Martin, avait ouvert plusieurs succursales et dépôts sur le territoire du Québec. De 1958 à 1961, quatre succursales et neufs dépôts sont inaugurés. Les succursales se retrouvent surtout dans le Bas-Saint-Laurent et en Gaspésie (Rivière-du-Loup, Rimouski et Amqui) et dans les Cantons de l'Est (Thetford-Mines), tandis que les librairies dépositaires sont dispersées sur l'ensemble du territoire : Centre-du-Québec (Nicolet, Drummondville, Victoriaville), Charlevoix (La Malbaie), Côte-Nord (Hauterive), Gaspésie (Gaspé, Matane), Lac-Saint-Jean (Alma) et Montréal (paroisse de la Nativité). Le réseau des librairies dépositaires déborde même vers le Nouveau-Brunswick (Edmundston) et la Nouvelle-Angleterre (Hartford, Conn.).

9. Document, n° 20, p. 3.

Dans la mise en place des succursales, la direction de Montréal adopte toujours la même démarche : rencontre des élites locales, évaluation des ressources et des besoins, approbation de l'évêché et inauguration officielle en présence des autorités régionales. Dans ses allocutions, le père Martin met toujours l'accent sur la mission de Fides et sur son œuvre de propagande catholique. Les campagnes de l'épiscopat contre les mauvaises lectures, dans les années 1950, ne pouvaient que favoriser l'implantation d'un réseau voué à la propagation du bon livre. Peu de temps après l'ouverture des succursales de Rimouski et d'Amqui, Mgr Charles-Eugène Parent fait parvenir à son clergé une lettre circulaire dans laquelle il annonce l'ouverture des deux librairies et encourage ses fidèles à diffuser « la littérature éducative et saine » mise en vente par la Corporation des Éditions Fides[10].

Certaines succursales grandissent plus rapidement que d'autres. Ainsi celles de Rimouski et d'Amqui doivent être relocalisées peu de temps après leur ouverture. On voit même une librairie dépositaire, celle de Hauterive, se transformer en succursale en 1962. Les succursales étaient des propriétés de Fides, alors que les librairies dépositaires ne faisaient que recevoir les livres en consignation.

> Selon ce type de contrat [de dépositaire], la librairie continuait de s'administrer elle-même, mais tous les livres qu'elle avait en stock lui étaient fournis par nos soins et demeuraient notre propriété. Lorsqu'ils étaient vendus, la librairie nous les payait à un prix qui lui permettait de se rembourser de ses frais et de faire un profit. Fides devait signer plusieurs contrats de ce genre avec de petites librairies. Ils étaient avantageux pour nous, parce qu'ils nous permettaient de diffuser de bons livres dans une région, sans que nous ayons à supporter nous-mêmes les frais d'un local et d'un personnel. Ils étaient avantageux pour les librairies, parce qu'ils leur permettaient

10. Document, n° 19, p. 16.

d'offrir à leur public un choix de livres qu'elles n'avaient à payer que lorsqu'ils étaient vendus[11].

Le système de dépôt accommode les petites librairies qui misent sur d'autres marchandises que le livre, comme la papeterie et le matériel de bureau. Toutefois, les librairies les plus importantes ne semblent pas y trouver leur compte. C'est ainsi que le père Martin interprète l'interruption du contrat de dépôt entre Fides et les librairies de Drummondville et Victoriaville.

> Fides avait collaboré, en 1954, à la fondation d'une librairie à Nicolet. Par la suite, le diocèse organisa deux autres librairies : une à Drummondville et une à Victoriaville. En 1958, ces trois librairies devinrent des dépositaires exclusifs de Fides. Le contrat fut signé le 19 novembre pour une durée de cinq ans, mais, en 1960, nous décidâmes d'un commun accord d'y mettre fin, parce qu'il était très difficile de l'appliquer. Cette difficulté provenait vraisemblablement du fait que les librairies étaient trop grosses pour avoir le statut de dépositaires[12].

Alors que le réseau des succursales et des comptoirs prend de l'expansion, la librairie centrale de Montréal subit, elle aussi, des transformations. Pour répondre aux nouveaux besoins du réseau, elle organise un service de vente en gros et ouvre un département de livres scolaires. En plus de générer des revenus, le livre scolaire apparaît comme un élément porteur pour la diffusion des autres publications de Fides. « Le fait de propager des livres scolaires, dit le père Martin, permettait à Fides d'avoir un plus grand nombre

11. *Ibid.*, p. 10.

12. *Ibid.* p. 12. Dans une note adressée à Jacques Michon le 9 décembre 1997, le père Martin ajoute : « Les problèmes provenaient surtout du très grand nombre de livres qu'elles nous commandaient et qui, si je me rappelle bien, donnait lieu à des complications, étant donné que, en vertu du contrat, tous ces livres devaient être envoyés en consignation et pouvaient donc éventuellement nous être retournés. »

de représentants et par conséquent d'accroître la diffusion de tous les volumes publiés par la maison[13] ». De plus, l'ouverture d'un département spécialisé dans ce domaine permettait à Fides de vendre directement aux institutions sans passer par l'intermédiaire des grossistes ou des autres commerces de détail. La maison tirait ainsi des revenus plus substantiels de ses livres. Les ventes de manuels scolaires connurent une forte croissance au cours de la période de sorte que, au milieu des années 1960, les recettes du manuel scolaire représentaient plus de 80 % du total des revenus de la librairie.

La fin d'un cycle

La situation financière qui prévaut au début des années 1960 chez Fides amène cependant la Corporation à exercer un contrôle plus serré des dépenses. Ce sont les maillons les plus faibles du réseau qui sont d'abord sacrifiés. Ainsi, trois ans après l'ouverture de la succursale d'Edmonton, la direction constate que la situation financière de la librairie albertaine est très mauvaise. Les pères Deguire et Martin et le gérant de la succursale de Saint-Boniface, Georges Laberge, constatent sur place l'ampleur des dégâts. Pour réduire les dépenses, il est résolu de la fusionner avec la librairie de Saint-Boniface. Mais cette mesure s'avère insuffisante et la librairie est vendue dans les mois qui suivent.

> Cette décision avait été prise en considération du fait qu'en trois ans la succursale avait causé à Fides des pertes s'élevant à 31 148 $; la situation financière de la maison ne permettait pas de supporter de nouveaux déficits. Mes collaborateurs et moi-même espérions bien cependant ne pas avoir à fermer la succursale, avoue le père Martin. De concert avec le gérant de Fides-Saint-Boniface, M. Georges

13. Document, n° 18, p. 7.

> Laberge, j'entrepris immédiatement des démarches pour trouver une organisation qui prendrait la relève. Nos démarches furent couronnées de succès. Le 31 janvier et les jours suivants, j'eus plusieurs rencontres à Edmonton, en compagnie de M. Laberge, avec un groupe de Canadiens français qui avaient résolu de continuer l'œuvre que nous avions entreprise en 1960. Dans ce but, ils avaient fondé une société par actions à laquelle ils avaient donné le nom de Librairie Schola Bookstore Ltd. M. Laberge et moi, nous nous entendîmes avec eux sur la teneur des contrats qu'il importait de signer. Ces contrats furent approuvés par le conseil d'administration de Fides, lors d'une réunion tenue le 6 février. La nouvelle librairie commença ses activités peu de temps après[14].

La vente de la succursale d'Edmonton entraînait du même coup la fin du dépôt de Saint-Paul. Pendant ce temps, Fides doit aussi procéder à la fermeture de deux autres succursales. En décembre 1963, moins de deux ans après son inauguration, la librairie de Hauterive est fermée, elle aussi, à cause d'une situation financière trop mauvaise. C'est bientôt au tour de la librairie de Montmagny, ouverte en juin 1962, dont le gérant « était plus doué pour les contacts, écrit le père Martin, que pour l'administration[15] ».

Les substantiels emprunts que la Corporation doit effectuer à cette époque pour l'achat d'un terrain boulevard Dorchester et pour la construction d'un nouvel immeuble obligent l'administration à revoir les priorités. La Banque Canadienne Nationale conseille à la direction de vendre l'imprimerie afin de diminuer le niveau des emprunts et pour obtenir de meilleurs taux de financement. Mais les administrateurs décident plutôt de vendre la succursale de Saint-Boniface, le joyau du réseau.

> Nous venions de céder la succursale d'Edmonton à un groupe de gens de la région, écrit le père Martin. Nous nous demandâmes s'il

14. Document, n° 21, p. 22.
15. *Ibid.*, p. 23.

n'y avait pas lieu de procéder de la même façon pour la succursale de Saint-Boniface. Certes nous étions très attachés à cette succursale que nous dirigions depuis dix ans et nous étions d'avis que l'œuvre poursuivie au Manitoba correspondait tout à fait aux objectifs d'une maison comme Fides. Par ailleurs, nous pensions que l'essentiel c'était qu'une librairie catholique et française existe à Saint-Boniface et nous étions heureux d'avoir assuré à cette librairie l'organisation et le rayonnement dont elle jouissait alors. Nous croyions qu'elle était viable et qu'en un sens elle pourrait se financer plus facilement si elle était possédée par des gens du milieu. Le phénomène observé à Edmonton se produirait sans doute à Saint-Boniface : les associations et les notables s'occuperaient davantage de la librairie si elle leur appartenait. Aussi, au terme de la réunion, fut-il décidé que des pourparlers seraient entrepris en vue de la cession de la librairie de Saint-Boniface.

Le 1er avril [1964], je me rendis à Saint-Boniface et le lendemain j'expliquai à l'archevêque, Mgr Maurice Baudoux, les motifs qui nous poussaient, mes collègues et moi-même, à vouloir céder la succursale. Mgr Baudoux me déclara qu'il regretterait le départ de Fides, mais qu'il comprenait notre point de vue. Il pensa immédiatement à deux personnalités qui lui paraissaient susceptibles de prendre la tête d'un groupe qui achèterait la librairie ; il s'agissait d'un avocat, Me Louis Deniset, et d'un comptable agréé, M. Gabriel Forest. Le 3 avril, se tenait à l'archevêché, sous la présidence de Mgr Baudoux, une réunion groupant MM. Deniset et Forest, le gérant de la succursale, M. Georges Laberge, et moi-même. M. Laberge exposa la situation de la succursale ; pour ma part, je communiquai les conditions auxquelles Fides accepterait de la vendre.

Par la suite, j'échangeai des lettres avec Me Deniset et j'eus des conversations téléphoniques avec lui. Finalement, lors d'une réunion du conseil d'administration tenue le 28 mai 1964, j'annonçai qu'un groupe dirigé par lui avait décidé de fonder une société par actions appelée Librairie Lumen Bookstore Ltd, dans le but de continuer l'œuvre que nous avions entreprise à Saint-Boniface. En me basant sur une lettre que je venais de recevoir de Me Deniset, j'exposai que cette société accepterait d'acheter le mobilier de la succursale au prix de 10 000 $ et la plupart des livres en stock au prix coûtant. Dans l'ensemble, ces conditions correspondaient à celles que j'avais communiquées lors de la réunion du 3 avril. Après délibération, le conseil les accepta et je fus chargé de mettre au point l'entente à conclure entre Lumen et Fides.

Mes collègues et moi-même étions très attachés à la succursale de Saint-Boniface et ce n'est pas sans peine que nous la remettions en d'autres mains. Nous avions aussi beaucoup d'estime pour son gérant, M. Laberge, et nous regrettions d'avoir à nous séparer de lui. Nous le considérions comme un homme capable de se dévouer à une cause tout en étant un excellent administrateur. L'avenir devait prouver que nous avions tout à fait raison. Il remplit par la suite des fonctions importantes, notamment celle de directeur des Presses de l'Université Laval, durant six ans. En 1981, il fonda la maison Diffulivre et les Éditions du Trécarré, deux entreprises prospères qu'il continue de diriger[16].

Deux ans après la vente de la librairie de Saint-Boniface, celle-ci se trouve en difficulté financière et sollicite l'aide de Fides qui épongera la dette de son ancienne succursale.

En résumé, la librairie, qui nous avait déjà remis une somme d'environ 65 000 $ à la suite du contrat signé en mai 1964, éprouvait, après un peu plus de deux ans d'activité, de graves difficultés financières et n'était pas en mesure de payer le montant de 15 270 $ qu'elle nous devait encore en vertu de ce contrat. Ses directeurs voulaient plutôt nous retourner une partie du stock qu'ils avaient alors acheté. Mes collègues et moi-même, nous nous rendîmes à leur désir, car nous tenions beaucoup à ce que l'œuvre entreprise à Saint-Boniface ne soit pas abandonnée. Ce n'est qu'à l'été 1967 que nous reçûmes la liste des livres que l'on souhaitait nous renvoyer ; nous constatâmes malheureusement qu'ils étaient devenus tout à fait invendables. Lors d'une réunion du conseil d'administration tenue le 16 novembre suivant, nous décidâmes de donner tout simplement

16. *Ibid.*, p. 25-26.

à la Librairie Lumen une quittance pour le montant de 15 270 $, à condition toutefois qu'elle nous paie une somme de 3044,48 $, qui nous était due depuis assez longtemps pour des achats courants[17].

La solution trouvée par Fides montre comment, dans certaines circonstances, la mission de la Corporation pouvait prévaloir sur les gains financiers. Jusqu'à un certain point, dans le champ religieux comme dans le champ littéraire, la légitimité de la croyance repose aussi sur une dénégation de la valeur marchande.

La mise en place d'un nouveau système d'accréditation des librairies par Québec, en 1971, va donner provisoirement un second souffle au réseau de Fides. De nouvelles règles du jeu laissent en effet entrevoir la possibilité d'une nouvelle expansion de la chaîne de librairies.

> Posant un geste qu'on attendait depuis dix ans, écrit le père Martin, le gouvernement provincial promulguait, le 3 mai 1971, sa politique dans le domaine du livre. Les organismes subventionnés par l'État devaient dorénavant acheter les livres des librairies accréditées, aux conditions fixées par le gouvernement. Le régime des soumissions publiques était aboli, de même que le régime des remises accordées aux commissions scolaires, aux bibliothèques publiques, aux institutions d'enseignement et aux hôpitaux. Le ministère des Affaires culturelles réorganisa le comité consultatif du livre de façon à ce qu'il réponde aux impératifs de la politique qui venait d'être instituée. Le ministère voulait notamment permettre une plus large représentation, au sein de ce comité, des différents groupes concernés.
>
> Lors d'une réunion tenue le 7 juillet suivant, je communiquai à mes collègues du conseil d'administration que le ministère avait nommé M. Victor Martin membre du comité consultatif du livre, pour un mandat de deux ans. Il importe de noter que M. Martin faisait déjà partie, depuis 1968, du comité consultatif et qu'il en

17. Document, n° 22, p. 18.

était toujours membre au moment de la réorganisation. De son côté, au cours de la même réunion, M. Martin annonça que, contrairement à ce qu'on aurait pu espérer, le régime des soumissions publiques serait encore en vigueur, en 1970-1971, pour les ouvrages édités au Canada[18].

La direction de Fides profite donc des circonstances favorables aux librairies régionales pour ouvrir de nouvelles succursales. En novembre 1971, une librairie est ouverte à La Sarre en Abitibi; l'année suivante, deux autres librairies sont inaugurées à Trois-Rivières et à Roberval; puis, en 1973, la Corporation prend la direction de la librairie du Cégep du Vieux-Montréal.

Mais cette expansion est de courte durée. Plusieurs facteurs défavorables amènent Fides à changer son fusil d'épaule. Les librairies n'étaient pas rentables. Malgré la nouvelle politique du livre, la marge de profit sur les manuels scolaires qui représentaient la plus grande partie des ventes des librairies était mince. Au milieu des années 1970, le commerce du livre se trouvait aussi dans une situation incertaine. Les livres de Fides se vendaient moins[19]. Les difficultés qu'il y avait à mener de front les intérêts d'une grande maison d'édition et d'une chaîne de librairies étaient de plus en plus aiguës. Une demande croissante pour des livres qui n'étaient pas conformes à la mission de Fides rendait également ce commerce plus difficile à rentabiliser. Pour toutes ces raisons, la direction décide, en février 1974, de mettre en vente ses succursales qui seront liquidées une à une. Seule la librairie de Montréal sera maintenue pour profiter au moins des achats des institutions de la métropole.

> [...] je suggérais de garder une grande librairie à Montréal, écrit le père Martin, car elle me paraissait susceptible de rapporter un bénéfice brut de 150 000 $ par année, notamment dans l'hypothèse

18. Document, n° 24, p. 25.
19. Voir à ce sujet les chapitres XII et XIII.

où elle serait installée dans des locaux moins coûteux. Par ailleurs, il me paraissait bien plus facile, pour une seule librairie que pour sept, de surveiller la qualité des ouvrages mis en vente, alors surtout que cette librairie se trouverait située dans l'édifice même du siège social[20].

Parmi les motifs invoqués pour la fermeture des succursales, celui de la mission de Fides était déterminant. En effet, la société québécoise avait beaucoup évolué depuis le début de la Révolution tranquille. Fides n'était plus en mesure de répondre à tous les besoins des lecteurs. Le système de contrôle du livre mis en place au cours des années 1940 et 1950 était devenu trop lourd et inefficace, comme l'explique lui-même le père Martin dans un rapport qu'il soumet au conseil d'administration en 1974 :

> Comme vous le savez, écrit-il, la maison Fides ne se considère pas d'abord comme une entreprise commerciale, mais elle se situe avant tout dans l'Église et dans la société comme service. Elle veut par le moyen de publications de tous genres « promouvoir chez les individus l'humanisme intégral et au sein de la nation l'ordre social chrétien », ainsi qu'il est expressément stipulé dans les lettres patentes obtenues le 29 juillet 1942. [...] L'orientation des librairies demeura substantiellement la même que celle de la maison d'édition, jusqu'à il y a cinq ou six ans, alors que, sous peine de ne plus recevoir les commandes des maisons d'enseignement, les librairies furent obligées de fournir à ces dernières les livres demandés, même si ces livres s'éloignaient de plus en plus de ceux qu'une maison comme Fides peut propager. Depuis lors la maison, tout en étant beaucoup plus large qu'autrefois, exerce quand même une surveillance sur les livres qui sont mis en vente dans les librairies (le père Charland consacre presque tout son temps à ce travail) ; cette surveillance entraîne toutefois des délais qui empêchent, dans une bonne mesure, nos librairies de vendre les nouveautés ; ceci les prive d'une source de revenus très appréciables et peut inciter des clients

20. Document, n° 25, p. 31.

> à s'adresser d'une façon habituelle chez d'autres libraires, puisqu'ils sont assurés d'y trouver tout ce qu'ils désirent. On peut se demander si, pour survivre, nos librairies ne devraient pas libéraliser encore leur politique et laisser aux seuls gérants le soin d'écarter, parmi les nouveautés qui leur arriveraient d'office directement des éditeurs, les ouvrages qui leur paraîtraient franchement mauvais ou insignifiants. Mais alors l'orientation des librairies s'éloignerait encore davantage de celle de la maison d'édition et correspondrait de moins en moins aux buts pour lesquels la maison Fides a été fondée[21].

Pour rentabiliser les succursales, Fides aurait dû les organiser sur une base plus commerciale et, comme le père Martin le souligne dans son rapport, les installer dans des centres commerciaux. Or il aurait fallu que les librairies attachent de moins en moins d'importance aux choix de Fides, « ce qui n'était pas acceptable[22] » compte tenu des objectifs de la maison.

Depuis un certain temps déjà, la Corporation subissait les contrecoups des réformes sociales et politiques des années 1960 et elle avait été en mesure d'analyser la situation et d'évaluer les effets des changements dans les comportements des lecteurs. La légitimité des publications pédagogiques de Fides avait été remise en question et le rapport de la Commission sur le commerce du livre avait dénoncé certaines pratiques commerciales de l'éditeur, comme nous le verrons dans le chapitre suivant. Le démantèlement du réseau des librairies n'aura été qu'un épisode dans le grand branle-bas des changements survenus au cours de la Révolution tranquille.

---

21. Paul-Aimé MARTIN, « Note sur les librairies Fides présentée aux membres du comité exécutif lors de leur réunion du 20 février 1974 », ACEF.

22. Document, n° 25, p. 31.

CHAPITRE IX

CONTESTATION DES ACQUIS

Autant les années 1950 offrent le spectacle d'une décennie prospère et idéologiquement homogène, unanimement dominée par la promotion des valeurs morales — lutte pour la moralité publique à Montréal, campagne contre la littérature obscène soutenue par l'épiscopat et propagande anticommuniste soutenue par Washington et le Vatican —, autant les années 1960 sont placées sous le signe de la contestation. Du système d'enseignement au mode de gestion des appareils de l'État, en passant par les mœurs politiques et les valeurs religieuses, toutes les sphères de la société et la plupart des disciplines et des professions sont touchées, remises en cause ou réformées. L'éditeur, en tant que médiateur du discours social, n'échappera pas à ces changements et sera appelé lui aussi à s'adapter. Pour Fides, cette décennie, bien que faste sur le plan de l'édition, représente l'entrée dans une zone de turbulence qui entraînera la disparition de ses publications périodiques, la vente de l'imprimerie et la réforme de ses statuts.

Deux événements rapprochés dans le temps vont donner le coup d'envoi de cette nouvelle période et découler directement des mutations en cours, soit la constestation des revues pédagogiques de Fides et l'enquête de la Commission Bouchard.

Au début des années 1960, les publications pédagogiques de Fides, *L'Élève* et *Le Maître*, font l'objet de sévères critiques. On leur reproche de n'être plus adaptées aux besoins de l'enseignement et de véhiculer un discours moral dépassé et non conforme à une approche authentiquement chrétienne. La contestation est d'abord formulée dans un rapport du comité d'évaluation des manuels scolaires de la Commission des écoles catholiques de Montréal qui va jusqu'à recommander l'interdiction de *L'Élève* dans les établissements qui relèvent de son autorité[1]. Au même moment, l'enquête de la Commission sur le commerce du livre, créée par le gouvernement du Québec à la demande du Conseil supérieur du livre (CSL), décide de passer les publications pédagogiques au crible de son analyse et blâme, à son tour, l'éditeur pour certaines de ses pratiques éditoriales. Nous nous arrêterons ici à ces deux événements qui seront déterminants pour l'avenir de la maison d'édition.

L'Élève réformé

Quelques jours après la proposition de l'interdiction de *L'Élève* dans les écoles de la CECM, le père Martin donne une conférence de presse au cours de laquelle il annonce que la publication subira de grandes transformations[2]. Sans vouloir porter tous les blâmes — Fides ne faisait que suivre le programme du Département de l'Instruction publique (DIP) qui n'avait pas été modifié depuis 1948 —, il reconnaît le bien-fondé de certaines critiques et

1. Guy Ferland, « Un comité de la CECM demande l'interdiction de la revue *L'Élève* dans les écoles de Montréal », *La Presse*, 22 mars 1963, p. 14.

2. Guy Ferland, « La revue *L'Élève* subirait de grandes transformations », *La Presse*, 26 mars 1963, p. 3-4.

indique que la direction de la revue avait déjà amorcé sa propre réforme en 1961 sur la recommandation du Comité catholique du DIP.

À l'interne, les réformes ne se font pas attendre ; la direction de la revue est directement mise en cause, un changement s'impose.

> Tout comme moi, écrit le père Martin, le directeur de la rédaction de *L'Élève*, M. Roland Canac-Marquis, était alarmé par ce qui s'était produit ; il est vrai qu'à l'époque la revue n'était pas tellement utilisée dans les écoles de la CECM, mais nous craignions que le retentissement qu'avaient eu les critiques de son comité d'appréciation des manuels n'incite d'autres commissions scolaires à interdire l'usage de la revue. Le 8 avril [1963], M. Canac-Marquis me communiqua un document dans lequel il proposait une réorganisation de la revue « pour en assurer la survie ».
>
> Mes collègues du conseil d'administration et moi-même étudiâmes ce document lors d'une réunion tenue le 18 avril. Pour ma part, je communiquai à mes collègues qu'après avoir pris l'avis, le 29 mars précédent, de trois des membres du comité consultatif de *L'Élève*, Mgr Irénée Lussier, Mlle Cécile Rouleau et M. Trefflé Boulanger, et avoir bien réfléchi au problème, j'en étais venu à penser, comme M. Canac-Marquis, qu'une réorganisation s'imposait ; mais je leur dis aussi que j'en étais venu également à me demander si ce dernier avait tout ce qu'il fallait pour effectuer cette réorganisation. M. Canac-Marquis ne me semblait pas, en effet, assez au courant des données les plus récentes de la pédagogie et il n'avait plus de contacts étroits avec le monde de l'éducation, comme en 1951, lors du lancement de la revue : il n'assistait jamais, faute de temps peut-être, aux congrès ni aux journées pédagogiques. Il lui était donc difficile de recruter de nouveaux collaborateurs plus compétents que les anciens.
>
> Finalement, après délibération, il apparut à mes collègues comme à moi-même que M. Canac-Marquis n'était plus à la hauteur de la tâche et qu'il aurait peine à renouveler la formule de la revue comme il fallait le faire. Ce renouvellement était par ailleurs

> d'autant plus nécessaire que les critiques formulées par la CECM venaient s'ajouter aux remarques provenant du Département de l'instruction publique. Le DIP nous avait laissé savoir, en effet, que les suggestions qu'il nous avait faites lors de l'approbation de la revue le 13 décembre 1961 n'avaient pas toutes été mises en application[3].

Dès lors, des démarches sont entreprises pour trouver un nouveau directeur de la rédaction.

> Je rencontrai notamment MM. Roland Vinette et Trefflé Boulanger, Mlles Cécile Rouleau et Thérèse Baron, poursuit le père Martin. Deux des personnes qu'on m'avait conseillé de contacter se sont récusées ; deux autres étaient intéressées, mais elles n'étaient pas libres avant un an, étant donné qu'elles faisaient partie du personnel de la Commission Parent. Finalement, grâce au père Léon Baron, c.s.c., je fis la connaissance d'un jeune professeur de l'Institut pédagogique Saint-Georges, qui me parut bien préparé pour diriger la rédaction de la revue. Il s'agissait d'un psychopédagogue d'origine suisse, au Canada depuis un an, M. Pierre Billon.
>
> Diplômé de l'École d'études sociales de Genève, M. Billon avait travaillé en qualité d'éducateur dans plusieurs établissements pour enfants exceptionnels. Il s'était ensuite spécialisé dans l'enseignement des méthodes actives et, depuis son arrivée au pays, il déployait une grande activité afin de promouvoir les théories de l'école nouvelle. M. Billon se montra intéressé par le poste que je lui offrais, à condition de pouvoir publier la revue selon une formule entièrement nouvelle. Le conseil d'administration y consentit et, lors d'une réunion tenue le 2 mai 1963, il décida officiellement de retenir ses services. Le 7 mai suivant, je donnai une conférence de presse pour annoncer la nouvelle aux médias et présenter M. Billon. Ce dernier ne put malheureusement commencer immédiatement son travail, car il s'était engagé à donner des cours l'été suivant. Les

3. Document, n° 21, p. 4.

premiers numéros rédigés sous sa direction ne parurent donc qu'en novembre[4].

Ainsi en quelques semaines, moins de deux mois après le rapport de la CECM, *L'Élève* avait non seulement changé de direction mais avait pris une tout autre orientation en se mettant à l'heure des « théories de l'école nouvelle[5] ». Pour mettre la revue au diapason des préoccupations des autorités de l'éducation, le comité consultatif est élargi et des représentants des grandes associations, la Corporation des instituteurs et institutrices catholiques du Québec, la Fédération des Frères éducateurs et l'Alliance des professeurs catholiques de Montréal, sont invités à en faire partie. Malgré tous ces efforts, la réception du milieu de l'éducation aux nouvelles publications demeure mitigée.

> Grâce au travail effectué par M. Billon et son équipe, *L'Élève* était entièrement renouvelé, écrit le père Martin, autant dans sa présentation que dans le choix des procédés didactiques. Sans perdre de vue le programme d'étude du Département de l'instruction publique, la revue s'efforçait de présenter toutes les matières au moyen de méthodes modernes permettant à l'enfant non seulement de bien apprendre ses leçons, mais encore d'acquérir une méthode personnelle de travail, un goût de la recherche, une curiosité intellectuelle, en conformité avec les postulats de l'éducation nouvelle et en particulier de l'école active. La revue *Le Maître* avait subi elle aussi de profondes modifications. [...]

4. *Ibid.*, p. 5. « Quant à M. Canac-Marquis, ajoute le père Martin, nous dûmes nous séparer de lui au mois de juin, non sans regret, car nous ne pouvions oublier les services qu'il avait rendus à Fides. Un montant considérable lui fut versé, en considération du fait qu'il consentait à résilier les contrats signés avec la maison. »

5. Sur cette question, voir Pierre Billon, « La nouvelle revue *L'Élève.* Une aventure dans la pédagogie moderne », *Lectures*, nouv. série, vol. 10, n° 10, juin 1964, p. 267-268.

> Malheureusement les instituteurs et institutrices furent déconcertés. On nous reprocha vivement un changement aussi rapide. Les protestations furent si nombreuses que, d'accord avec M. Billon, nous décidâmes, mes collaborateurs et moi-même, de publier, à compter de décembre, la revue *L'Élève* en deux versions: la nouvelle et l'ancienne. Les deux versions comptaient chacune 32 pages, soit 64 en tout, tandis que l'édition publiée en novembre 1963 avait 52 pages. Cette façon de procéder était donc onéreuse au point de vue financier; nous l'avions quand même adoptée parce que nous espérions qu'elle assurerait la transition entre l'ancienne et la nouvelle formule[6].

Même ce nouvel effort ne sera pas suivi par la réponse escomptée. De 1962 à 1965, le tirage des sept éditions ne cesse de baisser: de 539 710 exemplaires en 1962-63[7], il tombe autour de cent mille exemplaires en 1965. À partir de 1964, la revue devient déficitaire. Devant ces piètres résultats, d'autres changements s'imposent. Ainsi, profitant du départ de Pierre Billon à qui le nouveau ministère de l'Éducation vient d'offrir un poste de directeur des publications pédagogiques, la direction de Fides décide de mettre fin à la publication de la nouvelle version de *L'Élève*, remplacée temporairement par une série intitulée les *Documents pour la classe* mais qui n'aura pas beaucoup plus de succès[8]. L'ancienne version de *L'Élève* sera maintenue pendant un certain temps mais, après des déficits à répétition, le conseil d'administration mettra fin à cette aventure qui aura duré une quinzaine d'années. Le dernier numéro paraîtra en juin 1966.

> Ainsi [prendra] fin une initiative qui nous avait causé, à mes collègues et à moi-même, dit le père Martin, d'innombrables soucis. Nous pouvions toutefois nous consoler à la pensée qu'elle avait été

---

6. Document, n° 21, p. 16-17.
7. Voir Tableau IV du chapitre VII.
8. Sur les vingt numéros prévus, douze seulement seront publiés.

> utile à un très grand nombre d'élèves et de professeurs et qu'elle avait puissamment contribué à l'essor de Fides[9].

En effet, ce qui avait été à l'origine de l'essor de Fides, et entre autres de l'achat d'une imprimerie, devait être maintenant l'une des causes de ses difficultés financières.

Vente de l'imprimerie

La diminution des tirages de *L'Élève* incitait la direction de Fides à vendre l'imprimerie qui avait été acquise surtout pour répondre aux besoins de cette publication. La difficulté de trouver un acheteur et l'échec de plusieurs pourparlers en ce sens avec d'éventuels clients, comme *Le Devoir* et l'Imprimerie Saint-Joseph, avaient amené le conseil d'administration à conserver ces équipements encore pendant un certain temps pour « en tirer le meilleur parti possible[10] ». En 1965-66, la direction envisage la possibilité d'une fusion avec l'Imprimerie Saint-Joseph, mais cette solution est aussi écartée. Finalement, en 1970, devant les déficits répétés, le projet de vente revient sur le tapis. Cette fois elle apparaît d'autant plus nécessaire que l'impression des publications de Fides ne suffit plus à occuper le personnel des ateliers. En effet plusieurs autres périodiques importants, *Mes Fiches*, *Hérauts* et *Lectures*, avaient cessé de paraître entre-temps, en 1965 et 1966.

> Cette fois, écrit le père Martin, c'étaient les Frères de l'instruction chrétienne qui étaient disposés à acheter la machinerie et l'outillage, à condition d'imprimer nos travaux dans leur établissement de La Prairie durant une période de cinq ans. Mais il était bien difficile de conclure une entente avec eux sans en prévenir l'Imprimerie Saint-Joseph. Après avoir communiqué, à ma demande, avec son

9. Document, n° 21, p. 40.
10. *Ibid.*, p. 41.

> directeur, le frère Lucien Poitras, c.s.c., M. Paul Poirier apprit que l'Imprimerie Saint-Joseph était très intéressée à traiter avec nous aux mêmes conditions, dans l'ensemble, que celles qui convenaient aux Frères de l'instruction chrétienne, mais que, tout comme ces derniers, elle ne voulait pas acheter les immeubles de l'avenue de Gaspé. Finalement, lors d'une réunion du conseil d'administration tenue le 11 novembre 1970, nous décidâmes officiellement de vendre la machinerie et l'outillage à l'Imprimerie Saint-Joseph, pour le prix de 175 000 $, conformément aux clauses d'un contrat qui fut signé le lendemain[11].

Cette vente entraînera une diminution importante du personnel qui, de 1968 à 1971, passera de 107 à 70 employés[12]. En 1971, les membres du personnel se répartissent comme suit : 6 personnes à la direction générale, 7 aux éditions, 32 aux librairies et 25 à l'administration générale[13].

Derrière les chiffres, les bilans financiers et le déclin de l'imprimerie, se profilait une autre réalité plus profonde, celle de la remise en question du discours idéologique et religieux que Fides avait véhiculé dans ses périodiques depuis la fin de la guerre et la dénonciation de certaines pratiques des éditeurs scolaires. À ce chapitre, le rapport de la Commission sur le commerce du livre au Québec, communément appelé Rapport Bouchard, aura l'effet d'une bombe.

---

11. Document, n° 24, p. 13-14. « Je signale que, le 4 septembre précédent, ajoute le père Martin, nous avions récupéré un montant de 25 000 $ à la suite de la vente du service de la composition typographique et du plomb à une société appelée Linecasting Machine Service Ltd. » L'année suivante, en septembre 1971, l'entrepôt de la rue de Gaspé sera vendu à un particulier ; à ce sujet, voir Document, n° 24, p. 27.

12. Voir l'Annexe D.

13. Chiffres tirés du Document, n° 24, p. 35.

Fides dans le collimateur du Rapport Bouchard

Pendant que la CECM remettait en question le contenu de *L'Élève*, la Commission d'enquête sur le commerce du livre examinait, quant à elle, les pratiques des éditeurs de manuels scolaires et formulait à son tour des critiques sévères à leur endroit.

Le 3 avril 1963, le gouvernement du Québec créait une commission d'enquête à la demande du Conseil supérieur du livre alarmé par la guerre des prix qui sévissait dans le domaine du manuel scolaire et qui menaçait l'existence même de la librairie. C'est surtout une décision de la CECM de ne plus se contenter des remises habituelles accordées aux institutions et de demander des soumissions qui avait mis le feu aux poudres. La CECM était, de loin, le plus gros client des éditeurs avec plus de 60 % des achats de manuels scolaires au Québec[14]. Par ailleurs, l'éditeur de manuels le plus important, le Centre de psychologie et de pédagogie (CPP), qui fournissait plus de 50 % des volumes en usage dans la province, avait entrepris de traiter directement avec les commissions scolaires, mettant ainsi en péril l'existence de plusieurs librairies. La Commission d'enquête créée par le gouvernement avait donc pour mandat d'examiner la situation et de proposer des solutions. Le rapport du commissaire Maurice Bouchard, publié en janvier 1964, aboutira après plusieurs années de débats et de discussions à une réforme complète du système avec l'adoption de la loi 51 régissant le commerce du livre.

En juin 1963, la Commission organise donc des séances publiques. La Corporation des Éditions Fides manifeste son intention de présenter un mémoire. Rédigé par le père Martin, le mémoire s'arrête d'abord à la mission, aux objectifs et au statut juridique de Fides ; à cet égard, il reprend dans ses grandes lignes le contenu d'*Éditions et lectures*, publié en 1944. Dans un

14. Voir « Votre fiche Bouchard », *La Presse*, 5 septembre 1963, p. 14.

deuxième temps, le mémoire se concentre sur les activités d'édition et de librairie, dresse le bilan des vingt-cinq années passées et fait ressortir le caractère mixte, laïque et religieux, de l'entreprise. L'auteur du mémoire rappelle également que la Congrégation de Sainte-Croix ne tire aucun revenu de la Corporation et que la maison pratique l'interfinancement en réinvestissant tous ses profits dans l'entreprise, en ayant entre autres pour objectif de subventionner des services moins rentables, voire déficitaires, comme les librairies. Prenant pour modèle les œuvres de presse catholique européennes, le mémoire vise à montrer que la mission religieuse n'est pas incompatible avec les bonnes affaires et la saine gestion.

> Cela ne va pas sans surprendre certaines gens, écrit le père Martin, qui considèrent que telle ou telle initiative est une œuvre tant qu'elle est petite et mal organisée. En réalité notre siècle a vu naître beaucoup d'entreprises puissantes dans l'industrie, le commerce et la finance. Pourquoi n'en verrait-il pas surgir aussi dans le domaine des œuvres de presse ? Lorsqu'une entreprise veut s'organiser en fonction de la hiérarchie des valeurs, ce n'est pas une raison pour elle de mépriser les saines méthodes d'affaires et de se limiter farouchement à l'emploi de moyens temporels pauvres. C'est d'abord, croyons-nous, une question d'esprit et l'ampleur de la tâche, tout autant qu'une saine théologie de l'apostolat, justifie le souci d'une organisation très poussée que manifestent à l'heure actuelle les directeurs des grandes œuvres de presse[15].

Après la lecture du mémoire par le directeur de Fides, le commissaire Maurice Bouchard prend la parole pour adresser ses félicitations aux Pères de Sainte-Croix « pour la façon désintéressée avec laquelle ils ont développé cette immense œuvre de presse

---

15. Paul-Aimé MARTIN, *Mémoire présenté par la Corporation des Éditions Fides à la Commission d'enquête sur le commerce du livre le 27 juin 1963*, 2e éd., Montréal, Fides, 1965, f. 9. Voir également un résumé du mémoire dans « Fides et la Commission d'enquête sur le commerce du livre », *Lectures*, nouv. série, vol. 10, no 2, octobre 1963, p. 53-54.

canadienne-française[16] ». Il en profite en outre pour louer cette politique « qui a permis à Fides de publier 1155 ouvrages depuis 1937, d'établir neuf succursales, dont une à Paris, deux dans l'Ouest et six dans des petites villes québécoises jusque-là dépourvues de librairies[17] ». En s'appuyant sur les données fournies dans le mémoire de l'éditeur, le commissaire fait aussi remarquer que « Fides réédite un livre chaque fois que la chose est possible de façon à le maintenir sur le marché non pas seulement durant un an ou deux mais parfois pour une période de dix ou vingt ans[18] ».

Au cours de ses travaux, la commission d'enquête est amenée à examiner le système d'approbation des manuels scolaires en vigueur dans la province. Elle constate alors l'existence de conflits d'intérêt au sein du Comité catholique du Département de l'Instruction publique. Un processus d'approbation inefficace laissait la porte ouverte aux manœuvres de certaines personnes peu scrupuleuses qui en profitaient pour orienter les décisions du Comité en leur faveur et court-circuiter le système d'appels d'offre du DIP en éliminant à toutes fins utiles la concurrence. C'est l'éditeur de manuels scolaires le plus important de l'époque, le Centre de psychologie et de pédagogie, qui était surtout mis en cause. Mais Fides ne devait pas non plus être épargné par cet examen dans la mesure où il avait fait appel à des membres du Comité catholique pour la publication de *L'Élève*.

Quinze jours après sa comparution devant la Commission en tant que directeur des Éditions Fides, le 11 juillet 1963, le père Martin apprend du commissaire lui-même que la Commission a

16. Raymond GRENIER, « Après l'audition de Fides à l'enquête sur le livre, un éditeur laïc [*sic*] réclame que Québec mette fin à la concurrence des clercs », *La Presse*, 28 juin 1963, p. 35.

17. *Ibid.*

18. Propos de Maurice Bouchard rapportés dans « Fides et la Commission d'enquête sur le commerce du livre », *Lectures*, nouv. série, vol. 10, n° 2, octobre 1963, p. 54.

décidé d'étendre son enquête aux revues scolaires et qu'il devait comparaître à nouveau pour fournir des renseignements sur *L'Élève*, lors d'une séance semi-publique le 7 août.

> Inutile de dire que cette décision de la Commission ne fut pas sans me surprendre, confie-t-il. En effet, quoique étant du matériel didactique, la revue n'était pas vendue par les libraires, mais uniquement par abonnement. Conséquemment je ne comprenais pas pourquoi la Commission s'y intéressait, elle qui avait été créée avant tout pour trouver les moyens de résoudre une crise qui existait alors au Canada français dans le domaine de la vente du livre scolaire dans les librairies. Sans doute, selon son mandat, la Commission devait-elle « faire enquête sur tous les aspects de la production, de la vente et de la distribution du livre au Québec ». Mais, encore une fois, *L'Élève* n'était pas un livre, mais une revue.
>
> Comme on me l'avait demandé, je comparus donc devant la Commission d'enquête sur le commerce du livre le 7 août, à 10 h. La séance porta surtout sur *L'Élève*. On me posa des questions sur la rédaction et l'administration de la revue. On s'intéressa particulièrement, dans le domaine de la rédaction, aux membres du comité consultatif, à leur rôle et à leurs honoraires et, dans le domaine de l'administration, aux ventes annuelles et aux profits réalisés. Lors de la même séance, on m'interrogea sur les auteurs du *Manuel de bienséances, 1re, 2e et 3e années*, du *Manuel de bienséances, 4e et 5e années*, du *Manuel de bienséances, 6e et 7e années* et de *Visages de la politesse : code de savoir-vivre*. On voulait savoir ce que chacun des auteurs avait fait et ce qu'il avait reçu ; on me demanda finalement de faire parvenir à la Commission des copies des contrats signés avec les auteurs. Je ne puis m'empêcher de penser maintenant qu'il y avait, parmi les membres de la Commission qui assistaient à la séance du 7 août, quelqu'un qui était en mesure de prévoir les réponses aux questions qu'on me posait ; je veux parler du secrétaire, M. Clément Saint-Germain. C'est lui qui, alors qu'il était à Fides, avait vu, à titre de gérant de l'édition, à la publication des trois manuels de bienséance et de *Visages de la politesse*. Il était par ailleurs au courant de ce qui concernait la rédaction et l'administration de

> *L'Élève*, étant donné que, comme membre associé, il avait participé d'une façon habituelle aux réunions du conseil d'administration de notre maison à compter de février 1949 jusqu'à son départ en juin 1962[19].

Mais, à ce moment-là, le père Martin était dans un état de grande confiance vis-à-vis de MM. Maurice Bouchard et Clément Saint-Germain :

> Ils me paraissaient malgré tout montrer beaucoup de bienveillance et de compréhension à l'égard de Fides, dit le père Martin. M. Bouchard, lors de la présentation de mon mémoire, le 27 juin, avait prononcé des paroles très élogieuses pour la maison. Quant à M. Saint-Germain, je continuais, depuis son départ, d'entretenir avec lui de bonnes relations[20].

En fait, la question dépassait de beaucoup le cas particulier de Fides. Il s'agissait pour la Commission de démontrer l'inefficacité du Comité catholique afin d'instaurer un nouveau système d'approbation des manuels qui devait être pris en charge par le gouvernement. La maison d'édition se trouvait ainsi prise dans un grand jeu politique qui visait à faire adopter le plus rapidement possible la loi 60 créant le ministère de l'Éducation[21]. Pour cela, le Rapport Bouchard, qui mettait en cause le Comité catholique du DIP, arrivait à point nommé en servant d'argument pour neutraliser le lobby des évêques hostiles à la loi.

Si le rapport servait bien les intérêts du gouvernement libéral dirigé par Jean Lesage, pour Maurice Bouchard il s'agissait avant tout de réformer un système qui entravait la concurrence

19. Document, n° 21, p. 10-11.

20. *Ibid.*, p. 11.

21. Sur la rapidité avec laquelle le gouvernement fait connaître le rapport avant même qu'il soit tout à fait terminé et prêt pour la publication, voir Jacques Cousineau, « Un rapport à reprendre ? », *Relations*, mars 1964, p. 71-73.

commerciale. Le Comité catholique et les maisons sous contrôle religieux constituaient à son avis des éléments nuisibles au libre commerce.

Ce dernier aspect, absent des débats entre la Commission et Fides au moment des séances publiques, devait ressortir clairement de la première partie du rapport à la grande surprise d'ailleurs du père Martin. En effet, lorsque le Rapport Bouchard est publié en janvier 1964, non seulement met-il en cause le système d'approbation des manuels, mais il reproche également aux communautés religieuses éditrices de contourner la loi de la concurrence en profitant des avantages fiscaux qui leur sont réservés et dont ne jouissent pas leurs concurrents laïques[22].

Ainsi le Rapport Bouchard proposait, dans le cas des maisons dirigées par des communautés religieuses, « la création de corporations distinctes non exemptes d'impôts sur le profit et des impôts fonciers locaux[23] ». Toutes les communautés éditrices, à l'exception de Fides, bénéficiaient d'exemptions de l'impôt foncier. Par ailleurs, si Fides était soumise à cet impôt local, son statut de corporation à but non lucratif la mettait à l'abri de l'impôt sur les revenus et les profits. Or le Rapport contestait également la légitimité de ce privilège :

> Nous admettons, en principe, qu'une maison d'édition qui s'en tiendrait à publier des ouvrages de piété et de doctrine en matière de spiritualité, de théologie, de morale religieuse, écrit Maurice Bouchard, et qu'une librairie qui se limiterait à la diffusion des ouvrages de même nature bénéficient des exonérations fiscales prévues pour les activités religieuses ou philanthropiques. Mais, dans la mesure où cette maison d'édition ou cette librairie publient et diffusent des ouvrages de toute nature qui n'ont rien à voir directement avec la religion, nous croyons qu'elles n'ont aucun droit

22. Voir Maurice Bouchard, *Rapport de la Commission d'enquête sur le commerce du livre dans la province de Québec*, Montréal, s.é., 1963, p. 96.

23. *Ibid.*, p. 99.

aux privilèges en question. C'est, à notre avis, le cas pour les Éditions Fides[24].

Le rapport réfute l'argument du désintéressement des communautés dans leurs publications scolaires non religieuses en ces termes :

> Bien sûr que, dans le domaine des activités purement religieuses, les maisons religieuses sont désintéressées. Nous soutenons toutefois que tel n'est pas le cas lorsqu'elles entrent de plain-pied dans des activités qui ne sont pas, comme telles, des activités religieuses ou charitables. À témoin, les prix élevés que la Librairie des écoles et le Centre pédagogique ont fixés pour leurs éditions scolaires. Au besoin, ces institutions n'hésitent pas à utiliser des méthodes commerciales du type monopolistique. Telle cette entente intervenue en 1953 entre la Corporation des Éditions Fides et la Corporation des Frères de l'instruction chrétienne, entente en vertu de laquelle les deux institutions se partagent le marché de la revue scolaire et s'interdisent mutuellement d'envahir le marché du voisin[25].

En faisant état de cette entente de nature monopolistique liant deux éditeurs religieux, le rapport cite les chiffres impressionnants des ventes annuelles de *L'Élève*. Au-delà du débat de chiffres qui va faire l'objet d'un échange entre Fides et la Commission, ce qui retient l'attention du commissaire c'est que, à même les profits générés par *L'Élève*, Fides ait pu se payer « une imprimerie valant un million de dollars[26] ». C'est ainsi que sera recommandé au gouvernement de prendre des dispositions pour que les commerces d'édition et de librairie contrôlés par des religieux soient incorpo-

---

24. *Ibid.*, p. 101.

25. *Ibid.*, p. 103-104.

26. *Ibid.*, p. 108. « Il était malheureux que notre comptabilité soit établie de telle façon que nos revues de jeunes puissent afficher des profits substantiels, écrit le père Martin, alors que l'imprimerie qui avait été organisée surtout à leur intention encourait des pertes. Il était également malheureux de ne pas prendre sur la machinerie l'amortissement qui était alors considéré comme normal.

rés comme des entreprises à but lucratif à moins que celles-ci limitent leurs activités à la publication et à la diffusion d'ouvrages religieux.

Lorsque la direction de Fides prend connaissance des recommandations du rapport, la surprise est de taille, les dirigeants de la maison d'édition ne reconnaissent plus l'attitude de l'enquêteur qui, quelques mois plus tôt, s'était montré bien disposé à leur égard. Dans la revue *Lectures* du mois de février 1964, Fides fait paraître un communiqué de presse envoyé à tous les journaux et un éditorial qui exprime le point de vue de la maison.

Nous devions nous en rendre compte plus tard, au moment de répondre aux demandes de renseignements et de documents sur *L'Elève* devant la Commission d'enquête sur le commerce du livre dans la province de Québec (Commission Bouchard). » Document, n° 17, p. 17.

Le père Martin ajoute : « J'ai dit plus haut que les rapports financiers de Fides n'étaient pas établis comme ils auraient dû l'être en ce qui concerne les taux d'amortissement. C'est en me basant sur ces rapports que j'avais dû fournir à la Commission d'enquête le chiffre des profits de *L'Élève*. Par la suite, je décidai de faire établir par les comptables agréés de Fides un état des profits de la revue, en adoptant un taux d'amortissement plus réaliste. Les comptables agréés préparèrent un état selon lequel les profits réalisés par la revue s'élevaient pour les dix dernières années à un montant total de 674 304 $. Je remis cet état à MM. Bouchard et Saint-Germain, lors d'une visite à leur bureau, le 28 août suivant, et je leur expliquai les raisons pour lesquelles ils devaient remplacer celui que je leur avais présenté précédemment, et qui fixait les profits à un montant de 1 204 927 $. J'insistai aussi auprès d'eux sur le fait que les profits de *L'Élève* avaient servi à organiser l'Imprimerie Fides et que, si mes collaborateurs et moi-même n'avions pas pris l'initiative de monter une imprimerie aussi puissante, la revue aurait probablement rapporté très peu de profits, à moins d'être mise en vente à un prix supérieur à 0,10 $ le numéro. » Document, n° 21, p. 11.

En outre, le père Martin fait remarquer en entrevue que si la Corporation avait calculé 20 % d'amortissement au lieu de 5 % sur le matériel d'imprimerie qui était utilisé et mobilisé pour la production de *L'Élève*, elle n'aurait pu déclarer aucun profit en ce qui concerne ce périodique. Voir *supra*, p. 166.

Dans le communiqué de presse, en plus d'exprimer son étonnement face au double langage du commissaire, la direction reprend certaines données du mémoire concernant notamment le statut juridique de la Corporation, reconnu depuis 1942, et la mission sociale et religieuse de l'entreprise, et elle s'arrête surtout au cas de *L'Élève*, mis en cause par le rapport. Elle fait remarquer que, au moment de la formation du comité des aviseurs pédagogiques de *L'Élève* en 1951, Fides ne savait pas que les revues pédagogiques devaient être soumises à l'approbation du comité catholique ; que, compte tenu des amortissements de l'équipement, les profits de la revue devaient être fixés à 67 430 $ par année (8400 $ par édition), et non à des montants supérieurs à cent mille dollars comme il était mentionné dans le rapport (p. 104) ; que, enfin, le rapport ne faisait pas état de la nouvelle formule de *L'Élève*, lancée en novembre 1963 et dirigée par une nouvelle équipe dont les membres n'entretenaient aucun lien avec les organismes chargés de l'approbation ou de l'achat des manuels[27].

L'éditorial signé par le père Martin, tout en reconnaissant la valeur des recommandations touchant la réforme du commerce du livre, s'attarde quant à lui aux « affirmations injustes » et aux « approximations malheureuses » concernant Fides. L'auteur relève, entre autres, une contradiction du rapport reprochant à l'éditeur d'exercer à la fois « une activité de librairie qui ne connaît pas de limite » (p. 102), c'est-à-dire de dépasser sa mission religieuse et philanthropique, et de faire preuve de « discrimination » en limitant au « bon livre » le choix des publications offertes au public (p. 103). En plus d'indiquer l'incohérence de ces accusations, le père Martin fait valoir la responsabilité morale du libraire. Si l'on

27. Voir le texte intégral du communiqué dans Paul-Aimé Martin *et al.*, « En marge du rapport de la Commission d'enquête sur le commerce du livre », *Lectures*, nouv. série, vol. 10, n° 6, février 1964, p. 161.

doit reconnaître la liberté du consommateur sur laquelle s'appuie le rapport pour dénoncer la politique du « bon livre », il faudrait aussi reconnaître « au libraire ce minimun de liberté, écrit-il, qui lui laisse la latitude de choisir ce qu'il vend de façon à respecter certaines valeurs religieuses et morales qui sont sacrées pour lui tout comme pour la majorité de sa clientèle[28] ».

Ici, deux visions du monde du livre et de l'édition s'affrontent, l'une centrée sur l'œuvre de propagande, l'autre sur les principes de l'économie libérale. La première, établie sur le modèle des œuvres de presse catholique européennes, cherche à développer de puissants appareils de production et de diffusion d'ouvrages conformes à l'idéologie religieuse. L'autre fait valoir, indépendamment du contenu, la primauté du consommateur qui doit trouver sur le marché, et au meilleur prix possible, les produits dont il a besoin, d'où l'élimination des privilèges et des éléments qui pourraient limiter la concurrence commerciale.

Par ailleurs, la logique mercantile poussée à bout dans le domaine du livre, compte tenu de la présence des multinationales sur le marché, ne pouvait aboutir qu'à une disparition de la plupart des maisons locales. Ainsi, l'idéologie religieuse comme principe limitatif de la concurrence sera remplacée par un nationalisme néolibéral qui fixera ses propres limites à la compétition commerciale.

Pour protéger la diffusion d'une littérature locale, Maurice Bouchard sera amené à proposer une série de mesures d'aide à l'édition dans le cadre d'une production à risque. C'est dans ce nouveau cadre que, à terme, Fides retrouvera sa place et continuera de participer, à sa manière, au développement d'une littérature nationale. Entre-temps cependant, l'onde de choc du Rapport Bouchard se fera sentir chez les communautés religieuses, dont la

---

28. Paul-Aimé MARTIN, « La politique de Fides en est-elle une de "discrimination" ? », *Lectures*, nouv. série, vol. 10, nº 6, février 1964, p. 142.

plupart mettront fin à leurs activités éditoriales, et dans les rapports de Fides avec sa propre Congrégation.

Réactions des communautés religieuses

Fides était suffisamment développée et implantée dans le milieu pour se défendre et affronter la critique des pouvoirs publics[29]. L'importance de son fonds littéraire lui assurait une reconnaissance publique qui dépassait de beaucoup celle des autres maisons catholiques. Son réseau de collaborateurs et d'auteurs était étendu et pouvait lui assurer des appuis solides. Ses ramifications se prolongeaient au sein même du gouvernement. Rappelons par exemple que Guy Frégault, le sous-ministre des Affaires culturelles, de qui relevait la Commission d'enquête Bouchard, était un auteur de Fides depuis le début des années 1950 ; il y avait fait paraître quatre livres de 1952 à 1963, et deux autres volumes allaient suivre en 1966 et 1968.

Les autres éditeurs religieux étaient par ailleurs plus vulnérables que Fides et ils avaient été ébranlés par le Rapport Bouchard. Plusieurs communautés songeaient même à cesser définitivement la production de manuels scolaires. Comme l'avait montré la Commission, à cette époque « la moitié des éditeurs de manuels scolaires étaient des communautés religieuses[30] ». Pour la période allant de 1960 à 1962, leurs revenus représentaient encore 35 % du chiffre d'affaires de l'industrie du manuel, même si cette part de marché avait beaucoup diminué depuis le début des années

29. Le père Martin signale que, en mai 1964, la Congrégation de Sainte-Croix fait paraître une entrevue avec le directeur général de Fides pour bien marquer la nature des rapports qui liaient la communauté avec la Corporation. « Quelques précisions à propos de Fides », *Nouvelles de Sainte-Croix dans le monde*, n° 6, mai 1964, p. 2-3.

30. Bouchard, *Rapport de la Commission d'enquête...*, p. 95.

1950 à cause notamment de l'essor du CPP qui, à lui seul, s'était accaparé la plus grande part des revenus (voir Tableau VI). La Librairie des écoles, propriété des Frères des écoles chrétiennes, et la Librairie du Sacré-Cœur, qui en 1953 représentaient ensemble plus du tiers des ventes, avaient vu leur part de marché fondre à moins de 10 % en 1962. Le climat de méfiance créé par le rapport de la Commission d'enquête à l'endroit des maisons d'édition religieuses et la création du nouveau ministère de l'Éducation allaient aggraver la situation et remettre en question l'existence de plusieurs d'entre elles.

Ainsi, le 20 mars 1964, les principaux représentants des communautés se réunissent dans les locaux de Fides pour faire le point :

> [...] à 14 h 30, écrit le père Martin, je recevais, dans la salle du conseil, en compagnie de MM. Paul Poirier et Victor Martin, les directeurs des maisons d'édition et des librairies possédées par des communautés religieuses. La plupart des vingt-cinq personnes présentes résidaient à Montréal ou dans les environs, mais quelques-unes venaient de Québec. Leurs noms figurent dans le livre d'or de Fides. Toutes ces maisons d'édition et ces librairies étaient concernées, quoique à des degrés divers, par le rapport de la Commission d'enquête sur le commerce du livre. Leurs directeurs avaient tenu à se réunir pour en discuter et adopter des attitudes communes. Je ne me souviens pas malheureusement de ce qui s'est dit ni des décisions qui sans doute ont été prises à cette occasion. De toute façon, le fait que cette réunion ait eu lieu à Fides montre bien l'importance de notre maison à l'époque[31].

Quelques mois plus tard, la Congrégation de Notre-Dame, qui faisait partie du peloton de tête des éditeurs religieux de l'époque, décide de se départir de sa maison d'édition.

31. Document, n° 21, p. 26.

Tableau VI

Éditeurs de manuels scolaires, 1953-1962

Raison sociale	*Édition scolaire*[1]	*Nombre de titres*	*Part du marché % 1953*	*Part du marché % 1960-1962*
Centre éducatif et culturel	1959	2	—	3,0
Centre pédagogique — F.E.C.	1940	28	0,6	3,0
Centre de psychologie et de pédagogie (CPP)	1945	217	7,7	35,1
Corporation des Éditions Fides	1956	4	3,5	3,2
Éditions du Pélican	1958	2	—	0,6
Éditions Maristes — Saint-Vincent-de-Paul	1958	15	2,7	6,8
Éditions Pédagogia	1960	4	—	3,0
Granger Frères ltée	1930	3	11,5	3,8
Librairie Beauchemin ltée	1900	42	28,9	10,9
Librairie des écoles — F.E.C.	1877	106	16,9	4,9
Librairie du Sacré-Cœur	1902	18	16,4	5,0
Librairie Hachette (Canada) ltée	1961	6	—	0,5
Librairie Saint-Viateur	1887	13	5,1	1,4
L'Œuvre catéchistique	1941	10	3,1	0,6
Les Presses de l'Université Laval	1950	4	—	5,3
Procure C.N.D.	1881	26	6,0	4,9
Procure F.I.C.	1900	27	2,5	6,9
Procure des sœurs du S.-N.J.M.	1950	3	1,3	1,2
Total des titres		**530**		

Source: Maurice Bouchard, *Rapport de la Commission d'enquête sur le commerce du livre au Québec*, 1963, p. 62.

1. Début des activités.

À la suite de la publication du rapport de la Commission d'enquête sur le commerce du livre, écrit le père Martin, plusieurs communautés religieuses décidèrent de ne plus diffuser de manuels scolaires. Les Sœurs de la Congrégation de Notre-Dame étaient du nombre. Comme elles avaient beaucoup d'estime pour Fides et que M. Victor Martin s'entendait très bien avec la directrice de la Procure, sœur Sainte-Marie-Arthur, elles confièrent à notre maison, en vertu d'un contrat signé le 12 juin 1964, la distribution exclusive de tous les manuels scolaires qu'elles avaient édités. Les droits à verser aux Sœurs étaient de 12 % à 15 % du prix de vente au détail des manuels. Le contrat stipulait que, lorsqu'un manuel s'épuisait, Fides pouvait le réimprimer ou le rééditer, mais une entente particulière devait intervenir dans chaque cas. Une vingtaine d'ententes furent ainsi signées au cours des années subséquentes. Les ouvrages commençaient toutefois à dater et ils disparurent rapidement du marché, à l'exception de *La Cuisine raisonnée* qui fut l'objet de rééditions en 1968, en 1979 et en 1985. L'édition de 1968 fut réimprimée six fois[32].

Le vacuum créé par le retrait des communautés religieuses et par la disparition du CPP allait être comblé par des entreprises étrangères alléchées par un marché en expansion. Les accusations de conflits d'intérêt avaient eu des effets dévastateurs non seulement sur les éditeurs religieux, mais aussi sur l'ensemble de la profession qui était devenue suspecte aux yeux des autorités gouvernementales. Les responsables du nouveau ministère de l'Éducation regardaient les éditeurs québécois, laïques comme religieux, de haut et cette attitude devait prévaloir pendant plusieurs années. Durant ce temps, le ministère ouvrait toutes grandes ses portes aux éditeurs étrangers et en particulier à la maison Hachette, allant jusqu'à lui accorder des subventions « pour traduire des manuels américains en usage seulement au

32. *Ibid.*, p. 32.

Québec[33] », comme nous le faisait remarquer Claude Hurtubise en 1987. Cette situation débouchera sur une nouvelle crise de l'édition qui lancera le Conseil supérieur du livre dans une autre campagne de presse au début des années 1970[34].

Un nouveau statut juridique

Le climat de suspicion entourant les éditeurs de manuels scolaires allait aussi affecter les relations de Fides avec la Congrégation de Sainte-Croix. Comme le Rapport Bouchard avait laissé planer un doute sur l'intégrité de l'administration de Fides et remis en question les liens entre les communautés religieuses et le monde de l'édition, les autorités de la Congrégation sentirent le besoin de faire faire une étude sur le statut juridique de la maison.

> En 1964, raconte le père Martin, débuta une étude du statut juridique de Fides ; elle devait se poursuivre durant les trois années subséquentes. Elle fut entreprise à la suite d'une recommandation de la province canadienne des Pères de Sainte-Croix. Cette recommandation avait été formulée au cours de la réunion du chapitre provincial tenue du 6 au 15 juillet 1964. En voici le texte officiel : « [Le chapitre recommande] qu'une commission composée de laïcs et de religieux, tant de Fides que de l'extérieur, soit formée sans délai par le supérieur provincial pour étudier le statut juridique de Fides en vue de l'adapter davantage au contexte actuel.
>
> Lors d'une assemblée du conseil de la Province canadienne des Pères de Sainte-Croix, tenue le 30 novembre, le père Maurice Lafond, supérieur provincial, constitua la commission. Contrairement à ce qui avait été recommandé par le chapitre provincial, aucun religieux ne fut invité à faire partie de la commission et aucun

33. Lettre de Claude Hurtubise à Jacques Michon, 8 janvier 1987.

34. Voir Pierre de Bellefeuille, Alain Pontaut *et al.*, *La Bataille du livre au Québec, oui à la culture française, non au colonialisme culturel*, Montréal, Leméac, 1972, 139 p.

des trois laïcs choisis comme membres n'était du personnel de Fides. Il fut de plus décidé, au cours de cette assemblée, que les trois membres pourraient s'adjoindre un homme compétent dans le domaine financier, que les noms de ces quatre personnes ne seraient connus que du conseil provincial et que, pour accomplir leur travail, elles se baseraient sur les procès-verbaux du conseil d'administration de Fides, sur les rapports financiers des dix années précédentes et sur les brochures et autres documents concernant l'histoire et les principales activités de la maison[35].

Le 8 juin 1965, le père Lafond fait part des conclusions du rapport de la commission au père Martin qui l'invite à venir les exposer lui-même au conseil d'administration de Fides. La rencontre a lieu le 22 juin. Le père Lafond explique que la commission entrevoit pour l'avenir de Fides trois solutions, résumées ici par le père Martin.

Première solution : Fides se spécialiserait dans le domaine religieux au point de devenir une société entièrement consacrée à l'édition religieuse ainsi qu'à des traductions et à des coéditions en ce domaine. Les commissaires avouaient par ailleurs ne pas savoir si un organisme de ce genre pourrait se financer. Pour sa part, le père Lafond pensait que, si ce statut était adopté, la maison pourrait continuer d'être rattachée au point de vue canonique à la Congrégation de Sainte-Croix.

Deuxième solution : Fides deviendrait une maison d'édition beaucoup plus grande, qui éditerait des ouvrages dans tous les domaines et notamment dans le domaine scolaire. Étant d'inspiration chrétienne, elle pourrait comporter un secteur religieux très important. Le succès de la maison proviendrait pour une grande part des contrats de coéditions qu'elle pourrait conclure avec des maisons européennes, notamment dans le domaine scolaire, et aussi de la compétence et de l'esprit d'initiative des directeurs qui présideraient à ses destinées. En fait de personnes qui seraient alors

35. Document, nº 21, p. 35.

susceptibles d'entrer dans le conseil d'administration, le père Lafond donne les noms de M. Claude Ryan, directeur du *Devoir*, et de M. Alfred Rouleau, président de la Sauvegarde. Si ce statut était finalement adopté, Fides deviendrait une entreprise tout à fait indépendante de la Congrégation de Sainte-Croix et aucun religieux ne devrait faire partie du conseil d'administration.

TROISIÈME SOLUTION : Sans changer l'essentiel de ses politiques en matière d'édition, Fides modifierait son statut juridique de la façon suivante : au point de vue canonique, la maison deviendrait complètement indépendante de la Congrégation de Sainte-Croix ; au point de vue civil, les lettres patentes obtenues en 1942 seraient conservées et des laïcs deviendraient membres actifs de la Corporation et se trouveraient à être sur le même pied que les Pères de Sainte-Croix. Les commissaires — ce qui n'était guère flatteur pour mes confrères et moi-même, précise le père Martin — se demandaient si, dans cette hypothèse, des laïcs de grande valeur consentiraient à entrer dans le conseil[36].

De longs échanges de vues suivirent l'énoncé des trois solutions.

C'était évidemment la troisième, confirme le père Martin, qui plaisait le plus à mes collègues du conseil d'administration comme à moi-même. Je fis d'ailleurs remarquer qu'elle était la seule à tenir vraiment compte de ce qu'était alors Fides et à permettre par conséquent à l'œuvre d'évoluer d'une façon normale, sans rompre totalement avec le passé.

Le père Lafond semblait lui aussi trouver cette solution intéressante. Avant de lever la séance, il nous demanda si nous étions favorables à ce que le statut de Fides soit modifié de façon à ce que les laïcs et les religieux soient sur le même pied dans le conseil d'administration et que tout lien canonique avec la Congrégation soit rompu. Mes collègues et moi-même, nous nous déclarâmes complètement d'accord sur le premier point et plutôt d'accord sur le deuxième, étant donné que la rupture du lien canonique

36. *Ibid.*, p. 36.

paraissait, dans le contexte d'alors, de nature à permettre à Fides d'accomplir son œuvre plus facilement[37].

Le 16 juillet 1965, le conseil de la Province canadienne des Pères de Sainte-Croix décide d'adopter la troisième solution. Le 19, le père Lafond soumet cette décision à l'approbation du supérieur général de la Congrégation, le père Germain-Marie Lalande. Dans une lettre datée du 31 juillet, celui-ci donne son approbation.

En accord avec cette décision, il fallait rédiger de nouveaux règlements. Il en fut question lors d'une rencontre du conseil d'administration de la maison avec le père Lafond, le 13 septembre, à la maison provinciale. Le père Lafond décida de laisser au conseil d'administration le choix des membres du comité qui se chargerait de la rédaction des règlements. Au cours d'une réunion tenue à Fides le surlendemain, le conseil constitua le comité et en désigna comme membres le père Pierre-Marie Poisson, c.s.c., docteur en droit canonique et en droit civil, le père Guy-Marie Bertrand, c.s.c., et moi-même, dit le père Martin. Le père Poisson devait agir comme président et le père Bertrand comme secrétaire.

Le projet de règlements fut prêt au début de novembre. Le 11, je le soumis au conseiller juridique de Fides, Me André Villeneuve. Conformément à une suggestion de ce dernier et avec l'accord de mes collègues du conseil d'administration, je décidai, avant d'aller plus loin, de consulter des personnalités dans les domaines du droit, de la finance et de l'opinion publique. Ces consultations devaient s'étendre sur une période d'un an et demi et conduire à la rédaction d'un document qui fut présenté au chapitre provincial lors de sa réunion de l'été 1967[38].

Le père Martin rencontre ainsi des personnalités du milieu des affaires, de la presse et de l'édition. Il profite aussi d'un voyage en Europe pour consulter des autorités ecclésiastiques compétentes en

37. *Ibid,* p. 36-37.
38. *Ibid.*, p. 37.

la matière et pour étudier le statut juridique de maisons d'édition dirigées par des communautés religieuses européennes, la Maison de la Bonne Presse et les Éditions du Cerf. À son retour, il rédige un rapport qu'il soumet aux Pères de Sainte-Croix, le 16 mars 1966, dans lequel il expose et formule différentes hypothèses.

Au terme de toutes ces démarches, le père Martin et ses deux collègues du conseil d'administration, les pères Paul-Émile Roy et Guy-Marie Bertrand, c.s.c., présentent au nom du conseil quatre propositions qui sont entérinées par le chapitre de la Congrégation en juillet 1967 où il est décrété que :

> 1° Le lien canonique entre Fides et la Congrégation sera conservé.
> 2° Un plus grand nombre de religieux seront affectés à cette œuvre.
> 3° Des laïcs feront partie du conseil d'administration à part égale (droit de vote).
> 4° L'assemblée générale et le conseil d'administration seront composés de neuf membres répartis comme suit : cinq pères de Sainte-Croix ; quatre laïcs dont deux seulement du personnel de Fides[39].

Ainsi le lien canonique était maintenu du fait que la majorité des membres de la Corporation devait être nommée par le supérieur provincial de la Congrégation. Les laïcs, qui faisaient déjà partie du conseil d'administration, voyaient leur nombre augmenter de deux à quatre et, surtout, ils obtenaient un droit de vote

39. Document, n° 22, p. 37. Le texte de ce décret consigné dans les actes du chapitre provincial est publié dans un numéro spécial de la revue *Analecta*, vol. XXI, n°s 3-4, mars-juillet 1967, p. 279. Les modifications aux statuts entreront officiellement en vigueur le 1er avril 1970, après leur approbation par le ministère des Institutions financières du Québec. Aux deux membres laïques déjà en place, Paul-A. Poirier et Victor Martin, venaient s'ajouter Marcel Faribault, président du Trust général du Canada, et Yves-Aubert Côté, directeur du Service des sciences comptables aux Hautes Études Commerciales et président de l'Action catholique du diocèse de Montréal. Outre le père Martin, les membres religieux comprenaient les pères Henri-Paul Senécal, Elphège-M. Brassard, Paul-Émile Roy et Pierre-M. Poisson.

qui leur avait été refusé jusque-là. Les religieux, employés par la Corporation, devaient aussi recevoir un salaire tout comme leurs confrères laïques.

Tous ces changements permettaient d'ajuster l'organisation de la Corporation aux nouvelles réalités d'une société québécoise de plus en plus laïcisée et de préciser le rôle et la mission particulière de Fides dans ce nouveau contexte. Ils découlaient en grande partie des débats lancés par le Rapport Bouchard et par les artisans de la Révolution tranquille. Plus la société se laïcisait, plus le caractère particulier de la Corporation devait se préciser. Cette évolution devait être aussi visible dans les publications et les collections, comme nous le verrons en abordant les chapitres XII et XIII sur l'édition pour la jeunesse et l'édition religieuse. Mais avant d'analyser l'impact de ces événements sur la production éditoriale elle-même, il faut s'arrêter sur un fait important qui a préoccupé la direction de Fides à l'époque de la tourmente de *L'Élève* et qui allait marquer pour longtemps l'avenir de la maison, soit l'expropriation de l'immeuble de la rue Saint-Jacques.

CHAPITRE X

EXPROPRIATION DE LA RUE SAINT-JACQUES EST

Au moment où Fides entre dans la tourmente du Rapport Bouchard, l'entreprise vient de tourner une page importante de son histoire. En janvier 1964, elle intègre les locaux de son nouveau siège social boulevard Dorchester, un vaste immeuble de huit étages qui deviendra le signe de sa prospérité, de sa solidité matérielle et de son importance comme institution. Mais cette relocalisation arrive à un bien mauvais moment. Alors que le clergé se trouve sous les projecteurs de la Révolution tranquille, qu'il est blâmé pour son omniprésence historique dans les sphères de l'éducation et de la culture et que son autorité est remise en cause de toutes parts, voilà qu'une communauté religieuse comme la Congrégation de Sainte-Croix fait édifier, sur la nouvelle artère du capitalisme financier, un immeuble digne des corporations les plus opulentes, devançant même à cet égard les sociétés canadiennes-françaises dirigées par des laïcs.

Cet événement qui avait une valeur de symbole ne pouvait qu'apporter de l'eau au moulin des anticléricaux. Aux yeux de certains, une telle manifestation de réussite matérielle pour une communauté religieuse était déplacée. Ce que la plupart des gens ignoraient toutefois, c'est que l'initiative de cette nouvelle installation avait été prise sous la contrainte d'un arrêt gouvernemental qui obligeait l'éditeur à se relocaliser, alors que ce dernier était satisfait de l'immeuble Cormier qu'il occupait depuis la fin de la guerre et qui répondait bien à ses besoins.

L'immeuble d'Ernest Cormier

Depuis 1945, les bureaux de Fides étaient installés dans le quartier des affaires, au 25 de la rue Saint-Jacques Est, dans un magnifique immeuble dessiné par Ernest Cormier, construit en 1925 pour la Chambre de commerce de Montréal et qui rappelait à certains égards le Petit Trianon de Versailles. « Avec ses portes en fer forgé et en bronze et son hall d'entrée en marbre fossilifère, l'édifice ne passait pas inaperçu », dit le père Martin[1]. Le nouveau siège social de Fides avait été inauguré avec faste le 28 mai 1946 en présence de Mgr Charbonneau et du cardinal Villeneuve qui s'était spécialement déplacé pour la circonstance et y avait prononcé sa célèbre conférence à l'origine de la création de la revue *Lectures*[2].

Fides avait d'abord partagé l'immeuble de la rue Saint-Jacques avec plusieurs locataires. Puis, au fur et à mesure de son développement, la maison d'édition avait occupé les autres bureaux. Parmi les locataires, déjà là en 1945, se trouvait le cabinet de Mes Daniel Johnson et Reginald Tormey, qui deviendront par la suite les conseillers juridiques de l'entreprise. En 1950, le père Martin y

1. Document, nº 12, p. 10.

2. J.-M.-Rodrigue Villeneuve, *Le Problème des lectures*, allocution prononcée le 28 mai 1946 à l'occasion de la bénédiction de l'immeuble Fides, Montréal, Fides, 1946, 27 p. Les journaux, *Le Devoir* et *La Presse* en particulier, devaient accorder beaucoup d'importance à l'événement en publiant des extraits de la conférence du cardinal et des comptes rendus sur la cérémonie d'inauguration.

avait fait aménager une petite chapelle où il célébrait la messe plusieurs fois par année en présence du personnel de la maison et, en 1959, il avait fait d'une partie de l'immeuble sa résidence personnelle. L'archevêché accepta dès lors de considérer la chapelle « comme un oratoire semi-public[3] » où la messe pouvait être célébrée quotidiennement. En 1961, pour répondre aux besoins du siège social et de la librairie, la Corporation avait fait l'acquisition d'un édifice voisin situé dans la même rue et portant les numéros civiques 29 et 33[4].

En 1958, l'acquisition des locaux de *La Revue moderne*, transformés en entrepôt, avait permis de libérer la maison d'édition de la plus grande partie de ses stocks. Fides avait ainsi trouvé un certain équilibre entre les établissements de la rue Saint-Jacques, consacrés aux services d'édition et de diffusion, et ceux de la rue de Gaspé, réservés à la production et à la distribution. Quinze ans après son installation, l'édifice spacieux de trois étages répondait encore bien aux besoins de l'entreprise. Ainsi la nouvelle de l'expropriation du quartier des affaires où était situé l'immeuble fut-elle accueillie par la direction et le personnel de la maison avec surprise et consternation.

> Le 9 novembre 1961, tôt dans la matinée, le père Germain-Marie Lalande, c.s.c., me téléphona pour me communiquer une bien mauvaise nouvelle, écrit le père Martin ; selon un bulletin d'informations qu'il venait d'entendre à la radio, tout le secteur où se trouvait l'édifice Fides allait être exproprié. Plus tard, en parcourant les journaux, nous apprîmes en effet, mes collaborateurs et moi-même, que le palais de justice, dont le gouvernement provincial projetait la construction, serait érigé dans le quadrilatère borné au nord par la rue Craig, au sud par la rue Notre-Dame, à l'ouest par la rue Saint-Laurent et à l'est par la rue Saint-Gabriel. C'est dire que

3. Document, n° 15, p. 10.

4. *Le Devoir* fait état de cette transaction dans sa livraison du 18 février 1961.

> tous les édifices situés dans ce quadrilatère allaient être expropriés et démolis, et que la rue Saint-Jacques Est, qui s'étendait de la rue Saint-Laurent à la rue Saint-Gabriel, allait tout simplement disparaître. Cette nouvelle, inutile de le dire, nous a plongés dans la consternation. L'édifice que nous occupions était très beau et surtout il convenait bien à nos besoins ; d'autant que, depuis 1955, il était pourvu d'un terrain de stationnement et, depuis le début de 1961, d'une annexe : l'immeuble Dagenais, dont incidemment nous venions à peine de terminer l'aménagement. De plus nous étions atterrés de devoir quitter une rue où le public était habitué de nous trouver[5].

En effet, depuis quinze ans, le nom de Fides était intimement associé à l'adresse de la rue Saint-Jacques. « Nous estimions, poursuit le père Martin, que cette adresse avait figuré sur des publications dont le tirage global excédait les 60 millions d'exemplaires[6]. »

La décision du gouvernement était irrévocable et, comme le fait remarquer le père Martin, « à cette époque il n'y avait pas de groupe susceptible de faire pression sur lui pour sauver les immeubles que l'on voulait démolir[7] ». Malgré leur volonté de rester dans le pavillon construit par Cormier, les dirigeants de Fides doivent donc se résoudre à l'inévitable et tenter d'en tirer le meilleur parti. Ils espèrent tout de même pouvoir obtenir « un montant très substantiel » de l'expropriation et jonglent avec l'idée de réunir tous les départements de la maison sous un même toit.

> Lors d'une réunion tenue le 8 mars 1962, nous nous demandâmes s'il ne serait pas opportun de profiter de l'occasion pour réunir dans un même immeuble tous les services de la maison, c'est-à-dire aussi bien ceux qui étaient logés dans l'édifice de la rue Saint-Jacques, que ceux qui se trouvaient à l'imprimerie, rue de Gaspé. Nous n'igno-

5. Document, n° 20, p. 32-33.
6. Voir *Lectures*, nouv. série, vol. 10, n° 10, juin 1964, p. 278.
7. Document, n° 20, p. 40.

> rions pas que le déménagement de la machinerie coûterait très cher, mais nous étions d'avis que le fait de grouper tous les services dans un même immeuble augmenterait l'efficacité du personnel et entraînerait des économies en divers domaines. Finalement nous prîmes la décision de ne pas considérer l'achat de terrains ou d'immeubles qui ne seraient pas assez grands pour accueillir éventuellement tous les services de la maison[8].

Dès lors, plusieurs démarches sont entreprises pour trouver le site idéal. La direction repère quelques immeubles plus anciens mais peu adaptés aux besoins de la maison. Finalement, il est convenu d'acheter un terrain pour y construire à neuf.

L'ÉDIFICE DU BOULEVARD DORCHESTER

Fides se laisse d'abord tenter par l'achat d'un terrain situé « à proximité de l'archevêché de Montréal, au numéro 930 de la rue de l'Inspecteur, du côté ouest, un peu au sud de la rue de la Gauchetière [...]. À cet effet, il fallait que l'archevêché consente une servitude de vue et de passage sur un terrain qui lui appartenait[9]. » Le père Martin fait des démarches auprès des autorités ecclésiastiques ; le cardinal Léger se montre très favorable au projet. Le père Martin n'hésite pas à croire qu'il obtiendra la servitude sollicitée et des démarches sont alors effectuées pour procéder à l'achat du terrain. Si la réponse de l'archevêché est positive, elle est toutefois assortie d'une limite dans le temps qui ne satisfait pas tellement le conseil de Fides.

> Le 26 avril, M. le chanoine Savaria me communiqua par téléphone que le chapitre diocésain avait décidé officiellement d'accorder à Fides une servitude de vue et de passage, mais pour une période de quinze ans seulement. Nous étions évidemment déçus de ne pas

8. *Ibid.*
9. *Ibid.*, p. 40-41.

avoir obtenu cette servitude à perpétuité, mais au cours d'une réunion du conseil d'administration tenue ce jour-là, nous décidâmes de ne pas interrompre nos démarches pour acheter le terrain ; nous nous disions, en effet, qu'il était fort probable que dans quinze ans l'archevêché continuerait d'accorder à Fides une servitude de vue et de passage sur le terrain qui lui appartenait, et que, même s'il ne le faisait pas, nous n'aurions vraisemblablement pas tellement d'objection à ce que notre édifice ait son entrée principale sur la rue de l'Inspecteur, car à ce moment-là elle s'appellerait probablement rue Mansfield[10].

Dans le monde de l'édition, l'image de marque importe autant que le bilan financier, elle véhicule un message qui a une influence sur la reconnaissance publique de l'éditeur et sur son pouvoir de recrutement et d'attraction. L'adresse, le lieu de publication, l'immeuble, l'emplacement et le quartier d'où il rayonne constituent autant d'éléments qui font partie de cette image qui contribue à créer l'aura de la maison. Le nom de la rue avait donc ici son importance. Avec l'accord de l'archevêché, Fides pouvait utiliser le nom de la rue de la Gauchetière, artère commerciale connue. La rue Mansfield pouvait être aussi une option recevable, alors que la rue de l'Inspecteur, cet obscur tronçon sans envergure, ne pouvait être retenue comme une solution satisfaisante. Finalement la réflexion sur la valeur symbolique de l'artère devait favoriser un autre emplacement.

Après avoir essuyé un refus pour son offre d'achat, la direction se tourne vers un autre terrain, plus grand et moins cher, situé boulevard Dorchester au coin de la rue Sainte-Élisabeth.

Pourquoi avons-nous jeté notre dévolu sur un terrain situé sur le boulevard Dorchester? demande le père Martin dans le mémoire présenté à la Commission Bouchard. C'est que premièrement nous

10. *Ibid.*, p. 41.

voulions nous réinstaller le plus près possible de l'endroit où nous nous trouvons présentement et que deuxièmement ayant eu notre siège social pendant dix-huit ans sur l'une des principales artères de la ville, il nous semblait absolument inopportun de nous réinstaller sur une rue secondaire[11].

L'offre faite, le 11 mai 1962, aux propriétaires du terrain du boulevard Dorchester, les actionnaires de Cypress Construction Inc., est acceptée volontiers, et le contrat de vente est signé le 7 août. Les plans de Jacques Morin, l'architecte de l'immeuble, avaient été approuvés par le conseil d'administration le 28 juin[12]. « Selon ces esquisses, l'édifice devait avoir une superficie de 64 000 pieds carrés et comporter un sous-sol, un rez-de-chaussée et six étages, dont le dernier devait servir de résidence aux Pères de Sainte-Croix en activité à Fides. Le coût prévu était d'au plus 1 152 000[13] $. » En août, en prévision de l'aménagement de l'imprimerie à proximité de la propriété, la direction fait aussi l'acquisition de deux vieux immeubles qui se trouvent à l'arrière du site principal et qui, une fois démolis, porteront la superficie du terrain à 28 000 pieds carrés[14]. Quelques mois plus tard, les architectes avertissent l'administration que le coût de l'immeuble doit être réévalué à la hausse, ce qui portait le montant prévu à 1 600 000 $. Inquiétée par les répercussions de cette

11. Paul-Aimé MARTIN, *Mémoire présenté par la Corporation des Éditions Fides à la Commission d'enquête sur le commerce du livre le 27 juin 1963*, 2e éd., Montréal, Fides, 1965, f. 10.

12. « M. Morin faisait partie du bureau Morin et Leborgne. Il avait effectué les plans de plusieurs immeubles commerciaux, en particulier ceux de *La Presse*, à Montréal, et de La Survivance, à Saint-Hyacinthe. Il venait d'être choisi comme architecte associé de l'édifice de la Bourse, place Victoria. » Document, no 20, p. 44.

13. *Ibid.*, no 20, p. 46.

14. Les médias sont mis au courant du projet de la nouvelle construction le 25 septembre 1962 ; voir les articles parus le lendemain dans *La Presse*, p. 2, et *Le Devoir*, p. 3.

augmentation, la direction décide de faire ajouter un étage pour pouvoir le mettre en location comme ceux qui avaient déjà été prévus à cet effet.

Les affaires marchent rondement, le contrat de construction est signé le 18 mars 1963, soit dix mois seulement avant le déménagement. La signature du contrat la veille de la fête de Saint-Joseph apparaît alors comme un heureux présage.

> Construit en béton, l'édifice était complètement à l'épreuve du feu, raconte le père Martin. Les murs étaient recouverts de briques ; en façade, au bas des fenêtres, se trouvaient des panneaux décoratifs en aluminium. Il ne manquait certainement pas de cachet [...]. À noter qu'il était pourvu d'un système de climatisation très efficace et de deux ascenseurs à haute vitesse avec contrôle électronique. En plus du sous-sol et du rez-de-chaussée, cet édifice comprenait sept étages, dont quatre environ étaient mis en location, soit une partie du 2e, le 3e, le 4e, le 5e et une partie du 6e. Au sous-sol, se trouvaient l'entrepôt et le service de l'expédition, au rez-de-chaussée, le hall d'entrée en marbre et la librairie, au 1er étage, l'administration générale et les bureaux de *L'Élève*, au 2e, les relations extérieures, la salle à manger des pères, la salle à manger du personnel et l'appartement du concierge, au 6e, la direction générale, la salle du conseil, les services d'édition, le Service de bibliographie et de documentation, au 7e, le grand salon, en façade, aux dimensions imposantes (environ 50 pieds de longueur sur 20 pieds de largeur), la chapelle pouvant recevoir une trentaine de personnes et la résidence des pères qui comportait quatre chambres avec salle de toilette. On ne peut pas dire que l'édifice était luxueux, mais il comportait tout de même des boiseries en noyer dans la salle d'attente au rez-de-chaussée, dans la salle du conseil au 6e étage et dans le grand salon et la chapelle au 7e. La librairie faisait l'admiration de tous ceux qui la visitaient. Elle était spacieuse et accueillante. Les quelque 25 000 titres qu'elle présentait étaient classés par ordre méthodique dans des étagères très modernes. Un catalogue d'environ 50 000 fiches permettait au personnel de retrouver les livres sur les rayons et de renseigner le public sur les ouvrages qui

ne pouvaient pas être fournis parce qu'ils étaient épuisés ou en réimpression[15].

Contrairement à ce que craignait la direction, la librairie va profiter du nouvel emplacement[16]. Mais sur le plan financier, la situation était incertaine. Fides doit contracter un emprunt plus élevé que prévu pour couvrir l'achat du terrain et les coûts de construction. Ce montant sera partiellement remboursé à même la somme reçue du gouvernement provincial pour l'expropriation de l'immeuble de la rue Saint-Jacques. La banque refuse toutefois de financer le solde à long terme. Pour obtenir un taux raisonnable, on propose à l'administration de récupérer des fonds en mettant en vente l'imprimerie Fides de la rue de Gaspé. Finalement, comme nous l'avons déjà vu au chapitre VIII, la Corporation décide de vendre les librairies les moins rentables.

Dans l'homélie qu'il prononce, lors de l'inauguration de la chapelle du nouvel immeuble — le jour de la fête de Saint-Joseph, un an passé la signature du contrat —, après avoir remercié « le bon Dieu », le père Martin ne peut s'empêcher d'exprimer une certaine inquiétude face à l'avenir :

---

15. Document, n° 21, p. 31-32.

16. « Dans le procès-verbal de la réunion du conseil d'administration tenue le 8 octobre 1964, on mentionnait que depuis l'installation dans le nouvel édifice les ventes au comptant à la librairie augmentaient énormément. Cette augmentation devait se maintenir par la suite. Ainsi, durant l'année 1964-1965, ces ventes s'élevèrent à 77 723 $ et, durant l'année 1965-1966, à 74 116 $. C'était beaucoup plus que lorsque la librairie était dans l'immeuble de la rue Saint-Jacques. En effet, en 1961-1962, les ventes au comptant avaient été de 40 508 $, et en 1962-1963, de 35 914 $. Pourtant le quartier où se trouvait Fides jusqu'en janvier 1964 était bien plus animé que celui où était situé le nouvel édifice. Il y avait certes beaucoup plus de passants sur les trottoirs rue Saint-Jacques que boulevard Dorchester. L'augmentation des ventes en librairie provenait sans doute du fait que le nouvel édifice était pourvu d'un vaste terrain de stationnement qui facilitait l'accès à la librairie à des gens qui venaient d'un peu partout dans la ville et de l'extérieur. » *Ibid.*, p. 40-41.

> Sans doute, ajoute-t-il, en nous basant sur les données de la sagesse humaine, nous pourrions nous demander si le temps est bien propice pour installer notre maison dans un immeuble plus vaste et qui par conséquent suppose une activité plus grande que par le passé. Certes les desseins de Dieu sont souvent mystérieux et, en ce jour plus que jamais, nous devons nous appuyer sur la foi, ce roc inébranlable sur lequel nous avons bâti notre œuvre[17].

Les soucis du moment n'empêchent pas toutefois la direction d'éprouver une légitime fierté devant cette réalisation extraordinaire. L'immeuble est inauguré le 20 mai 1964 en présence des autorités ecclésiastiques, de nombreux dignitaires et de quatre cents invités[18]. Des auteurs et des journalistes assistent à l'événement parmi lesquels on remarque Claire Martin, Olivier Maurault, Marcel Trudel, Gérard Pelletier, rédacteur en chef de *La Presse*, le chanoine Groulx, qui prend la parole au nom des auteurs ; le père Putz est également du nombre, il y représente Fides Publishers.

Dans son allocution, le père Martin reprend certains thèmes du mémoire présenté à la Commission Bouchard, il signale entre autres l'importance pour une maison de l'envergure de Fides de se doter d'une organisation moderne d'où la construction de l'immeuble du boulevard Dorchester. « Certaines gens, rappelle-t-il, nous ont hautement félicités de cette initiative, en soulignant même que nous étions la première entreprise privée, possédée par des Canadiens français, à installer son siège social sur ce grand boulevard[19]. » Le caractère symbolique de cet emplacement qui faisait la fierté de l'éditeur n'avait pas manqué de susciter la répro-

17. Extrait de l'homélie citée dans Document, n° 21, p. 26.

18. Pour l'occasion, *La Presse* du 16 mai 1964 a publié un cahier de douze pages tiré à 275 000 exemplaires grâce au concours financier de nombreux annonceurs recrutés parmi les fournisseurs et les amis de Fides. Les textes du cahier sont repris dans un numéro spécial de *Lectures*, nouv. série, vol. 10, n° 10, juin 1964, p. 249-279.

19. Paul-Aimé Martin, *Mémoire...*, 2e éd., Montréal, Fides, 1965, f. 9.

bation de ceux qui considéraient comme déplacée la manifestation de pareille opulence. D'aucuns considéraient que « réussir à ce point-là, c'était trop ! », dit aujourd'hui le père Martin. Alors que, dans la tradition anglo-protestante, la réussite matérielle est vue comme un signe de bénédiction, dans la tradition catholique, inversement, elle est toujours suspecte. Fides n'échappait pas à cette règle. Dans le mémoire présenté à la Commission Bouchard, l'éditeur avait pris d'ailleurs les devants en répondant à l'avance à ses détracteurs[20].

En 1967, le 7e étage de l'immeuble, réservé aux Pères, logeait quatre des cinq membres religieux du conseil d'administration : les pères Martin, Charland, Senécal et Brassard. « Tous quatre, écrit le père Martin, nous constituâmes une petite communauté, dont la direction était confiée au père Senécal. Au point de vue financier, nous mettions en commun les salaires que nous recevions de Fides et, à la fin de l'année, une fois toutes les dépenses payées, nous remettions ce qui nous restait à la Province canadienne des Pères de Sainte-Croix[21]. » Les autres étages, non occupés par Fides, étaient loués à des professionnels.

Cette situation presque monastique, où la petite communauté vivait en symbiose avec les activités quotidiennes de la maison, ne devait pas durer longtemps. En effet, trois ans plus tard, en 1970, le conseil d'administration décide de mettre le 7e étage en location,

---

20. « D'autres au contraire nous ont blâmés d'avoir pris cette décision parce qu'ils y décèlent le signe d'une excessive prospérité. À l'intention de ces derniers, nous tenons à rappeler que si nous construisons un nouvel immeuble c'est que celui que nous occupons actuellement est exproprié pour permettre la construction du futur palais de justice. [...] Au surplus l'immeuble que nous construisons sera financé pour une part par l'indemnité que nous recevrons du gouvernement provincial à la suite de l'expropriation et pour une autre part par les loyers que nous percevrons pour les étages qui seront mis en location. » *Ibid.*, p. 9-10.

21. Document, n° 22, p. 34.

ce qui oblige les pères, à l'exception du directeur général, à résider en dehors de l'immeuble. La décision avait été prise pour des raisons d'économie ; de meilleurs revenus locatifs devaient permettre de combler l'augmentation des dépenses de la Corporation[22].

L'année suivante, en 1971, un autre étage est mis en location. Cette fois, c'est le premier étage, réservé à l'administration, qui est touché. L'édifice coûtait encore trop cher à la Corporation. Le solde de l'emprunt hypothécaire contracté en 1965 auprès de la Société de fiducie du Québec s'élevait à plus d'un million de

22. « L'année précédente, au cours de l'échange de vues sur le sujet, écrit le père Martin, je déclarai que je ne saurais donner mon consentement à cette mesure, sans beaucoup de regret. J'avais, en effet, toujours trouvé avantageux que les pères en obédience à Fides demeurent sur place, tout comme, à Paris, les dominicains travaillant aux Éditions du Cerf résidaient dans l'immeuble de la maison d'édition. Il en était de même pour les Assomptionnistes qui se dévouaient à la Bonne Presse. Je me rendais bien compte, par ailleurs, que les choses avaient changé depuis que les plans de l'édifice avaient été établis, en 1962. À ce moment-là, les pères affectés à Fides ne recevaient pas de salaire et il était normal que l'œuvre voit à les loger. Depuis 1967, toutefois, les pères étaient rémunérés et, en conséquence, payaient un loyer pour les locaux qu'ils occupaient. Cette façon de procéder amenait Fides à souhaiter retirer un revenu plus considérable des locaux occupés par les pères ; elle amenait aussi ces derniers à se demander s'ils ne pourraient pas se loger ailleurs d'une façon plus économique. [...] Finalement, le 5 février 1970, le conseil d'administration résolut de mettre en location le 7e étage de l'édifice. Cette décision entraînait non seulement la disparition de la résidence des pères, mais aussi celle de la chapelle et du grand salon. Toutefois, cela ne nous inquiétait pas trop, mes collègues et moi-même. Il était en effet possible d'aménager une petite chapelle au 6e étage de l'édifice. Quant aux réceptions, nous pensions pouvoir les donner, sans problème, dans la salle de conseil, au 6e étage également. Nous devions cependant constater dans la suite que, si cette salle convenait habituellement, elle était vraiment trop petite dans bien des cas. Le 7e étage fut loué par un groupe de radiologistes exerçant leur profession sous le nom de Vallée et associés. » Document, n° 23, p. 40-41.

dollars. L'administration avait réussi à réduire, cette année-là, le montant à 700 000 $ avec les revenus de la vente de l'imprimerie et un prêt de 200 000 $ consenti par la province canadienne des Pères de Sainte-Croix[23].

L'apport des nouveaux revenus locatifs se fait sentir dès le rapport financier de l'année 1971-1972 qui enregistrera un léger surplus après trois années de déficits successifs[24]. Mais ce bilan positif est de courte durée puisque, au cours des années suivantes, les déficits de l'immeuble continuent à peser sur des bilans qui redeviennent déficitaires. Pour faire baisser les coûts d'emprunt qui sont en hausse, au moment de renouveler l'hypothèque de l'immeuble, la Corporation décide de s'adresser à nouveau à la Congrégation de Sainte-Croix qui devient dès lors le principal créancier de l'entreprise.

Ainsi chaque année, en plus des nombreux tracas financiers occasionnés par la gestion de l'immeuble, la superficie occupée par la maison d'édition dans son propre édifice ne cesse de se rétrécir. Au moment de l'ouverture, en 1964, Fides occupait 66 % de l'espace disponible ; en 1974, ce taux d'occupation tombait à 38 %, et en 1976, il sera de 27,5 %. Cette nouvelle réalité, ajoutée aux déficits à répétition, amène la direction à envisager la vente de l'immeuble. Cette solution apparaît d'autant plus réalisable que, depuis quelque temps, un groupe de médecins, représentés par l'un des locataires, se montrent très intéressés par l'acquisition de la propriété.

> Mes collègues et moi-même, écrit le père Martin, hésitions pour de multiples raisons, à vendre l'édifice. Les revenus provenant des locataires augmentaient d'année en année, si bien qu'on pouvait prévoir qu'un temps viendrait où il ne nous en coûterait pas tellement cher pour y être logés. De plus, nous trouvions que l'édifice

23. Document, n° 24, p. 20.
24. Voir l'Annexe A.

était très bien situé. On pouvait déjà le dire en 1964, mais cela était encore plus vrai depuis l'inauguration du métro et de l'autoroute Ville-Marie, l'ouverture du complexe Desjardins et le début de la construction des immeubles de l'Université du Québec. Nous pensions enfin que par sa situation et son architecture l'édifice Fides était un édifice de prestige et que c'était pour une part à cause de lui qu'on considérait Fides comme une maison puissante et stable. Par ailleurs nous ne pouvions pas oublier que nous manquions toujours énormément de liquidités et qu'il serait bien avantageux de réaliser l'énorme montant d'argent investi dans l'édifice. Lors d'une réunion du conseil d'administration tenue le 21 septembre 1972, nous prîmes donc la décision de continuer les pourparlers avec les médecins. En cas de vente, nous songions à demeurer dans l'édifice en y louant les locaux que nous occupions[25].

Plutôt que de vendre l'édifice en entier, le conseil d'administration opte pour la copropriété où chacun pourrait être propriétaire des locaux qu'il occupe. Après plusieurs mois de pourparlers, les médecins refusent l'offre parce qu'ils sont intéressés d'abord par l'achat de l'immeuble entier. Ils font une contre-offre qui est à son tour refusée par Fides qui la juge insuffisante. Entretemps, pour augmenter la rentabilité de l'édifice, le conseil gruge encore sur l'espace réservé à la maison et met en location le grand local du rez-de-chaussée occupé jusque-là par la librairie qui, en août 1975, doit s'installer au sous-sol.

* * *

Pendant qu'à l'extérieur, aux yeux du public, Fides connaît des années fastes — la maison est, à cette époque, au premier rang du Canada français quant au nombre de titres publiés —, à l'intérieur, la gestion financière est devenue plus complexe et plus difficile, du fait des nombreux problèmes liés au financement de l'immeuble

25. Document, n° 25, p. 36.

venant s'ajouter aux déficits des librairies et à la crise des périodiques, de *L'Élève* en particulier, auxquels se trouve lié le sort de l'imprimerie. La phase d'expansion rapide des années 1950 est bel et bien terminée. Il s'agit maintenant de préserver les acquis et de rationaliser les opérations en faisant des choix destinés à consolider les secteurs les plus viables et ceux qui constituent la raison d'être de l'entreprise. La direction ne peut plus tout entreprendre comme autrefois. Avec le temps, il était devenu impossible de faire face à la concurrence dans des domaines spécialisés comme l'imprimerie et la librairie.

Le démantèlement du réseau de librairies et la vente de l'imprimerie permettent à l'éditeur de se concentrer désormais sur sa vocation initiale et de se repositionner dans un champ de production en pleine mutation. Quant à l'édifice du boulevard Dorchester, il demeurera malgré tout durant plusieurs années, même après avoir été vendu et jusqu'au déménagement rue Decelles en 1982, le symbole d'une continuité et d'une solidité éditoriale à toute épreuve.

CHAPITRE XI

UN RETOUR AUX SOURCES

Sur le plan de l'édition littéraire, alors que Fides vient d'aménager dans son nouvel immeuble, les collections patrimoniales sont en demande plus que jamais. Ce secteur connaît une croissance sans précédent au milieu des années 1960. La maison se concentre sur l'édition des classiques québécois, la publication de monographies historiques et d'ouvrages de référence, et laisse de plus en plus aux jeunes éditeurs de la Révolution tranquille le soin de lancer des nouveautés littéraires. À cet égard, Fides se montre fidèle à sa mission initiale en produisant des instruments destinés à soutenir la lecture. L'éditeur sent maintenant le besoin de consolider les acquis et d'exploiter un fonds riche de plus de mille titres. La création de « La Gerbe d'or » à la fin des années 1950 et de « Voix québécoises » au milieu des années 1970 comptent parmi les derniers efforts de la maison pour faire connaître des œuvres nouvelles alors que les collections consacrées aux études littéraires et à l'histoire se multiplient.

La collection « La Gerbe d'or »

Fides, qui obtient de réels succès avec les collections patrimoniales, n'enregistre pas de résultats aussi spectaculaires avec ses collections de nouveautés. Et pour cause: les auteurs retenus sont déjà de vieux routiers, en fin de carrière, qui n'offrent plus la surprise de l'inédit. Dans les années 1940, Fides avait réussi à recruter des auteurs au goût du public comme Félix-Antoine Savard et Félix Leclerc, mais en 1960 le recrutement des jeunes auteurs s'avère moins facile. L'éditeur éprouve quelques difficultés à trouver de nouveaux écrivains capables de répondre à ses objectifs. Lorsqu'il reçoit le manuscrit du premier roman de Jean-Paul Pinsonneault, *Le Mauvais Pain*, en septembre 1956, l'éditeur croit avoir trouvé une relève à sa mesure et décide de lancer une collection de romans sous le nom de « La Gerbe d'or », établie sur le modèle de la « Collection du Nénuphar ». Malgré l'intention initiale, ce sont cependant les œuvres d'auteurs déjà « nénupharisés » qui seront mis en vedette. Sur onze titres publiés dans la collection, six proviendront d'auteurs déjà édités par Luc Lacourcière. On y retrouve deux romans de Marie Le Franc, la trilogie de Léo-Paul Desrosiers intitulée *Vous qui passez* et la nouvelle édition d'*Élise Velder*, roman de Robert Choquette qui devait donner le coup d'envoi de la série.

> L'ouvrage de Choquette, écrit le père Martin, était tiré d'un programme radiophonique intitulé « La Pension Velder » qui avait connu un très grand succès sur les ondes de Radio-Canada, de 1938 à 1942. Il était publié au moment où « La Pension Velder » faisait l'objet d'une émission de télévision qui suscitait également l'engouement du public. L'émission radiophonique avait donné lieu à un texte publié, en 1941, aux Éditions Bernard Valiquette, sous le titre *Les Velder*. Robert Choquette n'était pas satisfait de ce texte auquel il n'avait pas pu consacrer beaucoup de temps. Il le retravailla donc au cours des années ; il restreignit les dialogues, laissa une plus

grande part à la narration, et en fit un vrai roman qu'il intitula *Élise Velder*[1].

Avec la publication de ce roman largement médiatisé, écrit par un auteur confirmé, l'éditeur mise sur une valeur sûre, mais en même temps le message qu'il envoie à la communauté littéraire est plutôt conservateur.

Dans cette collection, trois titres seulement connaissent un certain succès. D'abord *Élise Velder,* tiré à 5000 exemplaires, s'écoule rapidement ; un an après sa parution, il faut le réimprimer à 3000. Ensuite *L'Enfance marine* de Marie Le Franc, tiré à 1500 en 1959, est réimprimé à 2000 en 1961. Toutefois c'est *Le Ru d'Ikoué* d'Yves Thériault, l'auteur le plus moderne de la série, qui connaît la plus grande diffusion ; lancé à 2700 exemplaires en 1963, il est réédité à quatre reprises et atteint un tirage de 15 700 copies en 1979. À l'inverse, les romans de Desrosiers ne se vendent pas ; la trilogie de *Vous qui passez* est un échec commercial et doit être soldée peu d'années après son lancement.

Le « Club des deux livres », créé en 1952, représentait un débouché pour la collection[2]. À l'instar du Cercle du livre de France et de l'Institut littéraire du Québec, Fides utilisait ce moyen pour diffuser ses nouveautés. La maison distribuait ainsi ses propres livres et ceux de ses compétiteurs dans le mesure où ils étaient conformes aux principes moraux qui caractérisaient la production de l'éditeur. En 1952 et 1953, la moitié des sélections distribuées par le club étaient produites par Fides. À la fin des années 1950, les clubs avaient un peu perdu de leur attrait du fait de l'augmentation du prix du livre. En 1958, le « Club canadien du livre »

1. Document, n° 19, p. 4.

2. Le succès rapide de la formule, avec 500 abonnés dès la première année, avait même amené l'année suivante la création du « Club du livre des jeunes ». Voir Rita Leclerc, « Le Club des deux livres », *Lectures,* nouv. série, vol. 2, n° 10, janvier 1956, p. 73.

avait remplacé le « Club des deux livres » pour résoudre ce problème. Au lieu d'offrir deux sélections pour le prix d'une seule, le « Club canadien » offrait un livre relié pour le prix de l'exemplaire broché et ajoutait une prime à l'achat de quatre sélections mensuelles. La nouvelle formule visait à perpétuer un mode de distribution qui était pratique pour atteindre les lecteurs qui n'avaient pas facilement accès à la librairie. Malgré ces changements, il était difficile de rentabiliser un commerce qui exigeait beaucoup de ressources. La création d'un nouveau club n'avait pas pu arrêter la baisse des abonnements.

> En ce qui concerne le nombre des abonnés, écrit le père Martin, il ne fut jamais considérable, et il avait tendance à baisser ; il continua malheureusement de diminuer avec la nouvelle formule. Le « Club des deux livres du mois » comptait, en mars 1956, 930 abonnés dont 703 avaient accepté la sélection offerte ou les substituts. En août 1958, le « Club canadien du livre » avait 715 abonnés et 261 seulement avaient accepté la sélection ; en mars 1961, il ne restait que 384 abonnés dont 125 avaient accepté la sélection. C'était trop peu pour que nous puissions poursuivre une telle initiative, et bien à regret nous dûmes y mettre fin en avril suivant[3].

Plusieurs titres du « Nénuphar » avaient été distribués par ce moyen, de même que certains ouvrages de « La Gerbe d'or ». La qualité matérielle de ces collections en faisait des livres attrayants pour les abonnés. Mais au moment où les volumes de « La Gerbe d'or » étaient devenus des sélections du mois, le club, déjà en perte de vitesse, n'affichait plus de résultats très satisfaisants.

Au début de la Révolution tranquille, la production de nouvelles maisons d'éditions comme les Éditions du Jour et les Éditions HMH qui lançaient de jeunes écrivains et des essayistes, attirait davantage l'attention de la critique et des médias et faisait

3. Document, n° 19, p. 4. Pour les mêmes raisons, trois ans plus tôt, le « Club du livre des jeunes » avait dû, lui aussi, cesser ses activités.

de l'ombre à « La Gerbe d'or » et aux clubs en général qui n'avaient pas su renouveler leur offre. Fides, durant ces années, ne recrutera plus de nouveaux écrivains. En fait, la maison ne se reconnaît plus dans la nouvelle génération qui adhère à des valeurs qui sont souvent aux antipodes de ses positions littéraires et religieuses. La direction est ainsi amenée à jouer de prudence et à se replier sur le groupe d'écrivains qui a fait sa réputation dans les décennies précédentes.

> Nos relations se passaient plutôt avec un certain groupe d'auteurs qui n'étaient pas les jeunes auteurs, nous dit le père Martin. À un moment donné, l'orientation de la littérature ne nous plaisait pas plus que ça... Par exemple, on a édité quelques livres de Thériault, mais on ne les aurait pas tous édités, c'est certain ! Cela ne nous convenait pas. On a toujours considéré que la forme littéraire c'était une chose, mais le contenu aussi ça nous importait. On se sentait plus à l'aise avec les romanciers plus anciens comme Desrosiers, Guèvremont, Savard... C'est pour cela que nous avons délaissé les jeunes auteurs[4].

Avec une préférence pour les écrivains de la maison, la collection, malgré quelques succès, n'arrivera donc pas à s'imposer et disparaîtra en 1965 après une dizaine de titres seulement[5]. Cet échec relatif amènera d'ailleurs l'éditeur à revoir ses priorités dans le domaine littéraire.

---

4. Transcription de la 15e entrevue avec le père Paul-Aimé Martin, 1er mars 1996, archives personnelles de Jacques Michon.

5. Outre ceux déjà mentionnés, « La Gerbe d'or » comprend également *La Seigneuresse* de Robert de Roquebrune, *Enfance marine* et *Pêcheurs de Gaspésie* de Marie Le Franc, *La Montagne d'hiver* de Michelle Le Normand et *Dans le Muskeg* de Marguerite A. Primeau.

Le recul de l'édition « purement littéraire »

Lors des célébrations du 25e anniversaire en 1962, la direction en profite pour faire connaître ses orientations et annoncer son intention de quitter « le domaine de l'édition purement littéraire[6] ». *Le Devoir* rend compte de cette décision dans un article qui résume la position de l'éditeur :

> Ce que je veux souligner aujourd'hui, écrit Jean Hamelin, c'est l'apport de Fides à l'édition canadienne-française pendant un quart de siècle. Je n'ai pas besoin de consulter les rayons d'une bibliothèque pour savoir, de mémoire, que plusieurs de nos écrivains y ont été accueillis et publiés [...]. La « Collection du Nénuphar » de Fides est, à cet égard, probablement une des plus belles choses qui se soient faites dans le domaine de l'édition au Canada français. Cependant d'autres maisons d'édition sont venues, où l'œuvre d'imagination, l'œuvre littéraire sont également soignées. Fides n'est donc plus seule sur la brèche et après vingt-cinq ans d'activité, la maison a décidé de procéder à une nouvelle orientation de sa politique. Aussi envisage-t-on à l'avenir de revenir à certaines des formules qui étaient celles de la fondation, pour abandonner peu à peu le domaine strictement littéraire[7].

Ce retour aux sources signifie surtout un repli sur les collections de classiques contemporains et la mise en valeur des publications destinées à en favoriser la lecture. « L'aspect étude critique d'une œuvre ou d'un auteur canadien, lit-on encore dans *Le Devoir*, sera particulièrement soigné[8]. »

Ce changement coïncide également avec le départ de Clément Saint-Germain qui est remplacé par Jean-Paul Pinsonneault, la

6. J. H. [Jean Hamelin], « Fides quittera le domaine de l'édition purement littéraire », *Le Devoir*, 29 septembre 1962, p. 15.

7. *Ibid.*

8. *Ibid.*

recrue de « La Gerbe d'or ». Diplômé du Collège de Saint-Laurent, le nouveau directeur littéraire connaît bien la Congrégation de Sainte-Croix et les usages de Fides puisqu'il a été rédacteur à *Mes Fiches* en 1949 et 1950 et rédacteur en chef de *Lectures* de 1951 à 1954. Chez Fides, Pinsonneault est d'abord mobilisé pour la mise en valeur des collections patrimoniales (« Nénuphar », « Bibliothèque canadienne-française ») et le lancement de collections de critique et d'études littéraires[9]. Sous sa direction, Fides continuera à publier quelques nouveautés littéraires ; il réussira même à faire accepter le projet de « Voix québécoises », une collection de poésie « destinée à accueillir des œuvres poétiques d'auteurs qui en étaient à leurs débuts, ou presque[10] ». La collection publie *Poèmes* (1972) et *Notre royaume est de promesses* (1974) de Marie José Thériault, *Glaciel* (1974), *De pierres des champs* (1976) et *Autres fleurs de gel* (1978) de Camille Laverdière, *Pour qui chantent les fontaines* (1972) et *Le Jour incendié* (1974) de Marcel Sabella ainsi qu'un recueil de Raymond Lévesque, *Le Temps de parler* (1977). Tous ces ouvrages sont tirés à moins de 1000 exemplaires. C'est un premier contact avec une nouvelle génération d'écrivains. Mais ce sera l'unique expérience en ce domaine au cours des années 1970 alors qu'on assiste à l'essor de nouveaux projets éditoriaux axés surtout sur l'exploitation du patrimoine littéraire.

Transformation et disparition de *Lectures* et de *Mes Fiches*

Au milieu des années 1960, l'essor de la littérature québécoise dans la production des nouveaux éditeurs et le regain d'intérêt pour les

9. Jean-Paul Pinsonneault ne profite pas de sa position de directeur littéraire pour faire paraître ses autres romans chez Fides ; *Jérôme Aquin*, *Les Abîmes de l'aube* et *Les Terres sèches* seront publiés aux Éditions Beauchemin.

10. Document, n° 25, p. 2.

œuvres du passé amènent aussi une révision de la mission et du contenu des revues littéraires de la maison. Si *Mes Fiches* et *Lectures* s'avèrent encore à l'époque des véhicules importants pour la promotion de l'idéologie de l'éditeur, elles ne sont plus tout à fait adéquates pour rendre compte d'une production littéraire en expansion. Des changements et une réforme s'imposent. Après plusieurs mutations depuis 1946, la revue *Lectures* subit d'autres importantes modifications en 1959. La direction, toujours à la recherche d'une formule pouvant rendre la publication rentable, effectue une nouvelle toilette et double le nombre de pages :

> La nouvelle formule fut très bien accueillie du public, écrit le père Martin ; le nombre des abonnés, qui n'était que de 700 en septembre 1959, passa à 1300 en juin 1960. Il continua par la suite d'augmenter, et durant l'année 1962-63 le tirage de la revue était de 3100 exemplaires, soit à peu près le même que celui du premier numéro en septembre 1946. Mais la revue était quand même largement déficitaire[11].

Même avec l'augmentation du nombre de collaborateurs et du volume de la publication, la mission initiale du périodique s'avère de plus en plus difficile à remplir. Sous la direction du père Roland Charland, c.s.c, qui prend la relève du père Martin en novembre 1964, la publication des cotes morales est abandonnée[12]. Malgré cela, la tâche demeure encore trop lourde et la direction décide de mettre fin à la publication en 1966. La revue *Mes Fiches* suivra la même évolution. Deux nouvelles séries mieux adaptées aux nouveaux besoins seront proposées aux lecteurs.

C'est ainsi que dans le dernier numéro de la revue, en juin 1966, le directeur de *Lectures* annonce la création de deux nou-

---

11. Document, n° 13, p. 11.

12. Avant que les publications françaises du même genre, *Notes bibliographiques* et *Livres et lectures*, ne fassent la même chose, fait remarquer le père Martin, Document, n° 13, p. 12.

velles publications, les « Dossiers de documentation sur la littérature canadienne » et les « Fiches bibliographiques de littérature canadienne »[13].

> La revue *Lectures* avait publié au début de l'année, raconte le père Martin, un numéro double entièrement consacré à Mgr Félix-Antoine Savard. Ce numéro avait été préparé par le directeur de la revue, le père Charland, et le rédacteur, M. Jean-Noël Samson. Il fut si bien accueilli par la critique et le milieu étudiant que, lors de la réunion tenue le 28 avril 1966, le conseil d'administration décida de lancer, sur les écrivains canadiens, une collection de documents de travail dont la matière ressemblerait à celle de ce numéro, mais serait présentée sous forme de fascicules inclus dans un dossier. Le conseil confia la direction de la collection au père Charland et l'autorisa à s'assurer de la collaboration de M. Samson. Chaque dossier devait porter, en plus du nom de l'écrivain étudié, la mention « Document de littérature canadienne ». Plus tard il fut décidé que la collection serait plutôt intitulée : « Dossiers de documentation sur la littérature canadienne-française ». Les deux premiers dossiers parurent en 1967. Ils étaient consacrés à Gabrielle Roy et à Félix Leclerc ; ils avaient été préparés par le père Charland et M. Samson. Sept autres dossiers devaient paraître dans la collection. Le dernier fut publié en 1973 ; il était consacré à Claude Jasmin. [...] Les « Fiches bibliographiques de littérature canadienne » succédaient à *Mes Fiches* et conservaient le format et la présentation qui avaient été adoptés pour la revue en septembre 1965. Chacun des dix numéros de l'année 1966-1967 présentait 23 fiches destinées à renseigner le public sur le thème et la valeur d'œuvres parues récemment au Canada français. La rédaction était assurée par une équipe dirigée par M. Jean-Paul Pinsonneault[14].

Après deux ans de parution indépendante, les « Fiches » seront intégrées à *L'Église canadienne* avant de disparaître complètement

13. Roland Charland, « Une de perdue, deux de retrouvées », *Lectures*, nouv. série, vol. 12, n°s 9-10, mai-juin 1966, p. 230.

14. Document, n° 22, p. 13-15.

en 1973. La publication était devenue moins nécessaire depuis que l'Office des communications sociales avait pris la relève avec une revue de comptes rendus intitulée *Le Livre canadien* en 1970, qui deviendra *Nos Livres* en 1977 et qui cessera de paraître à son tour en 1988. La revue *Lettres québécoises*, créée par Adrien Thério en 1975, qui remplissait un rôle similaire, était alors en plein essor avec l'aide du ministère des Affaires culturelles du Québec, du Conseil des Arts du Canada et la collaboration de jeunes universitaires qui avaient fait pâlir leurs concurrentes, encore dominées par un discours moral suranné.

Alors qu'elle met fin à ses publications périodiques, Fides consacre une grande partie de ses énergies au lancement de nouvelles collections d'études québécoises et à l'élaboration de grands projets éditoriaux. Dans la catégorie des études, de 1963 à 1967, la maison inaugure trois collections, « Écrivains canadiens d'aujourd'hui », « Archives des lettres canadiennes » et « Études littéraires ».

Sur le modèle des « Écrivains de toujours » des Éditions du Seuil, la collection « Écrivains canadiens d'aujourd'hui » est consacrée à la présentation des auteurs et de leurs œuvres suivie de morceaux choisis[15]. Les écrivains de Fides y sont bien représentés : Nelligan, Savard, Desrosiers, Guèvremont, Ringuet et Grandbois. À ceux-là, viennent s'ajouter Anne Hébert, Rina Lasnier, Robert Élie, Robert Charbonneau, Marcel Dubé et Gabrielle Roy qui font ainsi une première entrée chez l'éditeur. La série, qui comprend douze volumes, est composée avec l'aide des écrivains eux-mêmes qui participent à la sélection des textes. Pour un auteur comme Rina Lasnier, ce sera d'ailleurs le début d'une nouvelle collaboration. Elle participera, entre autres, à la petite anthologie sonore intitulée « Écrivains du Québec », une série lancée en 1969 pour

15. Formé le 29 mars 1962, le comité de direction de la collection était composé de quatre personnes, Micheline Dumont, Romain Légaré, o.f.m., Jacques Brault et Jean Ménard.

faire connaître les auteurs québécois par le truchement du disque[16].

Les « Archives des lettres canadiennes », lancées par les Éditions de l'Université d'Ottawa en 1961 avec la collaboration du Centre de recherches de littérature canadienne-française[17], sont reprises par Fides dès leur deuxième publication. La série, placée sous la direction du centre d'Ottawa, regroupe des études universitaires consacrées à des mouvements (Mouvement littéraire de Québec, École littéraire de Montréal, *Le Nigog*) et à de grandes séries historiques (roman, poésie, théâtre, essai). Les « Études littéraires », quant à elles, regroupent des monographies spécialisées, souvent issues de thèses et de mémoires universitaires, consacrées à des auteurs français (Baudelaire, Claudel) ou québécois (Leclerc, Savard), deux titres étant aussi consacrés au théâtre québécois.

Si les années 1960 sont marquées par le lancement de collections monographiques, les années 1970 et 1980 se distinguent par le lancement de grands projets éditoriaux, comme le *Dictionnaire pratique des auteurs québécois*, le *Dictionnaire des œuvres littéraires du Québec* et l'*Encyclopédie de la musique au Canada,* qui vont confirmer et couronner les efforts de l'éditeur dans le domaine des ouvrages de référence.

Le 15 mai 1971, le père Martin rencontre Paul Wyczynski à Ottawa pour lui proposer la publication d'un dictionnaire des auteurs québécois.

> Les professeurs, les étudiants, les bibliothécaires, les chercheurs, et bien d'autres encore, écrit le père Martin, avaient besoin d'un tel ouvrage de référence et il était plus que temps, me semblait-il, de combler ce besoin. J'étais par ailleurs persuadé que M. Wyczynski

16. Quatre disques seront lancés, consacrés aux oeuvres de Rina Lasnier, Robert de Roquebrune, Félix-Antoine Savard et Robert Choquette. Ils seront tirés à 800 exemplaires; voir le Tableau III du Chapitre VI.

17. Connu, depuis 1969, sous le nom de Centre de recherche en civilisation canadienne-française, désigné désormais sous le sigle CRCCF.

avait tout ce qu'il fallait pour entreprendre la préparation du dictionnaire auquel je pensais. M. Wyczynski se montra intéressé par ma proposition et, vu l'ampleur du travail à accomplir, il s'assura la collaboration de M. John Hare, professeur au Département des lettres françaises de l'Université d'Ottawa[18].

Trois ans plus tard, Réginald Hamel se joint à l'équipe. Le *Dictionnaire pratique des auteurs québécois* paraît en 1976. Tiré à 10 000 exemplaires, il figure « durant plusieurs semaines sous la rubrique des "best-sellers" du journal *La Presse*[19] », phénomène exceptionnel pour cette catégorie d'ouvrages. À l'époque où s'élabore le dictionnaire des auteurs, en novembre 1973, Maurice Lemire de l'Université Laval approche Fides pour l'édition du *Dictionnaire des œuvres littéraires du Québec.* Après un détour aux Presses de l'Université Laval et aux Éditions La Presse qui démontrent également de l'intérêt pour le projet, le manuscrit revient chez Fides qui assume la publication des cinq volumes initialement prévus, de 1978 à 1987. Enfin, c'est encore en 1973 que Fides se montre intéressé par la publication de l'édition française de l'*Encyclopédie de la musique au Canada*, dirigée par Helmut Kallmann, Gilles Potvin et Kenneth Winters, qui paraîtra en 1983.

À la même époque, le père Martin s'arrête aussi à d'autres grands projets. Il lance l'idée d'un dictionnaire d'histoire du Canada, mais qui ne verra pas le jour. Il participe au programme des « grandes éditions » mis de l'avant lors d'un colloque organisé par le CRCCF en février 1976 et qui est à l'origine de la « Bibliothèque du Nouveau Monde » publiée par Les Presses de l'Université de Montréal depuis 1986. En 1975, il innove en lançant la collection des « Archives québécoises de la radio et de la télévision », dirigée par Renée Legris et Pierre Pagé. Au cours des

18. Document, nº 24, p. 26.
19. Document, nº 26, p. 47.

années 1960, Fides avait également lancé de grandes collections historiques qui continuent à se propager dans les années 1970.

LES COLLECTIONS HISTORIQUES

L'histoire et la littérature sont intimement liées dans les collections de la maison d'édition. Comme nous l'avons vu au chapitre VI, la « Collection du Nénuphar », les « Classiques canadiens » et la « Bibliothèque canadienne-française » publient côte à côte des

TABLEAU VII

Collections historiques, 1945-1978[20]

Collections	*Années de publication*	*Nombre de titres*	*Tirage global*
L'Hermine	1945-1949	7	n. d.
Histoire du Canada par les textes	1952-1963	3	135 000
Fleur de lys	1955-1976	19	70 200
Histoire de la province de Québec	1956-1980	30	50 300
Histoire de la Nouvelle-France	1963-1971	3	13 300
Histoire du Canada (*Mes Fiches*)	1964-1968	3	7 000
Histoire économique et sociale du Canada français	1966-1975	7	21 600
Histoire religieuse du Canada	1968-1977	4	7 000
Les Dossiers d'histoire du Canada	1969-1970	3	n. d.
Vies canadiennes	1972-1977	9	17 000
Total		**88**	

Source: ACEF, compilation de Jacques Michon.

20. Seules les collections contenant trois titres et plus ont été retenues ici. À moins d'indication contraire, la compilation s'arrête à 1978 même si certaines collections ont continué à s'enrichir après cette date et même si certains titres ont connu de nouveaux tirages

textes et des travaux d'historiens et d'écrivains. Aux yeux des directeurs de ces collections, Félix-Antoine Savard, Luc Lacourcière et Benoît Lacroix, la littérature est indissociable de l'histoire culturelle et sociale qui lui donne son sens. Dans le « Nénuphar », le roman historique et l'histoire sont bien représentés avec des auteurs comme Léo-Paul Desrosiers, Napoléon Bourassa et Guy Frégault, sans parler de la plupart des romans et des récits réédités dans cette collection qui constituent autant d'illustrations de la vie et des mœurs de la société traditionnelle canadienne-française qui ont en même temps une valeur documentaire et ethnographique.

Les travaux scientifiques occupent aussi une grande place au catalogue de Fides. Dans une allocution qu'il prononçait en 1987, à l'occasion de la réception de la médaille de la Société historique de Montréal, le père Martin faisait remarquer que :

> [...] l'œuvre accomplie par Fides dans le domaine de l'histoire s'inscrit dans notre souci de recherche et de promotion de l'humanisme intégral. Certes le domaine religieux venait en premier lieu dans nos préoccupations. « Mais, [disait-il], nous ne voulions pas pour autant négliger les valeurs de culture et de civilisation qui sont des éléments constitutifs de l'humanisme et dont les points de convergence avec la foi chrétienne sont si nombreux. » Or il est indéniable que, dans la mise en lumière de ces valeurs de culture et de civilisation, l'histoire occupe une place de choix[21].

C'est au cours des années 1960 que Fides crée le plus de collections nouvelles (voir Tableau VII). La plus prestigieuse, la collection « Fleur de lys », créée en 1955 et dirigée par Marcel Trudel et Guy Frégault[22], s'enrichit surtout après 1960 de onze titres sur dix-neuf. Successivement, de 1963 à 1969, Fides lance cinq collections dont « Histoire de la Nouvelle-France » qui publie

21. Document, n° 17, p. 26.
22. Ce dernier est remplacé par Lucien Campeau, s.j., en 1965.

les travaux de Trudel et Frégault, « Histoire économique et sociale du Canada français » qui fait connaître une nouvelle facette de la discipline et « Les Dossiers d'histoire du Canada », dirigés par l'équipe du *Boréal Express* dont Fides distribue les publications à partir de 1967.

Dans un texte en hommage à Fides, Marcel Trudel faisait cette remarque : « C'est le grand mérite de Fides, mérite déjà ancien, d'avoir, malgré les difficultés du marché, publié des ouvrages fort sérieux, lourdement bardés de références et de bibliographie, réservés à un petit nombre de lecteurs et de peu de rapport. Fides a été, au Canada français, le premier à tenir lieu, en fait, de presses universitaires[23] [...] », ajoutait-il.

Fides avait également recruté, en 1955, deux grands historiens du Canada français, Lionel Groulx qui quittait ainsi son principal éditeur depuis les années 1930, Granger Frères, et Robert Rumilly qui poursuivait la publication de sa monumentale *Histoire de la province de Québec* en 41 volumes, dont le premier titre avait été publié chez Bernard Valiquette en 1940. La maison était aussi ouverte aux nouveaux courants historiques et aux travaux de la nouvelle génération. Après avoir distribué le *Boréal express*, Fides deviendra en 1972 le distributeur exclusif de la maison d'édition du même nom. D'autres ouvrages seront plus directement conçus pour le marché scolaire, comme les trois volumes réunissant les synthèses historiques de *Mes Fiches* et l'*Histoire du Canada par les textes* de Michel Brunet, Guy Frégault et Marcel Trudel, laquelle atteindra des tirages impressionnants (voir Tableau VII).

* * *

23. Marcel TRUDEL, « Une œuvre date dans la mesure où elle répond à un milieu », *Lectures*, nouv. série, vol. 10, n° 10, juin 1964, p. 257.

Ainsi, au cours des décennies 1960 et 1970, la maison d'édition s'est surtout employée à lancer des collections et des ouvrages destinés à soutenir l'enseignement et l'étude de l'histoire et de la littérature. La marginalisation de la production de nouveautés littéraires et la disparition de *Lectures* signifiaient une plus grande concentration sur les collections à caractère pédagogique et scientifique et, jusqu'à un certain point, un retour à ce qui avait fait à ses débuts la force de *Mes Fiches,* soit la production d'outils pour la lecture. Alors que les périodiques de Fides visaient à orienter les lecteurs vers les bons livres provenant de tous les horizons, les nouvelles séries étaient surtout vouées à la promotion des auteurs et des œuvres canadiennes. Pour élaborer ses projets et ses publications, la direction suivait aussi de près le développement des études savantes, allant recruter ses collaborateurs parmi les chercheurs des universités et jouant dans certains cas le rôle de presses universitaires.

Dans le contexte d'une Révolution tranquille qui bousculait les idées reçues et renversait les cadres esthétiques établis, Fides avait compris que sa force se situait du côté de la promotion de l'histoire et du patrimoine littéraire, revalorisés dans les années 1960 par l'enseignement et par un public qui redécouvrait son passé. « S'adapter au présent pour que l'œuvre dure dans l'avenir[24] », avait déclaré le père Martin au moment de l'inauguration de l'immeuble du boulevard Dorchester. C'est la consigne qui pouvait chapeauter la nouvelle orientation éditoriale de la maison. Elle se reflétera aussi dans l'évolution générale des collections pour la jeunesse et des collections religieuses, comme nous le verrons dans les deux prochains chapitres.

---

24. Paul-Aimé MARTIN, « S'adapter au présent pour que l'œuvre dure dans l'avenir », *Lectures*, nouv. série, vol. 10, nº 10, juin 1964, p. 277.

CHAPITRE XII

COLLECTIONS POUR LA JEUNESSE

Les liens étroits que Fides entretenait avec la JEC depuis sa fondation en faisaient l'éditeur tout indiqué pour les ouvrages issus de ce mouvement. Une grande partie de cette production centrée sur l'éducation des jeunes comprenait aussi des ouvrages de fiction. En fait, le quart des livres édités par Fides, de 1941 à 1963, peut être classé dans cette catégorie. De 1941 à 1945, la maison commence par diffuser et rééditer certains titres extraits de collections importées, de Gautier-Languereau et des Éditions du Clocher (voir Tableau VIII), auxquels viennent bientôt s'ajouter des productions locales issues de la JEC et du mouvement scout, signées par Alec Leduc, Pauline Lamy, Ambroise Lafortune et Guy Boulizon. Certains de ces auteurs se font connaître dans le journal *François*, publication de la JEC lancée avec l'aide de Fides en 1943. Ainsi sont créés la « Bibliothèque de François », les « Albums de François » et les collections « Alfred » et « Contes et aventures ».

En 1944, la publication de *Hérauts* établit la notoriété de Fides dans le domaine de la bande dessinée et des albums illustrés. Au fil des ans, cette seule revue donne naissance à quatre séries de publications : les « Albums Hérauts » qui réunissent régulièrement,

Tableau VIII

Collections françaises pour la jeunesse rééditées par Fides, 1942-1952

Collections	*Éditeurs*	*Années de publication*	*Nombre de pages*	*Nombre de titres réédités*
Bibliothèque de ma fille (série « Brigitte »)	Gautier-Languereau	1942-1952	64 à 350	15
Les Belles Histoires	Éditions du Clocher	1943	80	4
Mon premier roman	Éditions du Clocher	1943	80	4
Pour la jeunesse	Éditions du Clocher	1943	80	4
Les Romans missionnaires	Éditions du Clocher	1943	80	4
Bibliothèque de Suzette (série « Sir Jerry »)	Gautier-Languereau	1945	128	6
Total				37

Source: GRÉLQ, compilation de Jacques Michon.

sous une reliure de carton, des numéros de l'année écoulée; la collection « Trésor de la jeunesse », créée en 1950, qui est composée de fascicules de 32 pages constitués d'adaptations françaises de *Timeless Topix* et de récits écrits et illustrés spécialement pour la revue[1]; la collection « Albums du gai lutin », créée en 1957, qui, sur le modèle de la précédente, publie des histoires originales écrites par des auteurs canadiens; enfin *Le Petit Héraut*, une revue bimensuelle créée en 1958 et tirée à 25 000 exemplaires qui s'adresse particulièrement aux enfants de six à neuf ans. Cette dernière devient la revue *Fanchon et Jean-Lou* en 1960, bientôt remplacée par *L'Escholier* qui sera dirigé par Jean-Marie Massé et diffusé par Fides jusqu'en 1965. *Hérauts* et sa descendance vont

1. Voir Document, n° 15, p. 16.

donc alimenter une partie importante de la production enfantine de Fides. Le format de la revue (28 x 18 cm) sera aussi utilisé pour d'autres collections dont nous parlerons plus loin, comme « Jeunes intrépides », « Légendes dorées » et « Contes de Maman Fonfon ».

Au cours des années 1950, deux grandes collections pour la jeunesse s'imposeront également à l'attention du public, la « Collection Rêve et vie » et « La Grande Aventure », qui lancent en quinze ans plus de 90 ouvrages destinés aux jeunes du primaire et du secondaire. Durant la même période, viennent s'ajouter d'autres séries dont certaines qui rééditent les succès des années 1940.

La « Collection Rêve et vie »

Créée à l'automne de 1950, la « Collection Rêve et vie » veut d'abord réunir des romans et des récits de voyages. Le logo de la collection, qui représente un trois-mâts toutes voiles dehors, évoque à la fois l'aventure, l'exotisme et la vie au grand air. Au lecteur sédentaire, la série promet le rêve et le dépaysement. Jacques Hébert inaugure la collection avec *Aïcha l'Africaine, petits contes d'Afrique*, puis il y publie les trois volumes de l'*Aventure autour du monde*, intitulés respectivement, I. *L'Extrême Orient en feu*, II. *L'Inde aux mystères* et III. *L'Asie musulmane*, lancés en 1952. Dans la veine exotique viennent s'ajouter au fil des ans *Le Batelier du Gange* d'Antoinette Grégoire-Coupal, récit de la vie d'un missionnaire au Bengale, *Les Rois de la mer* de Wanda de Roussan, consacré au monde des Vikings, *Risques d'hommes* de Rolland Legault, une relation de la vie des forestiers, et *Pointe-aux-Coques*, le premier roman d'Antonine Maillet qui est une sorte de reportage romancé sur la vie traditionnelle en Acadie.

Avec le temps, c'est toutefois une littérature plus intimiste qui s'impose. Destinée aux adolescents, la collection réédite tous les livres de Félix Leclerc et de Michelle Le Normand. Les récits de ces deux auteurs vont bientôt dominer le catalogue avec plus du tiers des ouvrages. Le premier s'adresse surtout aux jeunes gens et la seconde aux jeunes filles. Leclerc avec ses fables morales et Le Normand avec ses récits centrés sur l'analyse de l'âme adolescente donneront le ton à la série[2]. Après le rêve exotique, voici donc le parcours d'une âme, le récit d'une formation, illustrés par la réédition du *Beau Risque* de François Hertel, la publication de nouveautés comme *Les Brèves Années* d'Adrien Thério, *Claire Fontaine* de Marie-France, *Le Calvaire de Monique* de Geneviève de Francheville et *Ce matin, le soleil...* de Reine Malouin, des drames sentimentaux qui mettent en scène de jeunes adultes.

À côté de ces deux courants dominants, on remarque quelques genres parallèles: des contes « canadiens », une réédition d'*En pleine terre* de Germaine Guèvremont et des contes d'Yves Thériault, *Le Vendeur d'étoiles*; dans la veine des « signes de piste », deux livres d'André Ber, *Le Mystère des trois roches* et *Le Repaire des loups gris*; enfin deux romans historiques, *Un hivernage à Stadaconé* de Georges Cerbelaud-Salagnac[3] et *Le Marchand de la Place Royale* de Pierre Benoît.

---

2. Les tirages des titres de Félix Leclerc représentent à eux seuls tout près de 40 % de tous les exemplaires réédités et réimprimés dans cette collection de 1952 à 1975, soit 122 600 exemplaires sur 310 500.

3. « Né le 19 février 1906, M. Cerbelaud-Salagnac, après des études secondaires au Lycée Rollin, à Paris, a poursuivi des études supérieures en lettres à la Sorbonne et à l'École pratique des Hautes Études, écrit le père Martin. Il a fait ensuite du journalisme. Plus tard, il s'est occupé de diverses associations et a aussi œuvré dans des maisons d'édition, notamment aux Éditions Spes et chez Téqui. Nous avons été mis en relation épistolaire avec lui par M. Roger Varin; le père André Cordeau l'a rencontré durant son séjour à Paris, en 1946. M. Cerbelaud-Salagnac est venu au Canada dès le début de l'année 1947, et il y est revenu bien des fois par la suite. En plus des dix volumes de "La Grande Aventure", il a publié à Fides une dizaine d'autres récits pour la jeunesse, dont plusieurs étaient déjà parus en France, notamment dans la célèbre collection "Signe de piste", chez Alsatia. » Document, n° 16, p. 10.

La collection comprendra plus d'une quarantaine de titres dont plus de la moitié sont constitués de rééditions. Ces dernières vont s'imposer avec leurs auteurs vedettes, Félix Leclerc et Michelle Le Normand. Le dernier titre de « Rêve et vie » paraîtra en 1964. Certains de ses titres les plus populaires, comme *Adagio* de Leclerc et *Le Vendeur d'étoiles* de Thériault (prix Camille-Roy, Salon du livre 1961), seront réimprimés jusqu'au milieu des années 1970.

« La Grande Aventure »

Destinée aux jeunes de douze à seize ans, « La Grande Aventure » est la collection qui s'apparente le plus aux séries traditionnelles de livres de récompense. Certains de ses titres semblent tirés directement du répertoire de la « Bibliothèque canadienne » de la Librairie Beauchemin ou de la « Bibliothèque de la jeunesse canadienne » de Granger Frères. On y trouve les genres les plus représentatifs de ces séries, c'est-à-dire des contes et des légendes du répertoire signés par des auteurs canadiens : Henri-Raymond Casgrain (*La Jongleuse*), Joseph-Charles Taché (*Trois Légendes de mon pays*, *L'Ilet au massacre* et *Le Sagamo de Kapskouk)*, Carmen Roy (*Contes populaires gaspésiens*) et Marie-Antoinette Grégoire-Coupal (*La Sorcière de l'îlot noir*). Dans la même veine, viennent s'ajouter des romans historiques consacrés aux héros de la Nouvelle-France, signés par Georges Cerbelaud-Salagnac dont l'apport à la collection représente le quart des titres publiés, et des récits à contenu religieux, vies de saints, scènes de la Bible et romans missionnaires. Bref, on y retrouve le lot habituel des récits passe-partout qui, comme l'affirme un critique de *Lectures*, « peuvent être offerts en livre de prix » et « faire partie de nos bibliothèques paroissiales[4] ».

4. Rodolphe Laplante, « Contes », *Lectures*, t. IX, n° 1, septembre 1952, p. 34.

Moins nombreux, mais non moins importants, les romans scouts d'Ambroise Lafortune et de Guy Boulizon, auxquels on pourrait ajouter *La Cagoule verte* de Cerbelaud-Salagnac, apportent un air de fraîcheur et de nouveauté. Ces récits qui mettent en scène de jeunes héros débrouillards et futés, engagés dans des missions secrètes, dans des poursuites rocambolesques ou dans de palpitantes chasses au trésor, suscitent davantage l'intérêt des jeunes lecteurs comme permettent de le constater les chiffres des tirages et des rééditions. Alors que les tirages de la plupart des romans historiques de cette collection plafonnent à 5000 ou 6000 exemplaires, les deux romans d'Ambroise Lafortune, *Le Prisonnier du vieux manoir* et *Le Secret de la rivière perdue*, sont réédités à plusieurs reprises et atteignent des tirages de 15 000 et 17 000 exemplaires ; le roman de Guy Boulizon, *Prisonniers des cavernes,* réédité dans l'« Alouette des jeunes » en 1960, dépasse quant à lui les 20 000 exemplaires.

Certains titres, qui font partie de genres plus traditionnels, connaissent néanmoins des tirages importants. Deux récits de Cerbelaud-Salagnac, *Aux mains des Iroquois* et *Le Canon tonne à Saint-Eustache*, atteignent chacun 21 000 exemplaires. *La Sorcière de l'îlot noir* et *Franceline* de Grégoire-Coupal sont tirés respectivement à 17 000 et 19 000 exemplaires, tandis que *La Vie gracieuse de Catherine Tekakwitha* de Juliette Lavergne dépasse les 18 000 exemplaires. Les titres de Taché ne font pas non plus mauvaise figure avec des tirages de 13 000 et 14 000 exemplaires. La plupart de ces titres sont d'ailleurs des rééditions d'ouvrages parus ailleurs et dont le succès semble assuré. L'une des fonctions de l'éditeur ne consiste-t-elle pas à relancer constamment sur le marché des titres anciens pour de nouveaux publics ? Ce sera l'une des caractéristique de Fides qui tentera toujours de garder un équilibre entre l'ancien et le nouveau. Et ce principe ne s'appliquera pas seulement aux titres isolés ou à certains genres traditionnels mais aussi à des collections entières.

Rééditions et nouveautés

Au milieu des années 1950, alors qu'on assiste à un essor de la production pour la jeunesse, Fides relance des collections qui avaient obtenu un certain succès dans les années 1940 et dont les tirages étaient épuisés. Ainsi les collections « Alfred » et « Contes et aventures » sont rééditées intégralement, enrichies de nouveaux titres et présentées sous de nouvelles couvertures glacées et en couleurs.

La « Collection Alfred » réunit, de 1955 à 1959, les rééditions des quatre titres de la série mettant en scène le jeune Alfred, le héros de Pauline Lamy et d'Alec Leduc[5], d'abord lancés en 1942 et 1943 et qui avaient atteint à l'époque des tirages de 20 000 exemplaires chacun. À la réédition de ces ouvrages, l'éditeur ajoutera bientôt trois récits rédigés par Gisèle Théroux racontant les exploits d'un nouveau héros, le scout Ti-Puce. Ces histoires qui relèguent les adultes au second plan mettent en scène de jeunes garçons et des fillettes entourés d'amis de leur âge. Les ouvrages de la première série atteindront encore des tirages de 20 000 exemplaires, alors que les livres de Ti-Puce, arrivés plus tard sur le marché, dépasseront, eux, les 10 000 exemplaires chacun.

Fides réédite aussi la collection « Contes et aventures », publiée d'abord en 1944 et 1945 sous forme de brochures (format tract). Six des dix titres initialement publiés seront maintenant fusionnés en trois volumes (format bibliothèque) et édités sous le titre de trois des récits retenus : *La Chèvre d'or* de Guy Boulizon, *Quartier Nord* de Gérard et Alec Pelletier et *Les Compagnons de la « Pierre-qui-sonne »* de Joëlle et Noël Chantepie. Huit autres ouvrages de la collection sont également constitués de rééditions ; ce sont surtout des ouvrages signés par Roland Goyette[6] et composés à partir de

5. Pseudonyme d'Alexandrine Leduc-Pelletier, épouse de Gérard Pelletier.
6. Aussi connu sous les noms d'Euchariste Goyette et Claude Genès.

contes déjà parus dans quatre volumes lancés hors collection dans les années 1940, auxquels sont ajoutés deux autres ouvrages, *Attention au cercueil* d'André Rochon et *Souvenirs de guerre* d'Amable-Marie Lemoine, qui sont également des rééditions de textes parus hors collection dix ans plus tôt. En fait, une seule nouveauté, *Le Mouton noir* de Jean de Saman, fera partie de cet ensemble de textes recyclés[7]. Dans son nouvel emballage, la collection reprendra ainsi les histoires scoutes des années 1940 représentant le volet « aventures », tandis que le volet « contes » sera surtout constitué des récits à caractère religieux de Roland Goyette. Dans les années 1950, comme dix ans auparavant, les tirages dépasseront les 10 000 exemplaires.

La nature des collections pour la jeunesse et leur format amènent souvent l'éditeur à monter une collection à partir d'un seul auteur, d'une seule œuvre, voire d'un seul livre. Chez Fides, toutes catégories confondues, près de 15 % des collections sont à auteur unique ; si l'on ajoute à celles-ci les collections où la production d'un auteur est nettement majoritaire, cette proportion s'élève à 24 %. Ce phénomène est bien représentatif des séries pour la jeunesse dont le tiers des collections (sept sur 24) n'ont qu'un seul auteur. Ainsi, en trois ans, de 1957 à 1960, cinq nouvelles collections sont créées autour de cinq auteurs différents, Georges Cerbelaud-Salagnac, Alphonse Fortin, Marie-Rose Turcot, Guy Mauffette et Claudine Vallerand. Les trois premières collections rééditent des ouvrages connus, les deux autres reprennent le contenu d'émissions diffusées sur les ondes de Radio-Canada.

Six récits d'aventures et d'espionnage de Georges Cerbelaud-Salagnac sont réunis pour former l'essentiel de la « Collection Le

7. La genèse de cette collection a pu être établie grâce à une recherche inédite de Louise Melançon, étudiante de maîtrise au Département des lettres et communications de l'Université de Sherbrooke et assistante de recherche au GRÉLQ.

Pélican ». Ce sont des éditions abrégées de livres qui avaient connu un certain succès en France[8]. L'action se passe successivement au Canada chez les Indiens, dans la brousse africaine et en France au temps du roi Henri[9]. En 1958, Fides lance la collection « Les Gloires oubliées », cinq livres du chanoine Alphonse Fortin consacrés aux pionniers, aventuriers et explorateurs de l'histoire du Canada, qui sont en fait une réédition séparée d'un ouvrage unique publié par Fides en 1945, *Les Grands Noms oubliés de notre histoire.* La collection « Légendes dorées » fait paraître, quant à elle, cinq récits de Marie-Rose Turcot dans des fascicules de 32 pages de même format que la revue *Hérauts* et illustrés par Maurice Petitdidier. Ce sont des rééditions de textes parus au début des années 1930 dans *L'Oiseau bleu*, revue pour la jeunesse publiée par la Société Saint-Jean-Baptiste dans les décennies 1920 et 1930[10].

La radio et la télévision, à leur façon, fournissent à Fides deux collections à auteur unique : « P'tits Bouts de chou » de Guy Mauffette et « Contes de Maman Fonfon » de Claudine Vallerand. Rédigée par Guy Mauffette et illustrée par Frédéric Back, la première série de quatre albums (*Ildège de la pomme fameuse*, *Un Petit Mousse*, *Le Petit Âne* et *Un poème*) est tirée d'une émission radiophonique de Radio-Canada intitulée « L'Oncle de 5 heures et trente[11]. » La deuxième série, reprise d'une émission de télévision de Claudine Vallerand, mieux connue sous le nom de « Maman Fonfon », raconte les aventures de Fonfon et Fonfonnette et comprend dix-neuf brochures, dont douze sont éditées dans le format de la revue *Hérauts.*

8. Document, n° 18, p. 33.

9. Voir Clément Saint-Germain, « Une collection pour jeunes : "Le Pélican" », *Lectures*, nouv. série, vol. 4, n° 8, 15 décembre 1957, p. 115-117.

10. Document, n° 19, p. 32.

11. *Ibid.*, p. 31.

Conformément à sa mission, Fides crée aussi des collections d'inspiration religieuse. Dans les années 1950 et 1960, huit nouvelles collections s'inscrivent dans ce courant : une série d'albums anonymes intitulés « Éveil », traduits de l'américain, destinés aux moins de sept ans et consacrés à la prière et à l'histoire sainte[12], trois collections à auteur unique et quatre collections constituées à partir de plusieurs auteurs.

Dans la catégorie où règne un seul auteur, Fides édite « Figures angéliques », « Belles Légendes » et « Les Albums de l'arc-en-ciel ». La première collection est une réédition sous forme de douze brochures d'un ouvrage de Juliette Lavergne paru en 1921 et portant le même titre. Ce sont essentiellement de courtes biographies de saints et de personnages religieux. La deuxième collection, publiée à partir de 1956 et relatant des légendes religieuses à l'intention des enfants de six à huit ans, comprend une quinzaine de brochures, toutes signées par Gilles Phabrey, pseudonyme d'Henri Thiébaut. La troisième collection, coéditée avec le Cerf, est rédigée par le père Augustin-Marie Cocagnac, o.p., et destinée à faire connaître la Bible aux enfants.

Les autres collections de nature religieuse de la même époque s'intitulent « La Bonne Semence », « Aventuriers du ciel », « Pionniers de la foi » et « Jeunes Intrépides » (bandes dessinées, format *Hérauts*). La première, qui ne comprend que trois titres, est consacrée à l'apprentissage du catéchisme et de l'histoire sainte, la seconde est réservée à des biographies de saints, tandis que les deux autres présentent des histoires romancées des héros catholiques de l'histoire du Canada ; celles-ci sont publiées à la suite

12. Concernant cette collection, voir les réclames publiées dans *La Sainte Vierge et les enfants*, histoires tirées de *Hérauts*, Montréal et Paris, Fides, 1955, couv. p. 4, et *Catalogue 1956 pour récompenses et bibliothèques scolaires*, Montréal, Fides, 1956, couv. p. 2.

Tableau IX

Collections pour la jeunesse, 1942-1974[13]

Collections	*Années de publications*	*Nombres de pages*	*Nombre de titres*	*Tirage global*
Alfred	1942-1943, 1955-1959	64 à 96	7	200 000
Contes et aventures	1944-1945, 1955-1956	32 à 64	22	265 600
Figures angéliques	1947, 1950?	16	12	n.d.
Rêve et vie	1950-1964	96 à 208	43	310 500
Trésor de la jeunesse	1950-1960	32	18	443 100
La Grande Aventure	1950-1961	64 à 144	46	+ de 450 000
Éveil	1952-1955	32	12	538 900
La Bonne Semence	1953	32	3	30 000
Belles Légendes	1956-1958	16	16	158 500
Le Pélican	1957-1958	80 à 128	7	68 400
Le Cornet d'or	1957-1958	64	6	46 500
Albums du gai lutin	1957-1960	16	13	293 100
Pionniers de la foi	1957-1958	48 à 64	6	65 800
Jeunes Intrépides	1957-1961	24 à 32	4	94 200
Aventuriers du ciel	1958	64	4	24 800
Les Gloires oubliées	1958	44 à 80	5	30 600
Légendes dorées	1959-1960	32	5	124 000
P'tits Bouts de chou	1959-1961	24	4	29 200
Contes de Pierrot	1960	16	6	60 000
Contes de Maman Fonfon	1960	16	19	155 400
Alouette des jeunes	1960-1963	144	11	119 500
Les Albums de l'arc-en-ciel	1963-1968	24	26	63 000
Les Quatre Vents	1964-1967	96 à 128	3	22 000
Collection du Goéland	1974-1981	96 à 176	25	197 000
Total			**323**	**+ de 3 790 100**

Source: ACEF, compilation de Jacques Michon.

13. Seules les collections contenant trois titres et plus ont été retenues ici. À moins d'indication contraire, la compilation s'arrête à 1978 même si certaines collections ont continué à s'enrichir après cette date et même si certains titres ont connu de nouveaux tirages.

d'une entente avec le comité des fondateurs de l'Église canadienne[14].

Parmi les collections qui font une place aux nouveautés, signalons encore « Le Cornet d'or » (format bibliothèque) qui publie trois récits historiques déjà parus de Joseph Marmette et trois récits nouveaux de Lucienne Besson, édités sous le pseudonyme de Clémence, *Chasseurs de castors*, *Au pays de l'or* et *Un étrange bienfaiteur*, ainsi que les « Contes de Pierrot » (format *Hérauts*) qui rassemblent six textes inédits de Claude Lafleur, illustrés par lui-même, et de Lucienne Morency, illustrés par Suzanne Auger.

Bilan des années 1950 et 1960

Les années 1950 à 1964 représentent une période faste pour les collections destinées à la jeunesse : 20 des 24 collections de Fides que nous avons dénombrées (voir Tableau IX) ont été créées durant ces quinze ans. Presque tous les enfants de l'après-guerre, qui constituent les principaux destinataires de ces séries et de la revue *Hérauts*, fréquentent alors les écoles et les bibliothèques paroissiales et scolaires. La concentration des collections est encore plus remarquable dans les cinq années qui précèdent la Révolution tranquille : treize des 24 collections jeunesse sont créées de 1956 à 1960. Durant cette période, également, les tirages montent en flèche.

Si la maison d'édition réédite de nombreux ouvrages publiés ailleurs ou provenant de son propre fonds, comme les récits de Félix Leclerc et de Roland Goyette, elle publie aussi des nouveautés d'Yves Thériault, d'Ambroise Lafortune, de Guy Boulizon, et fait connaître de nouveaux écrivains pour la jeunesse comme Claude Lafleur et Antonine Maillet. À cet égard, Fides participe au

14. Document n° 18, p. 32.

mouvement général de la production pour la jeunesse de l'époque qui affiche une croissance continue de 1950 à 1960[15]. Sur le plan du contenu, les séries de Fides se situent à mi-chemin entre la tradition et l'innovation. La maison recycle des ouvrages appartenant aux genres traditionnels, romans historiques et récits édifiants, auxquels elle ajoute des titres représentant les tendances nouvelles, bandes dessinées, romans scouts et adaptations d'émissions popularisées par la radio et la télévision.

La revue *Hérauts* fournit aussi à l'éditeur la matière de plusieurs collections. Certains textes et dessins sont tirés directement de ce périodique, alors que d'autres collections sont établies sur son modèle et sur son format. Les tirages impressionnants de « Trésor de la jeunesse », des « Albums du gai lutin », de la « Collection Jeunes Intrépides », des « Légendes dorées » et des « Contes de Maman Fonfon », dont l'ensemble des tirages globaux dépasse le million d'exemplaires durant les années 1950 et au début des années 1960, s'expliquent en partie par l'application de la formule et de la technique mise au point dans la production de périodiques comme *Hérauts* et *L'Élève*. Les puissantes presses rotatives de la maison lui permettent en effet de lancer de grandes quantités d'ouvrages et de les offrir à des prix relativement bas. Mais cette imposante machine qui fonctionne à plein régime durant les années 1950 est bientôt dépassée par l'arrivée de périodiques et d'albums de bandes dessinées en quatre couleurs importés d'Europe et imprimés sur papier glacé.

Dès le début des années 1960, Fides éprouve de la difficulté à maintenir le niveau de ses périodiques, produits selon des techniques désormais désuètes. À cause des difficultés financières découlant de la construction de l'édifice du boulevard Dorchester et des déficits répétés de ses succursales, la maison ne peut se doter d'un

15. Voir à ce sujet Jacques MICHON, « Croissance et crise de l'édition littéraire au Québec (1940-1959) », *Littérature*, n° 66, mai 1987, p. 115-126.

nouvel outillage qui lui permettrait d'affronter la concurrence. Elle doit donc mettre fin à la publication de *Hérauts* dès 1965 et à toutes les collections s'y rattachant. Comme un malheur n'arrive jamais seul, c'est également à cette époque que le gouvernement décide de mettre fin à la distribution des livres de récompense dans les écoles. Cette décision sera encore plus dramatique puisqu'elle anéantira du jour au lendemain tous les efforts de production québécoise pour la jeunesse.

La crise du livre pour la jeunesse

Le livre pour la jeunesse est avant tout, à cette époque, un livre de prix, un livre pour les bibliothèques et un livre d'étrennes. On sait que les lois scolaires ont été d'une grande importance pour cette production avant 1960. Elles lui ont ouvert un immense marché. En abolissant la distribution de livres de récompense en 1964, après la création du ministère de l'Éducation, le gouvernement a mis fin à une pratique qui était plus que centenaire et qui avait favorisé le développement d'une industrie locale de l'édition littéraire au Québec.

Instaurée dans les années 1850 par le surintendant de l'Instruction publique, P.-J.-O. Chauveau, cette initiative avait eu surtout pour objectif de favoriser la propagation de la lecture chez les jeunes. La « Bibliothèque canadienne » de la Librairie Beauchemin, qui avait pris la succession de la « Bibliothèque religieuse et nationale » de Cadieux & Derome créée en 1886, était venue innover en cette matière en publiant en 1912 des ouvrages canadiens à bon marché et susceptibles de concurrencer les gros ouvrages cartonnés de la maison Mame[16]. En 1925, le Conseil législatif avait adopté un amendement au code scolaire obligeant

16. À ce propos, voir François Landry, *Beauchemin et l'édition au Québec (1840-1940). Une culture modèle,* Montréal, Fides, 1997, 367 p.

les commissions scolaires à « employer à l'achat des livres canadiens la moitié du montant affecté à l'achat des prix[17] ». Cette mesure avait encouragé les éditeurs des années 1930 à lancer de nouvelles collections ; l'essor de l'industrie durant la guerre et la croissance de la population en âge de fréquenter l'école dans la décennie suivante devaient faire le reste et propulser l'édition littéraire pour la jeunesse vers des sommets inégalés.

C'est ce développement continu et le système mis en place au siècle précédent qui sont brusquement interrompus par la réforme de 1964. De plus, ce coup dur arrive au moment où le rapport de la Commission Bouchard jette le discrédit sur l'ensemble de l'industrie du manuel scolaire. Des éditeurs centenaires qui, comme la Librairie Beauchemin et Granger Frères, avaient investi dans ces deux secteurs de production, seront doublement frappés et ne s'en relèveront pas.

Chez Fides, la crise de la littérature jeunesse est visible dans toutes les collections, dans leur contenu et dans leurs tirages : d'abord, aucune nouvelle collection jeunesse n'est créée de 1965 à 1973 ; une collection tardive comme « Les Quatre Vents », créée en 1964, ne fait paraître que trois titres en quatre ans ; la plupart des titres des autres collections ne sont plus réédités ou réimprimés après 1963 ; lorsque certains titres réussissent à se maintenir, comme ceux de Félix Leclerc, leurs tirages sont révisés à la baisse ; des milliers d'exemplaires des « Albums du gai lutin », immobilisés dans les entrepôts, sont distribués gratuitement dans les parcs durant l'été de 1963 ; la même année, la publication de nouveaux titres dans l'« Alouette des jeunes » est interrompue et les tirages des autres titres passent de 15 000 à 7500 exemplaires ; en 1964, des centaines de volumes de la collection « Le Pélican » sont mis au pilon[18] ; les tirages initiaux des collections qui s'étendent au-delà de

17. Cité par Paul-Émile Farley, c.s.v., *Livres d'enfants*, Montréal, Clercs de Saint-Viateur, 1929, p. 8-9.

18. D'après les fiches des tirages, ACEF.

1964 voient leurs tirages fondre sérieusement ; par exemple, après 1963, les tirages des « Albums de l'arc-en-ciel » passent de 5000 à 1500 exemplaires. Bref, la crise de l'édition du livre pour la jeunesse est patente et ira en s'aggravant jusqu'à la fin de la décennie.

Alertés par une situation qui s'est considérablement dégradée, les auteurs décident de fonder Communication-Jeunesse, un organisme voué à la promotion de la littérature québécoise pour les jeunes, en novembre 1970[19]. Le coup d'envoi est donné. Les milieux professionnels sont sensibilisés, les enseignants sont mis dans le coup. Entre-temps, la loi d'accréditation des librairies qui oblige les institutions à se procurer leurs ouvrages dans les commerces agréés par le ministère des Affaires culturelles va relancer le commerce du livre sur de nouvelles bases et assurer une présence du livre dans toutes les régions du Québec. L'édition littéraire profitera de ces nouvelles mesures qui porteront fruit surtout dans les années 1980 et 1990. Mais déjà, au milieu des années 1970, on voit les éditeurs reprendre confiance et lancer de nouvelles collections pour la jeunesse. Fides emboîte le pas.

En 1973, grâce à l'initiative de Raymonde Simard-Martin, responsable des archives chez Fides et membre du comité exécutif de Communication-Jeunesse, on décide de mettre en place un comité destiné à relancer l'édition pour les jeunes. Un service de littérature de loisirs et de jeunesse est créé officiellement en 1976. Mais, entre-temps, Mme Martin a le temps de créer la « Collection du Goéland » qui va donner un nouveau souffle à ce secteur éditorial de la maison.

19. Voir Édith Madore, *La Littérature pour la jeunesse au Québec*, Montréal, Boréal, coll. « Boréal Express », 1994, p. 33.

La « Collection du Goéland »

Placée sous le signe de l'oiseau qui n'est pas sans rappeler l'histoire de Jonathan Livingston, la collection renoue en partie avec l'esprit de la « Collection Rêve et vie » en proposant des récits qui sont des invitations au voyage dans le temps et dans l'espace. Pour cette nouvelle série destinée à relancer les collections jeunesse de la maison d'édition, Fides fait appel à une nouvelle génération d'écrivains dont les plus importants, comme Monique Corriveau, Paule Daveluy, Suzanne Martel et Suzanne Rocher, se sont fait connaître d'abord aux Éditions Jeunesse et ont toutes été associées de près ou de loin à la JEC ou à la création de Communication-Jeunesse. Les noms de Suzanne Martel et de Monique Corriveau, deux sœurs nées Chouinard à Québec, seront bientôt étroitement associés à celui de Fides. Conformément à son habitude, l'éditeur réédite dans la nouvelle collection des ouvrages qui proviennent de son propre fonds et qui peuvent encore intéresser les jeunes lecteurs, des titres de Félix Leclerc, de Germaine Guèvremont, d'Yves Thériault, de Robert de Roquebrune.

Pour cette relance, Fides et la responsable de la collection, Raymonde Simard-Martin, ne ménagent aucun effort et créent des ouvrages qui vont aussi se distinguer par leur qualité matérielle. Imprimés sur un papier blanc de bonne qualité, dans une typographie moderne, chaque livre est accompagné d'illustrations originales réalisées par de jeunes artistes et imprimées en quatre couleurs. Le soin apporté à l'aspect esthétique des ouvrages a, entre autres, pour but de rehausser l'allure générale du livre pour la jeunesse et de concurrencer les meilleures publications importées. L'évolution des tirages initiaux, de 1974 à 1981, indique d'ailleurs un retour de l'acheteur québécois et une reprise certaine du secteur jeunesse chez Fides. Ainsi, de 3000 exemplaires qu'ils étaient en 1974 et 1975, les premiers tirages des nouveaux titres de la collection passent à 5000 après 1978. Vingt-cinq titres sont lancés de 1974 à 1981 et ils sont très bien reçus par la critique.

Quelques mois avant son départ, en 1978, le père Martin participe encore à la création d'une dernière collection pour la jeunesse intitulée « Espace-temps » et consacrée à la publication de romans d'anticipation. Mais cette nouvelle série ne connaîtra que deux titres. Dans les années qui suivront, la maison lancera encore plusieurs collections destinées aux jeunes, comme la série « Montcorbier » (1979), « Intermondes » (1980), la « Collection des Mille îles » (1981) et la série « Max » (1985). Fides s'associera aussi aux éditions Berger-Levrault pour la coédition de « Leçons de choses » (1980) et « L'Histoire et la vie d'un monument » (1981). Mais au début des années 1980, dans le domaine de la littérature jeunesse, plusieurs nouveaux éditeurs s'imposent déjà, comme les Éditions Héritage, les Éditions Paulines et bientôt les éditions Pierre Tisseyre, Québec/Amérique et La Courte Échelle. Devant cette avancée importante d'éditeurs concurrents, Fides aura tendance à délaisser progressivement ce secteur pour se tourner davantage du côté de la production religieuse et des essais en sciences humaines.

* * *

De 1940 à 1980, la production du livre pour la jeunesse de Fides aura connu quatre grandes périodes. La première est caractérisée par la création des premières collections originales de la maison et elle établit les fondements de futures séries en recrutant de jeunes auteurs associés à la JEC qui s'étaient souvent fait connaître dans ses périodiques.

La seconde, qui correspond aux années 1950, voit la création de nombreuses collections au moment où la maison d'édition se dote d'une puissante imprimerie. Au bout de dix ans, leur tirage total dépasse les trois millions d'exemplaires. La revue *Hérauts,* dont le concept avait été importé des États-Unis durant la guerre et qui a renouvelé le langage de la bande dessinée au Québec, joue alors un rôle de premier plan. Cet essor éditorial atteint les dimensions d'une véritable production de masse.

D'une période à l'autre, on constate une volonté de garder un équilibre entre la tradition et la nouveauté, certains titres, qui survivent de collection en collection, finissent par s'imposer et par devenir des classiques du genre. Les relations que l'éditeur entretient avec les milieux catholiques européens, grâce en particulier à sa succursale parisienne, l'amènent aussi à créer des séries, comme « Le Pélican », « Belles Légendes », « Aventuriers du ciel » et « Les Albums de l'arc-en-ciel », entièrement rédigés par des auteurs français.

La troisième période, qui s'ouvre avec les années 1960, voit la littérature jeunesse s'effondrer sous la pression des changements provoqués par les réformes de l'enseignement, par la fin des livres de récompense et par la décléricalisation rapide de la société québécoise. La crise de l'édition du livre pour la jeunesse, qui dure dix ans, oblige les milieux professionnels à se réorganiser en tenant compte de nouvelles règles du jeu imposées par le gouvernement et par une concurrence européenne de plus en plus féroce.

Alors que l'édition générale et en particulier la « Collection du Nénuphar » et les collections de poche connaissent un développement sans précédent lié au nouvel intérêt du public pour la littérature québécoise durant la Révolution tranquille, comme nous l'avons vu au chapitre VI, la littérature enfantine, elle, est directement affectée par les réformes de l'éducation qui remettent en cause non seulement le mode de distribution des ouvrages mais aussi tous les contenus des séries qui ne sont plus adaptées aux derniers critères des programmes d'enseignement.

La loi 51, qui est adoptée en 1971 et qui assurera une présence de la librairie dans toutes les régions du Québec, ouvre bientôt d'autres débouchés aux éditeurs et inaugure la quatrième période qui voit la relance de l'édition pour la jeunesse. L'aide gouvernementale à la production et l'arrivée de jeunes éditeurs suscitent un second dynamisme dans ce secteur qui ne s'adresse plus seulement au marché scolaire mais touche également le grand public et la librairie. La « Collection du Goéland », dernière collection importante destinée à la jeunesse créée sous le règne du père Martin, est bien représentative de cette récente tendance. Avec une directrice, des auteurs plus jeunes et un livre plus attrayant, les collections pour la jeunesse de Fides partent à la conquête d'un public qui sera également servi par de nombreux éditeurs concurrents.

Lancement de *Né à Québec*, *À l'Ombre de l'Orford* et du *Rêve de Kamalkouk* dans la « Collection du Nénuphar », le 2 décembre 1948. De gauche à droite : Alain Grandbois, Alfred DesRochers, Marius Barbeau et le père Martin. *Collection P.-A. Martin.*

Lancement des *Poésies complètes* d'Émile Nelligan au Cercle universitaire de Montréal, le 1er décembre 1952. De gauche à droite : Mgr Alphonse-Marie Parent, vice-recteur de l'Université Laval, le père Martin, Luc Lacourcière, Ringuet (Philippe Panneton), Stanley Woodward, ambassadeur des États-Unis au Canada, et Marius Barbeau. *Collection P.-A. Martin.*

Lancement de trois volumes de la collection « Alouette bleue », le 29 octobre 1962. De gauche à droite : Marcel Trudel, le père Martin et Félix Leclerc.
Collection Victor Martin.

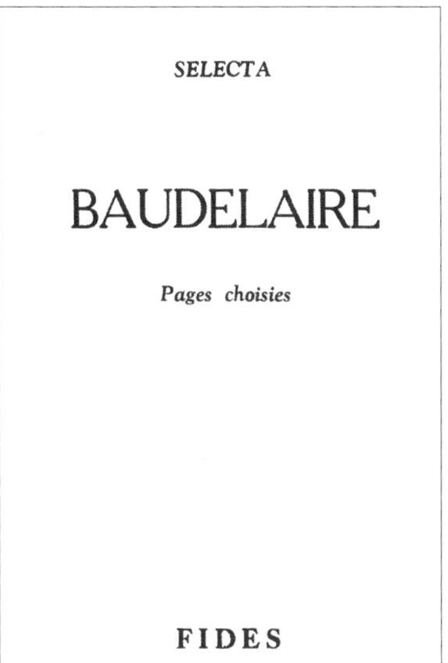

Collections « Le Message français » et « Selecta », *Duhamel dans ses plus beaux textes,* 1945, et *Baudelaire, pages choisies,* 1946.

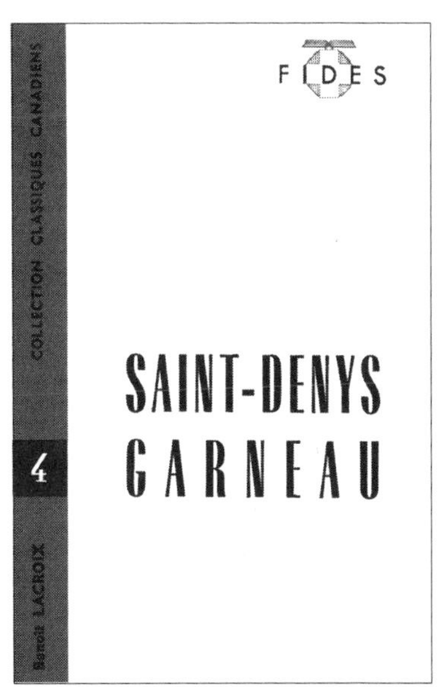

Collection « Classiques canadiens », *Saint-Denys Garneau,* 1967.

Collection « Bibliothèque canadienne-française », *Les Anciens canadiens,* 1972.

QUINZE ANS
D'APOSTOLAT
PAR LE LIVRE

1937-1952

CHEZ FIDES

Quinze ans d'apostolat par le livre, 1937-1952.

Imprimerie Fides, 5225 rue de Gaspé, 1958.
Collection P.-A. Martin (carton d'invitation).

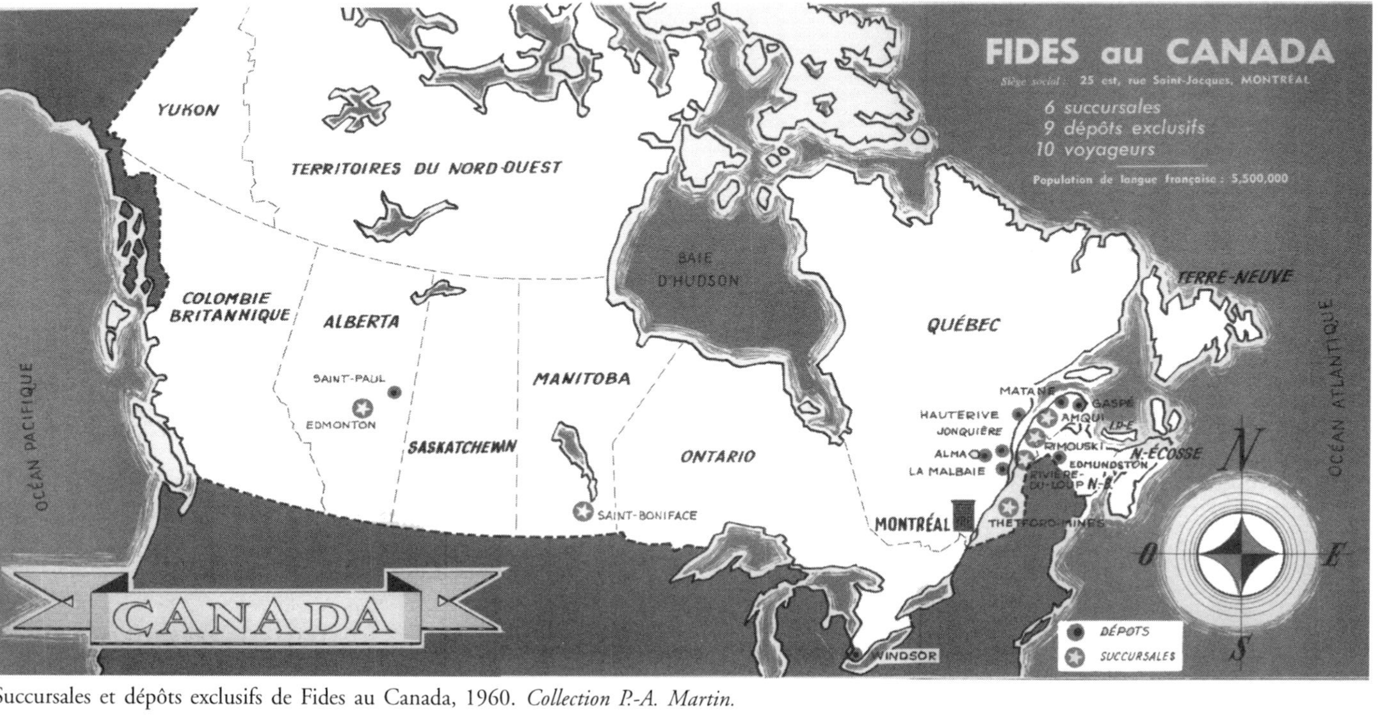

Succursales et dépôts exclusifs de Fides au Canada, 1960. *Collection P.-A. Martin.*

Le père Martin et le docteur Georges Durand devant la Librairie Sirois, dépositaire exclusif de Fides à Matane, le 24 août 1965. *Collection P.-A. Martin.*

LE LIVRE FRANÇAIS
DANS
L'OUEST CANADIEN

FIDES

Montréal - Paris - Saint-Boniface

Le Livre français dans l'Ouest canadien, 1954.

Premier numéro de *L'Élève* pour la classe de 5e année, 1951. *Collection Fides.*

Édifice du boulevard Dorchester, 1964. *Archives provinciales des Pères de Sainte-Croix.*

Lancement de *Rafales sur les cimes*, collection « La Gerbe d'or », au Cercle universitaire de Montréal, le 14 octobre 1960. De gauche à droite : le père Martin, Michelle Le Normand et Léo-Paul Desrosiers. *Collection Victor Martin.*

Salon du livre de 1965. De gauche à droite : le cardinal Paul-Émile Léger, Raymonde Simard-Martin, Victor Martin, Julia Richer et le chanoine Lionel Groulx. *Archives Fides.*

Lancement de *La Guerre de la Conquête* en 1955. De gauche à droite : Mme Guy Frégault, le père Martin, Guy Frégault et Marcel Trudel. *Archives Fides.*

Lancement du journal d'histoire du Canada de Boréal Express, boulevard Dorchester, le 16 novembre 1972. De gauche à droite : Claude Bouchard, le père Martin, Mlle H. Bousquet, Denis Vaugeois et Jacques Lacoursière. *Archives Fides.*

Lectures, nouv. série, vol. 9, nº 5, janvier 1963 : Jean-Paul Pinsonneault.

Alec et Gérard Pelletier, *Quartier Nord*, collection « Contes et aventures », 1955.

Alec Leduc, Pauline Lamy, *Lili sœur d'Alfred*, collection « Alfred », 1959.

Georges Cerbelaud-Salagnac, *Aux mains des Iroquois*, collection « La Grande Aventure », 1956.

Allégro de Félix Leclerc, 1944. *Collection Fides.*

Collection « Rêve et vie », Germaine Guèvremont, *En pleine terre,* 1955 et Jacques Hébert, *Aventure autour du monde III*, 1952.

Pages de couverture de *Faites ça,* 1935, et du *Nouveau Testament*, 1960.

Le père Martin et le cardinal Léger photographiés au Palais cardinalice, le 13 février 1963, à l'occasion de la publication du millionième exemplaire du *Nouveau Testament. Collection P.-A. Martin.*

VATICAN II

les
seize
documents
conciliaires

FIDES

Page de titre de *Vatican II*, 1967.

jacques grand'maison

la seconde
évangélisation

tome I

les témoins

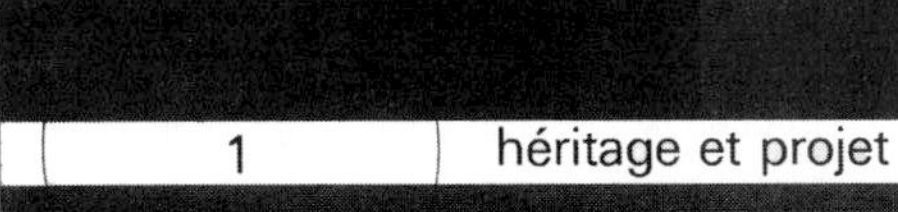

Page de couverture de la collection « Héritage et projet », 1973.

Célébrations du 40e anniversaire de Fides, boulevard Dorchester. De gauche à droite : le père Maurice Dubé, Mgr Jean-Marie Fortier, évêque de Sherbrooke et président du Comité des communications sociales de l'Assemblée des évêques du Québec, le père Martin, Mme Louis O'Neill, Louis O'Neill, ministre des Affaires culturelles du Québec, et Raymonde Simard-Martin. *Collection P.-A. Martin.*

CHAPITRE XIII

COLLECTIONS RELIGIEUSES

NOTRE ENQUÊTE SERAIT INCOMPLÈTE sans un chapitre sur la production religieuse de Fides qui occupe la première place quant au nombre de titres publiés (voir Tableau X[1]). Si l'on ajoute à cela tous les ouvrages de divertissement qui en totalité ou en partie traitent de sujets religieux, il faudrait faire entrer plus de la moitié des livres dans cette catégorie. En fait, c'est à partir des années 1960 que la religion va se démarquer nettement des autres secteurs éditoriaux de la maison et devenir une entité

1. En 1964, le père Martin établit le bilan suivant: « [...] après vingt-sept ans, [Fides] est d'abord et avant tout une maison d'édition qui compte à son actif quelque 1300 ouvrages. De ce nombre environ 50 % traitent de sujets religieux, philosophiques ou sociaux, 25 % appartiennent au domaine de la littérature et de l'histoire, et 25 % sont des livres pour enfants. » P.-A. MARTIN, « S'adapter au présent pour que l'œuvre dure dans l'avenir », *Lectures*, nouv. série, vol. 10, n° 10, juin 1964, p. 278. Dans un rapport publié en 1976, il souligne la continuité en ce domaine: « [...] en 1941, paraissaient dix-huit volumes traitant de sujets religieux, et dix, de sujets profanes. Il en est encore ainsi actuellement puisque l'année dernière nous avons publié 25 volumes portant sur des sujets religieux et 22 sur des sujets profanes. » *Id.* « Notes sur les Éditions Fides, préparées en vue de la réunion du 6 mai 1976 », p. 3, APAM.

distincte dotée d'un comité de direction autonome. Car avant 1960, comme nous l'avons vu dans les chapitres précédents, aucun secteur de la communication écrite (le livre, la revue, le journal, la bibliothèque, la librairie) n'échappe au projet moral et religieux de l'éditeur. La notion d'« humanisme intégral » inscrite dans les statuts de Fides exprime bien la visée totalisante de ce programme idéologique. Le pouvoir religieux en tant qu'organisateur de la vie sociale intervient alors dans tous les domaines de la vie intellectuelle et de la création.

Au début des années 1960, sans modifier son orientation première, l'éditeur tend à considérer la religion comme une spécialité. Un article de 1962, publié dans *Le Devoir*, prend acte de l'évolution. En parlant de la production littéraire, le journal signale que la maison d'édition laissera le soin à ses rivales d'éditer des œuvres littéraires alors qu'elle se repliera « principalement sur certains ouvrages spécialisés, certains secteurs de l'activité de l'esprit, les ouvrages de religion et de spiritualité, par exemple, pour lesquels une maison de cette nature est tout indiquée[2] ».

Un survol rapide de la production depuis les années 1940 nous donne un aperçu sur les modalités de cette évolution. À la faveur des changements sociaux et de la pression des événements, l'éditeur est amené à revoir ses priorités, à abandonner des séries qui ne répondent plus aux besoins des lecteurs et à lancer de nouveaux ouvrages et de nouvelles collections mieux adaptées à la demande sociale. À l'heure de la Révolution tranquille et de Vatican II, on le voit produire et diffuser des publications qui suivent de près les modifications du discours social.

À chaque moment de son histoire, Fides a cherché à être de son temps, ni de l'avant-garde ni de l'arrière-garde, et à refléter les courants porteurs de nouveaux développements. C'est sa

2. J. H. [Jean Hamelin], « Fides quittera le domaine de l'édition purement littéraire », *Le Devoir*, 29 septembre 1962, p. 15.

Tableau x

Production Fides, 1937-1963

Catégories	*Titres publiés*	*Pourcentage*
Généralités	6	0,5 %
Philosophie	46	4,0 %
Religion	358	31,0 %
Sciences sociales	144	12,5 %
Linguistique	6	0,5 %
Sciences pures	2	0,2 %
Sciences appliquées	7	0,6 %
Beaux-Arts	24	2,1 %
Littérature	186	16,1 %
Histoire, géographie, biographie	104	9,0 %
Livres pour enfants	272	23,5 %
Total	**1155**	**100 %**

Source: Paul-Aimé Martin, *Mémoire présenté par la Corporation des Éditions Fides à la Commission d'enquête sur le commerce du livre le 27 juin 1963*, 2e éd., Montréal, Fides, 1965.

réputation de maison capable d'atteindre le grand public qui a attiré sur elle l'attention des plus hautes autorités cléricales et qui l'a amené à servir leurs intérêts. Elle était ainsi bien placée pour saisir la balle au bond, pour profiter d'une occasion, d'une tendance, d'une circonstance ou d'une conjoncture. Elle s'y était engagée au bon moment, ce qui devait lui assurer une prépondérance durant plusieurs décennies dans des domaines comme l'exégèse biblique, la liturgie et l'enseignement religieux. De la publication du *Nouveau Testament* aux manuels de catéchèse en passant par l'édition des textes officiels de la hiérarchie, Fides a toujours suivi de près l'évolution de l'Église canadienne-française et n'a cessé d'y jouer un rôle actif.

C'est ce qui se produit, entre autres, dès le milieu des années 1940, au moment de la fondation de l'Association catholique des études bibliques au Canada (ACEBAC) qui amène la maison à éditer et à propager la première traduction canadienne du Nouveau Testament[3].

Le Nouveau Testament de l'ACEBAC

En janvier 1944, le cardinal Villeneuve nomme le père Martin président de la Société catholique de la Bible avec l'intention avouée de faire de Fides le propagandiste des Saintes Écritures. La Société avait succédé, en 1940, à la Propagande catholique romaine de la Bible, créée en 1935 par le fondateur de la JOC, le père Henri Roy, o.m.i. ; continuant l'œuvre entreprise par cet organisme, la société propageait jusque-là, surtout parmi la jeunesse, une traduction européenne des Évangiles sous le titre de *Faites ça... et vous vivrez!* Il s'agissait maintenant d'étendre cette diffusion à toutes les classes de la société et dans une traduction mieux adaptée au milieu canadien-français. Un groupe de théologiens et de spécialistes en Écriture sainte, réunis dans une nouvelle société, l'ACEBAC, est dès lors mandaté pour traduire les textes. Commencée en 1944, la traduction des Évangiles est d'abord publiée par Fides en 1951 sous le titre déjà connu de *Faites ça...* Deux ans plus tard, c'est l'ensemble des textes néo-testamentaires qui sont offerts au public sous le titre du *Nouveau Testament*[4].

Cette traduction constitue un geste significatif d'appropriation à la fois matérielle et symbolique des textes sacrés. La nouvelle édition remplace chez l'éditeur les traductions européennes anté-

3. Pour plus de renseignements sur l'histoire de l'ACEBAC, voir Paul-Aimé Martin, *Le Mouvement biblique au Canada: l'Association catholique des études bibliques au Canada dans les années 1940 et 1950*, Montréal, Fides, 1996, 61 p.

4. L'édition de 1953 constitue un événement en soi puisque c'est la première fois que paraît une traduction d'après l'original grec réalisée entièrement par des exégètes canadiens.

rieures et lui donne les coudées franches dans sa stratégie de publication et de diffusion à grande échelle. En effet, en tant que mandataires de l'épiscopat, propriétaire de la traduction, l'ACEBAC et Fides peuvent disposer du texte à leur guise, le modifier, le rééditer et le diffuser sans avoir à demander d'autorisation à l'étranger ou à payer de redevances, comme c'était le cas avec les éditions importées. Dans le procès-verbal de la réunion qui met en place ce projet, en janvier 1944, le président de l'ACEBAC, le père Adrien Malo, o.f.m, formule explicitement cet objectif: « [...] avantages incalculables, précise-t-il, d'une version faite chez nous: elle sera un stimulant pour les spécialistes, facilitera les adaptations littéraires et exégétiques et permettra les éditions les plus variées et les plus heureuses, parce que nous serons les "propriétaires" mêmes du texte[5] ». L'épiscopat canadien-français réclamait une édition populaire et accessible depuis le début du XXe siècle. La dernière traduction canadienne datait de 1865[6]. Comme elle était depuis longtemps oubliée, on s'était mis à propager « des éditions scripturaires imprimées en France, notamment celle du chanoine Alfred Weber[7] ». La diffusion des traductions européennes avait ouvert la voie à cette nouvelle initiative. La croissance du marché et la volonté politique de l'épiscopat avaient fait le reste.

Cette appropriation canadienne-française du texte de la Bible constituait la dernière phase d'un processus d'autonomisation éditoriale qui s'était déroulé en trois temps:

---

5. « Rapport de la première réunion de l'Association catholique des études bibliques au Canada, tenue au Grand Séminaire de Montréal, le 30 janvier 1944 », sous la présidence du R. P. Adrien Malo, o.f.m., p. 8, APAM.

6. *Le Nouveau Testament de Notre-Seigneur Jésus-Christ*, trad. par S.É. Mgr Charles-François Baillargeon, Québec, Léger Brousseau, 1865, XIV-817 p.

7. Paul-Aimé MARTIN, « Éditions canadiennes de propagande des Livres saints », *Lectures*, t. VI, no 4, décembre 1949, p. 194. En 1905, on publie aussi en coédition *La Sainte Bible*, selon la Vulgate traduite en français par l'abbé J. B. Glaire, Montréal, Librairie Beauchemin et Paris, Chernoviz (imprimé à Besançon chez Jacquin), 1905, XXIII-3061 p.

1° Importation et impression au nom d'éditeurs canadiens de traductions européennes.
2° Réimpression au Canada de deux traductions européennes, Marius Lepin et Marcel Collomb, de 1935 à 1950.
3° Enfin, édition de la traduction canadienne qui, à partir de 1951, remplacera toutes les éditions précédentes[8].

Cette dernière étape relevait d'une décision de la hiérarchie qui éprouvait le besoin d'avoir un meilleur contrôle sur la diffusion des textes bibliques. Cette stratégie était au cœur d'un enjeu idéologique vital pour elle. Car en diffusant une traduction catholique adaptée à la mentalité canadienne-française et à la langue du milieu, l'Église était bien placée pour contrecarrer la propagation de bibles protestantes. La propriété d'une traduction canadienne, qui favorisait la multiplication des exemplaires à un prix défiant toute concurrence et dans des éditions et des tirages adaptés à la demande, répondait mieux aux besoins de la propagande catholique locale. La difficulté d'établir des ententes avec les éditeurs européens et l'importance des besoins de l'Église québécoise avaient rendu nécessaire la production de cette édition.

On retrouve ici, à l'échelle de l'édition religieuse, un schéma typique du développement éditorial dans un marché périphérique en croissance : l'éditeur régional se nourrit d'abord de produits importés, puis progressivement, à la faveur de l'ouverture de nouveaux marchés, il développe un appareil de production autonome et se dote d'un fonds propre adapté à la demande du milieu qu'il dessert.

Ici, l'éditeur avait contribué à la création de nouveaux débouchés grâce à la collaboration de la Société catholique de la Bible.

8. Ce qui n'empêche pas Fides par ailleurs d'importer et de faire éditer sous son nom d'autres éditions européennes de la Bible, Bible du cardinal Liénart et Bible de Jérusalem, contenant à la fois l'Ancien et le Nouveau Testament.

TABLEAU XI

Traductions de la Bible (Tirages réels[9])

Années	*Traductions Faites ça...* (Lepin, Collomb)	*Traductions canadiennes (ACEBAC) Faites ça...*	*Nouveau Testament*		*Total*
1935	247 423				247 423
1937	98 484				98 484
1938	11 500				11 500
1939	105 000				105 000
1940	158 000				158 000
		Éditions Fides			
1947	43 839				43 839
1948	59 537				59 537
1949	9 990				9 990
1950	44 268				44 268
1951		73 719			73 719
1953		116 738	99 381	1re éd.	216 119
1954			47 800		47 800
1955			20 070		20 070
1956		50 635			50 635
1957			29 562		29 562
1958		50 965	100 260		151 225
1959		48 758	107 971	2e éd.	156 729
1960			247 814		247 814
1961			199 895		199 895
1962			208 984		208 984
1963			83 953		83 953
1964			100 000	3e éd.	100 000
1965			100 000		100 000
1966			100 000		100 000
1968			39 058		39 058
1970			19 881	4e éd.	19 881
1971			6 634		6 634
1972			10 122		10 122
1974			4 647		4 647
1975			10 660		10 660
1978			5 500		5 500
Total	**778 041**	**340 815**	**1 542 192**		**2 661 048**

Source: ACEF, compilation de Jacque Michon.

9. Les pages frontispices de *Faites ça...* et du *Nouveau Testament* donnent les « tirages officiels » de ces publications ; ces données représentent les valeurs

Depuis sa fondation la Société contribuait à la diffusion des exemplaires en recueillant des fonds pour une distribution gratuite dans les hôtels, les motels et les institutions publiques, comme les hôpitaux, l'armée et les prisons[9]. L'établissement de centres bibliques dans vingt et un diocèses canadiens et l'organisation annuelle d'un « Dimanche de la Bible » devaient contribuer au développement de ce marché. De 1947 à 1956, Fides réussit à distribuer plus d'un demi-million d'exemplaires de *Faites ça...* et du *Nouveau Testament* (voir Tableau XI). Mais c'est surtout en allant chercher l'approbation du Comité catholique du Département de l'instruction publique, en 1957, que l'éditeur réussit à faire grimper les tirages à des sommets inégalés. À partir de cette date, et jusqu'en 1966, *Le Nouveau Testament* distribué dans les écoles de la province est tiré à plus de 1 200 000 exemplaires. La publication en format de poche à un prix très bas, 0,75 $ pour un livre de 672 pages, favorisait cette large diffusion.

En faisant entrer le volume dans les écoles, Fides réalisait un vœu de l'épiscopat qui désirait fournir aux écoles du primaire et du secondaire de nouveaux outils pour l'enseignement religieux. C'est l'absence de manuels scolaires en dehors du petit catéchisme qui avait amené le cardinal Léger à appuyer *L'Élève* devant le Comité catholique du DIP dans les années 1950. Ses opposants craignaient que *L'Élève* n'incite les professeurs à délaisser les manuels scolaires consacrés aux autres matières, tandis que dans la perspective de l'épiscopat il s'agissait d'un progrès pour l'enseignement religieux, le tiers du contenu de la revue étant consacré à cette matière. L'approbation du *Nouveau Testament* venait ajouter un autre succès à cet effort de propagation. C'est la réforme de

arrondies des « tirages réels » qui figurent dans les dossiers des Archives de la Corporation des Éditions Fides utilisés ici.

10. Voir André Legault, « Un anniversaire : 20 ans au service de la Société catholique de la Bible », *Lectures*, nouv. série, vol. 10, n° 8, avril 1964, p. 221.

l'éducation et les retombées du concile Vatican II dans le domaine de l'exégèse biblique qui mettront un frein à la diffusion de cette traduction à partir de 1967[11].

Comme dans les autres secteurs, l'édition religieuse connaît alors d'importantes mutations. La remise en question des valeurs traditionnelles au cours des années 1960, la baisse de la pratique religieuse et la laïcisation accélérée des structures sociales nécessitent des changements rapides d'attitude et de mentalité. Pour l'éditeur, c'est l'occasion de remises en question mais aussi d'un renouvellement et d'un nouvel essor de l'édition religieuse. En effet, à l'inverse de ce qui a pu se produire dans le secteur de l'édition pour la jeunesse qui disparaît presque au moment de la Révolution tranquille, l'édition religieuse, elle, au contraire, se développe, car, en quelques années, il faut tout renouveler, missels, manuels et collections, et le mot d'ordre vient des plus hautes instances. C'est le pape Jean XXIII lui-même qui, en convoquant le concile Vatican II en 1961, a donné le coup d'envoi à ce renouvellement. Les réformes touchent tous les secteurs de la production religieuse et suscitent de nombreuses publications qui vont des textes liturgiques aux manuels de catéchèse en passant par les collections d'études et de réflexions théologiques.

Vatican II et *L'Église canadienne*

Depuis sa fondation, Fides s'était mise au service de l'Église officielle en publiant des textes liturgiques, des opuscules et des études sur l'Action catholique. Les écrits de Pie XII sur la presse et les lectures, les lettres des archevêques et des évêques du Québec sur les grandes questions de l'heure se retrouvaient naturellement

11. Le dernier tirage connu de l'édition du *Nouveau Testament* par l'ACEBAC date de 1980.

au catalogue[12]. Dans le domaine liturgique, Fides diffusait, comme nous le savons, l'édition française du *Missel dominical* de Mgr Stedman. Elle en était devenu le propriétaire en 1957 après une mise à jour conforme à la réforme de la liturgie pascale du milieu des années 1950. Le concile avait suscité une nouvelle édition du *Livret des fidèles* qui présentait des extraits du *Missel biblique* des Éditions Tardy; l'ouvrage fut diffusé par Fides en 1966 à plus de 205 000 exemplaires. Un nouveau *Lectionnaire du dimanche* (2000 ex.) était lancé en 1973, presque en même temps que le *Missel du dimanche* (1972) et le *Missel de la semaine* (1973), coédités avec les éditions Desclée & Cie.

Du concile émanaient également plusieurs textes officiels, constitutions, décrets et déclarations, qui allaient faire l'objet de nombreuses publications. En 1964, Fides publie l'encyclique de Paul VI, *Ecclesiam suam.* En 1965, le père Martin entreprend personnellement des démarches auprès du délégué apostolique à Ottawa, puis à Paris et à Rome, afin d'obtenir les droits de reproduction des traductions françaises de tous les textes promulgués par Vatican II. Malgré les complications administratives et les exigences de la diplomatie romaine, le père Martin réussit à obtenir les traductions les plus récentes des documents conciliaires. Publiés d'abord dans des éditions séparées et dans différentes collections (« La Pensée chrétienne », « Alouette blanche » et « L'Église aux quatre vents »), tous ces documents sont rassemblés en un volume de 671 pages intitulé *Vatican II. Les seize documents conciliaires. Texte intégral.* « Je tins à en diriger moi-même l'édition, dit le père Martin, et je pus compter sur la plus entière collaboration de la part du père Léon Baron, c.s.c., qui était en mesure de consacrer à ce travail plus de temps que moi[13] ». Tiré initiale-

12. Voir, entre autres, les brochures du cardinal Paul-Émile Léger éditées par Fides en 1961 et 1962 à l'enseigne des Publications de l'archevêché de Montréal.

13. Document, n° 22, p. 15.

ment à 5000 exemplaires, l'ouvrage sera par la suite réédité en format de poche dans la collection « La Pensée chrétienne » où il obtiendra un immense succès.

> Il faut dire, ajoute le père Martin, qu'elle était et demeure encore aujourd'hui la seule [traduction] en langue française, sous forme de livre de poche. Elle a donc été et est encore diffusée non seulement au Canada, mais aussi en France et dans d'autres pays francophones. Son tirage global [actuel] dépasse les 150 000 exemplaires[14].

En allant présenter cette publication au délégué apostolique du Canada, Mgr Sergio Pignedoli, le père Martin va solliciter sa collaboration pour que les traductions françaises des principaux documents pontificaux et des encycliques en particulier soient communiquées à Fides « le plus tôt possible[15] ». Fides recevra ainsi, par voie diplomatique[16] et en primeur, les traductions française et anglaise de *Humanæ vitæ* de Paul VI, encyclique consacrée à la régulation des naissances qui suscitera beaucoup de controverses[17].

À la même époque, le père Martin élabore un projet de nouvelle publication périodique consacrée à l'édition des documents officiels de l'Église canadienne. Établie sur le modèle de *La Documentation catholique*, la revue se propose de diffuser des documents de référence pouvant servir aux autorités religieuses et au clergé local. Le projet se concrétise en 1968, peu de temps après la disparition des périodiques qui avaient fait connaître la maison auprès du grand public, comme *Mes Fiches, Hérauts* et *Lectures*. Pour l'éditeur, il s'agit d'un nouveau départ, d'une nouvelle aventure dans le domaine des périodiques. Cette opération est

14. *Ibid.*, p. 17.

15. *Ibid.*, p. 23.

16. Le récit de la rencontre du père Martin avec le délégué apostolique, à Dorval le 26 juillet 1968, est relaté dans Document, n° 23, p. 10.

17. Fides n'était pas novice dans le domaine puisqu'elle avait déjà publié plusieurs encycliques des papes Pie XII, Jean XXIII et Paul VI.

lancée de concert avec les autorités ecclésiastiques et la Conférence catholique canadienne (CCC). Grâce à la collaboration des évêques qui, dans certains cas, abonnent tous leurs prêtres, la revue est d'abord tirée à 6000 exemplaires. Au cours de la première année le tirage est ramené à 4000, puis à 3500 exemplaires. Mais « pour se financer, précise le père Martin, il aurait fallu qu'elle en compte 5000[18] ». *L'Église canadienne*, comme la revue *Lectures*, ne sera jamais rentable.

Deux ans à peine après son lancement, la revue enregistre déjà un déficit d'opération de 8500 $. Des représentations auprès de l'Assemblée des évêques du Québec ne réussissent pas à améliorer la situation. Les évêques ne se disent pas « prêts, pour en assurer la survie, à prendre pour leur diocèse un certain nombre d'abonnements[19] ». Fides soutiendra la revue pendant dix ans, après quoi la direction s'en départira pour la confier à une corporation autonome créée spécialement pour elle et dirigée par l'abbé Jacques Barnard.

> Ce n'est pas sans regret que le conseil prit cette décision, déclare le père Martin. Nous considérions en effet, mes collègues et moi-même, que la publication de *L'Église canadienne* convenait parfaitement à une maison comme la nôtre et qu'elle contribuait certainement à lui donner du prestige. Mais nous ne pouvions oublier que c'était une entreprise qui nous avait coûté cher et nous devions malheureusement constater qu'il était alors impossible de trouver, dans notre personnel, une personne dynamique capable d'assumer la direction d'une telle revue, d'en organiser la diffusion et de voir à son financement en sollicitant des dons auprès de divers organismes[20].

Malgré leur coût et leur absence de rentabilité, l'intérêt du père Martin pour les œuvres de presse catholique ne se démentira pas. En 1960, comme en 1950, il participe au congrès de l'Union

18. Document, n° 28, p. 3.
19. *Ibid.*
20. *Ibid.*, p. 6-7.

internationale de la presse catholique (UIPC). En 1956, il préside l'assemblée de fondation de la Fédération canadienne des éditeurs de journaux et périodiques catholiques dont il est le secrétaire pendant quelques années et membre du comité exécutif jusque vers 1968 ; cet organisme sert de lien entre les éditeurs canadiens et l'UIPC dont le secrétaire général est alors l'ancien rédacteur en chef du journal *La Croix*, le père Émile Gabel, a.a., qui est aussi un intime du directeur général de Fides : « C'était un ami que je tenais à visiter chaque fois que je passais à Paris[21] », écrit le père Martin.

À la fin des années 1960, le projet d'une presse catholique populaire, qui avait tant séduit le père Martin à l'époque de *Notre temps*, ressurgit sous la forme d'un magazine chrétien établi sur le modèle de *La Vie catholique*. Mais ce projet qui mobilise pendant un certain temps le directeur général de Fides, l'épiscopat, l'Information missionnaire canadienne (IMICA) et l'Association canadienne des périodiques catholiques (ACPC), et pour lequel on approche le directeur du *Devoir*, Claude Ryan, ne verra jamais le jour. Dans le Québec de la Révolution tranquille, la tendance était plutôt à la laïcisation des entreprises de presse — voir *Ma Paroisse* qui devient *L'Actualité* — et à la déconfessionnalisation des structures sociales.

La démission du cardinal Léger, le 9 novembre 1967, aura à cet égard une valeur de symbole. Le départ du plus haut prélat de l'Église canadienne-française produira un effet de choc et marquera la fin d'une époque. Paul-Émile Léger avait donné à son cardinalat un lustre qui avait imprégné l'imagination populaire mais provoqué également une certaine irritation parmi les élites libérales. À la manière des grands princes de l'Église, le cardinal s'adressait directement au peuple fasciné par sa prestance et son éloquence. Le chapelet en famille diffusé tous les soirs sur les ondes de CKAC

21. Document, n° 19, p. 22.

avait marqué l'apogée de son influence auprès du grand public et celle d'une Église à la fois populiste et aristocratique.

L'abdication du cardinal, qui constituait le dernier acte de sa démarche patricienne, semblait bien signifier la fin des prétentions hégémoniques de l'Église en ce qui concerne la conduite des choses humaines. L'Église était confrontée à une idéologie néolibérale désormais dominante qui la contestait non seulement dans ses principes mais qui rivalisait avec elle également dans ses manifestations publiques et commerciales les plus spectaculaires, comme Expo 67 et les Jeux olympiques, grandes messes populaires du capitalisme triomphant. La communauté des croyants était concurrencée par celle des spectateurs et des consommateurs. Dès lors, sur le plan social, la conception du monde proposée par l'Église perdait son caractère universel. L'œcuménisme mis de l'avant par Vatican II mettait lui-même un terme au catholicisme conquérant qui avait marqué la création de la JEC et inspiré la fondation de Fides. Les temps avaient bien changé, l'*aggiornamento* était à l'ordre du jour.

L'aggiornamento de l'éditeur

À partir de cette époque, autour de 1967, Fides commence à se percevoir comme un éditeur semblable aux autres et à prendre ses distances par rapport à la mission de propagande et de contrôle idéologique qu'elle s'était attribuée, avec l'approbation du cardinal Villeneuve, au moment de la création de *Lectures* en 1946. Vingt ans plus tard, sous la pression des événements, signe des temps, la revue *Lectures* abandonnait la publication de ses cotes morales. Cette pratique avait d'ailleurs fait l'objet d'une polémique virulente dans *Cité libre* en 1960[22]. Et le père Martin en était tout à

22. Voir Jean Paré, « Oraison funèbre devant le cadavre du ridicule », *Cité libre*, 11e année, no 26, avril 1960, p. 23-24 ; Gérard Pelletier, « Chronique

fait malheureux parce qu'il avait lui-même fait déjà plusieurs démarches pour que cette mission soit confiée à un organisme de contrôle indépendant de la maison d'édition.

> Dans les années 1950, nous avons réalisé de plus en plus clairement, écrit-il, qu'il était préférable que les cotes morales soient déterminées par un organisme distinct de Fides, afin qu'on ne nous reproche pas, à nous qui éditions des livres, d'attaquer, dans un de nos périodiques, ceux qui étaient publiés par d'autres maisons d'édition. En mai 1958, Fides exposait le problème à l'Assemblée épiscopale de la province civile de Québec et lui suggérait de constituer un centre catholique national du livre et de la presse. L'année suivante, en mars, le Centre catholique national du cinéma, de la radio et de la télévision, qui avait été créé en 1957 par la Conférence catholique canadienne (CCC), était chargé « d'organiser une enquête sur le vaste problème de l'imprimé, en vue d'en arriver à un organisme catholique de formation de la conscience chrétienne sur ce point ». Par la suite, Rita Leclerc et moi-même avons fait partie d'un comité désigné par le Centre pour rédiger un mémoire sur le sujet. Après avoir pris connaissance de ce mémoire, la Conférence catholique canadienne décidait, à la fin de l'année 1961, qu'à l'avenir le Centre catholique national du cinéma, de la radio et de la télévision s'occuperait de tout ce qui concerne le livre et l'imprimé en général et qu'il serait désigné sous le nom d'Office catholique national des techniques de diffusion[23].

Toutes ces démarches s'étaient avérées infructueuses. Afin de marquer plus de distance entre la maison d'édition et la publication des cotes morales, le père Martin décidera finalement de quitter la direction de *Lectures* en septembre 1964. L'année suivante, le nouveau directeur, le père Roland Charland, c.s.c.,

d'un défunt », *Cité libre*, 11e année, n° 27, mai 1960, p. 32 ; et Paul-Aimé MARTIN, « Lettre ouverte à Gérard Pelletier », *Cité libre*, 11e année, n° 28, juin-juillet 1960, p. 29-30.

23. Document, n° 13, p. 11-12.

annoncera l'abandon définitif des cotes. Cette décision surviendra un an avant l'abrogation de la loi de l'index par Rome, en 1966. Ce changement était bien significatif d'une réorientation de la politique éditoriale de l'éditeur religieux.

Alors que dans les années 1940 et 1950, la religion faisait sentir son influence sur toute la production de l'éditeur — nous avons vu au chapitre précédent comment elle était présente, en totalité ou en partie, dans certaines collections pour la jeunesse —, dans les années 1960 et 1970, au fur et à mesure que la société se sécularise, la religion tend à devenir une spécialité confinée à certaines collections bien identifiées. La direction sentant d'ailleurs le besoin de concrétiser cette réalité dans la structure de l'entreprise crée, au milieu des années 1960, un service des éditions religieuses. C'est une conséquence logique du changement d'attitude en cours. La complexité des problèmes soulevés par la laïcisation et par les réformes conciliaires et l'essor de l'édition et des sciences religieuses en général rendaient nécessaire la création d'une cellule spéciale susceptible d'établir un programme éditorial cohérent et composée d'un personnel compétent.

Durant les dix années qui suivront la création du comité des éditions religieuses six nouvelles collections seront lancées dont deux consacrées à la publication de textes officiels, « La Pensée chrétienne » et « L'Église aux quatre vents », les quatre autres, « Histoire religieuse du Canada », « Héritage et projet », « L'Église du Québec » et « Regards scientifiques sur les religions », étant surtout réservées à des travaux de théologie et d'histoire (voir Tableau XII)[24].

24. À titre de comparaison, signalons que Fides a lancé six nouvelles collections religieuses dans les année 1940, une seule dans les années 1950, neuf dans les années 1960 et quatre dans les années 1970. Nous ne retenons ici, de même que dans le Tableau XII des « Collections religieuses, 1942-1978 », que les collections qui contiennent deux titres et plus, les collections à titre unique ayant été exclues de nos statistiques. La collection « Histoire religieuse du Canada » est recensée dans le Tableau VII du chapitre XI.

Tableau XII

Collections religieuses, 1942-1978[25]

Collections	*Années de publications*	*Nombre de titres*	*Tirage global*
Textes d'action catholique	1942-1955	18	n. d.
Apostolate Library	1943-1947	4	n. d.
Textes bibliques	1944-1947	2	n. d.
Les Grands Auteurs spirituels	1944-1952	33	n. d.
Maîtres de la spiritualité	1946-1963	11	51 600
Bibliothèque d'action catholique	1947-1948	3	9 300
Grands Serviteurs de Dieu	1947-1958	5	22 300
Eaux vives	1957-1958	3	35 700
Alouette blanche			
– *Nouveau Testament* (1961-1966)		1	792 800
– Autres titres	1960-1966	8	67 300
La Fontaine d'Élie	1960-1966	4	11 000
Foi et liberté	1961-1974	16	44 600
Liturgie vivante	1962-1978	10	21 100
Présence	1963-1973	15	38 600
La Pensée chrétienne			
– *Vatican II*		1	77 300
– *Nouveau Testament* (1968-1978)		1	96 500
– Autres titres	1965-1975	10	63 100
L'Église aux quatre vents	1965-1978	64	+200 000
Héritage et projet	1973-1978	22	72 200
L'Église du Québec	1975-1978	5	13 000
Regards scientifiques sur les religions	1975	2	4 000
Éducation et religion	1977-1978	2	6 800
Total		**240**	

Source: ACEF, compilation de Jacques Michon.

25. Nous ne retenons que les collections contenant plus de deux titres. Le chiffre des tirages précédé du signe + résulte d'une extrapolation établie à partir d'un échantillonnage de titres. Les autres chiffres de tirages ont été établis à partir des fiches disponibles aux Archives de la Corporation des Éditions Fides.

« Héritage et projet », « la plus importante collection de théologie que Fides ait publiée », dit le père Martin, créée et dirigée par le père André Charron, c.s.c., croît si rapidement que deux ans seulement après son lancement, elle compte déjà treize volumes. « Elle s'est enrichie depuis lors, pratiquement chaque année, d'un ou plusieurs volumes, si bien qu'elle en compte aujourd'hui 56[26] », ajoute-t-il. La collection s'inscrit dans la continuité de la Commission Dumont qui avait formulé l'esprit d'un nouveau contrat social entre l'Église du Québec et la société civile. En 1971, à l'occasion du lancement du rapport de la Commission chez Fides, le père Martin se félicitait de voir sa maison d'édition, une « œuvre née de l'Action catholique », associée aussi étroitement à un projet qui visait à repenser cette structure dans le contexte d'un Québec sécularisé.

« L'Église aux quatre vents », une collection de brochures consacrées à la publication des encycliques, des documents conciliaires, des constitutions apostoliques et autres textes pontificaux, ainsi que des textes émanant des congrégations romaines et de différentes assemblées épiscopales canadiennes, avait également connu une croissance très rapide. Six mois après sa création en 1965, la collection comptait déjà plus de dix-huit titres. En 1997, on en dénombre plus de cent.

Cet essor important des titres religieux au cours des années 1960 et 1970 n'est toutefois pas suivi d'une augmentation proportionnelle des tirages. À cet égard l'édition religieuse suit l'évolution de la production générale au Québec où, de 1968 à nos jours, l'augmentation constante des titres nouveaux est accompagnée d'une baisse continue des tirages initiaux[27]. Alors que dans les années 1960 le tirage initial moyen se situe entre 2000 et 3000

26. Document, n° 25, p. 7.

27. Voir à ce sujet notre article intitulé « L'édition littéraire saisie par le marché », *Communication*, vol. 12, n° 1, printemps 1991, p. 29-47.

exemplaires, au milieu des années 1970 il tombe autour de 1500 exemplaires[28]. La baisse des réimpressions est également un phénomène manifeste chez Fides à partir de 1972[29]. La publication des nouveaux manuels de catéchèse permettra toutefois de compenser cette diminution.

Les ouvrages de catéchèse

Dans le domaine du manuel scolaire, Fides doit se repositionner au milieu des années 1960. Après le Rapport Bouchard et la disparition de *L'Élève*, la maison laisse aux autres éditeurs le soin de couvrir les matières profanes et elle se spécialise dans la production de livres pour l'enseignement religieux. Les changements que connaît alors l'Église nécessitent une refonte complète des programmes et le renouvellement de tous les instruments pédagogiques disponibles. Fides va jouer un rôle actif à cet égard et proposer ses services aux nouvelles instances responsables de la formation religieuse.

L'Office de catéchèse du Québec (OCQ), créé en 1952, « avait préparé, au début des années 1960, un programme d'enseignement religieux pour les classes du cours primaire[30] ». En 1964, Fides lance le premier manuel intitulé *Viens vers le Père*, destiné aux élèves de six à sept ans, qui répond à une demande bien programmée puisqu'il atteint rapidement le tirage de 300 000 exemplaires.

28. Du point de vue des tirages, ce sont les collections qui diffusent les textes officiels de l'Église comme « Alouette blanche », « La Pensée chrétienne » et « L'Église aux quatre vents » qui obtiennent les meilleurs résultats. Toutefois ce sont les collections de théologie ou de réflexion qui font la réputation de l'éditeur religieux à l'étranger. À la foire internationale du livre de Francfort, Fides se présente d'abord comme un éditeur d'ouvrages religieux ; et c'est en 1974 seulement que, pour la première fois, il y présentera ses autres collections.

29. Voir l'Annexe C.

30. Document, n° 21, p. 38.

D'autres ouvrages du même genre sont offerts aux élèves du primaire et du secondaire dans les années qui suivent, comme *Un sens au voyage* (1968), *La Force des rencontres* (1970) et *Quand souffle l'Esprit* (1975) dont les tirages dépassent les 200 000 exemplaires.

C'est à la suite d'appels d'offre de l'OCQ que ces titres étaient attribués aux éditeurs. Depuis la parution du Rapport Bouchard, le milieu de l'enseignement était devenu extrêmement prudent dans ses relations avec les maisons d'édition. On voulait être à l'abri de tout soupçon de conflit d'intérêt ou de favoritisme. Cette prudence s'avérait parfois excessive et discriminatoire aux yeux du père Martin, compte tenu des engagements et du travail déjà effectué par Fides dans le domaine de l'enseignement catholique. Lorsqu'un autre éditeur religieux, comme les Éditions du Richelieu appartenant en partie à l'évêché de Saint-Jean, décrochait un contrat avec l'OCQ, cela n'étonnait pas la direction de Fides, mais il en allait autrement lorsque l'Office accordait des contrats à un éditeur laïque qui n'était pas renommé pour sa production religieuse.

> L'Office craignait beaucoup en effet de sembler favoriser une maison, écrit le père Martin. Le problème, c'est que l'appel d'offre était adressé même à des entreprises qui ne faisaient paraître que des livres profanes. Aussi le deuxième manuel, *Célébrons ses merveilles,* fut-il publié par Pedagogia, une maison qui n'éditait pas de livres religieux et qui par conséquent, à notre point de vue, n'avait pas rendu de service particulier à l'Église. Mes collaborateurs et moi-même fûmes d'autant plus choqués par la décision de l'Office que nous avions conscience d'avoir joué un rôle important dans la mise au point de la présentation du premier manuel et forcément des suivants, et que les prix de vente au détail soumis par notre maison pour le deuxième manuel ainsi que pour le livre du maître étaient presque équivalents à ceux proposés par Pedagogia ; si je me rappelle bien, dans un cas le prix était un peu plus bas et dans l'autre, un peu plus élevé[31].

31. *Ibid.*, p. 38-39.

Le renouveau de l'enseignement catéchistique et la publication d'instruments appropriés pour les élèves et le maître devaient amener Fides à restructurer son département pédagogique. À cette époque, la maison comptait trois services d'édition : services littéraires, pédagogiques et religieux. Comme en matière de manuels scolaires elle ne publiait plus que des ouvrages de catéchèse, il fut convenu en 1971 de fusionner le service des éditions pédagogiques, créé en 1961, avec le service des éditions religieuses, créé en 1966. Cette fusion marquait une autre étape dans la division du travail éditorial au sein de l'entreprise et séparait encore davantage le secteur de la production religieuse du secteur des productions profanes.

Cette dernière réforme s'accompagnait d'une autonomisation du processus de décision des comités de direction des collections. À cet égard, la « Collection du Nénuphar » avait depuis longtemps donné le ton, mais dans le domaine religieux cette initiative était nouvelle. Le père Martin le signale à propos d'un ouvrage sur le divorce, paru dans la collection « Héritage et projet », qu'il n'aurait pas publié s'il n'en avait tenu que de lui, mais l'autonomie du comité était alors prioritaire.

> Je dois dire ici que certains textes de ce volume ne pouvaient pas nous plaire beaucoup non plus, à mes collaborateurs et à moi-même. Il en fut ainsi dans la suite pour d'autres ouvrages de la collection. Nous ne mîmes pas, toutefois, d'obstacle à la publication de ces ouvrages, parce que, lors d'une réunion du conseil d'administration tenue le 24 avril 1973, nous avions décidé, à la suite d'un long échange de vues, de nous en remettre complètement au comité de direction de la collection pour ce qui était du choix des ouvrages à publier[32].

Il faut ajouter que la décentralisation dans le processus de décision était également favorisée par l'apport de nouveaux collaborateurs

32. Document, n° 25, p. 14.

de la Congrégation de Sainte-Croix depuis le début des années 1970[33].

* * *

La direction collégiale que s'était donnée Fides dès sa formation et la culture de la JEC fondée sur la multiplication des comités et sous-comités favorisaient cette adaptation graduelle de l'entreprise aux besoins et aux demandes du milieu. Ce qui faisait la force de Fides est sans doute cette capacité d'adaptation rapide et cette faculté d'ouverture aux tendances et aux courants nouveaux, malgré les controverses et les réserves ou les résistances idéologiques. Cette relative souplesse devait permettre, entre autres, à la maison de passer le cap de la déconfessionnalisation sans perdre le contact avec un public qu'elle avait contribué à former et avec lequel elle avait évolué. Ainsi, au tournant des années 1960, des publications en déclin comme *Hérauts*, *L'Élève* et *Lectures* avaient pu être rapidement remplacées par de nouvelles séries littéraires et religieuses mieux adaptées aux demandes de l'enseignement.

Nul doute que le père Martin a joué un rôle déterminant dans cette évolution en gardant le cap de la vocation initiale, l'édition était d'abord conçue comme un service à la collectivité, et en mettant en application les principes qu'il avait formulés dès 1943 concernant la mission apostolique et la visée généraliste de l'entreprise. La recherche active et constante de nouvelles collaborations, la fréquentation de différents milieux professionnels liés à l'édition et à tous les cycles du système d'enseignement et aux disciplines universitaires des sciences humaines et sociales, la participation à de multiples congrès, colloques, séminaires où pouvaient être recrutés des auteurs et qui permettait d'identifier des publics nouveaux

33. Ce changement était en partie lié aux modifications de statuts survenues après le Rapport Bouchard et il était favorisé par des membres entrés au conseil sous ce nouveau régime.

constituaient autant d'activités dans lesquelles était engagé le directeur général de Fides dont le rôle n'était pas seulement de diriger l'entreprise, mais aussi de prévoir ses futurs développements, de prendre le pouls des lecteurs potentiels et de saisir les bonnes occasions. Un flair certain doublé d'un sens de la stratégie, un respect sans faille de l'orthodoxie, la volonté toujours de suivre les voies hiérarchiques, de même que le culte de la compétence et du travail bien fait devaient assurer la réussite de la plupart de ses nombreuses initiatives.

Si sur le plan administratif le père Martin menait la maison d'une « main ferme », comme il le dit lui-même, la direction générale devait aussi manifester une certaine souplesse et une ouverture dans le processus de sélection qui reposait sur les délibérations de nombreux comités, dont les résolutions étaient devenues avec le temps presque exécutoires, et sur un conseil d'administration toujours dominé par les représentants de la Congrégation de Sainte-Croix, vers laquelle convergeaient toutes les décisions.

Malgré une organisation bien rodée, la maison n'échappait pas aux pressions d'un marché qui connaîtra plusieurs difficultés au milieu des années 1970 découlant, en partie, des réformes de la Révolution tranquille. Avant de subir les effets bénéfiques de la réorganisation de tout le réseau de la distribution du livre préconisé par le Rapport Bouchard, le monde de l'édition vivra une période d'incertitudes et de turbulence d'une dizaine d'années qui se traduira concrètement par une chute des tirages et une baisse des profits[34]. La relance des librairies de Fides, dans les années 1970, devait s'avérer à cet égard très coûteuse et néfaste. La crise de l'édition combinée aux problèmes budgétaires particuliers de Fides, résultant de la fermeture des librairies et du poids des immobilisations (principalement de l'édifice du boulevard Dorchester) vont bientôt amener la haute direction de la Congrégation à s'interroger à nouveau sur l'orientation de l'entreprise.

34. Voir l'Annexe A.

ÉPILOGUE

Au terme de ce parcours, lorsqu'on jette un regard rétrospectif sur les événements, sur l'itinéraire du père Martin, sur la production de la maison d'édition qu'il a dirigée pendant plus de quarante ans, on est frappé par la continuité et la cohérence du projet intellectuel, par la diversité des activités qui ont été menées de front, par l'importance des difficultés matérielles qu'il a fallu traverser et par la ténacité et la détermination du fondateur qui a toujours su garder le cap. À la fois idéaliste et pragmatique, visionnaire et calculateur, inspiré et réfléchi, audacieux et prudent, le père Martin appartient à la famille des grands éditeurs dotés de ces vertus contrastées qui semblent nécessaires à l'exercice de la profession.

Paul Otlet, dans son célèbre *Traité de documentation*, écrivait que « l'édition est conditionnée par trois grands facteurs, l'argent, l'intelligence et la propagande », et il ajoutait que « dans l'édition l'intelligence a besoin d'être protégée à la fois contre l'argent et la propagande[1] ». L'histoire des quarante premières années de Fides illustre bien cette réalité dynamique où la vie de l'esprit est sans cesse confrontée aux réalités idéologiques et matérielles du milieu et du marché, qui la traversent, la conditionnent et parfois la menacent.

1. Paul Otlet, *Traité de documentation*, Liège, CLPCF, 1989, p. 268.

Dans ce métier, la difficulté n'est pas de commencer mais de durer. À l'origine, il s'agissait de répondre à un besoin de lecture de la Jeunesse étudiante catholique, d'où la création de *Mes Fiches* et de services bibliographiques. En 1937, il fallait tout entreprendre. Armé de notions en bibliothéconomie apprises sur le tas et complétées avec le temps, le père Martin a commencé par créer des outils pour les lecteurs et les bibliothécaires. Pour les uns, il a conçu la revue et un service d'édition, pour les autres, il a participé à la fondation de l'École de bibliothécaires où il a donné également des cours de classification. La classification décimale universelle (CDU) servait à la fois à l'éditeur pour classer sa production et au prescripteur pour orienter les lecteurs.

En 1940, une nouvelle occasion s'est présentée. À la faveur de l'essor éditorial du temps de guerre, le projet a pris de l'expansion. Il s'agissait désormais de mettre l'appareil de production et de diffusion de livres et de périodiques au service de l'Église dans son ensemble et des laïcs qui la composent. Dès lors, l'éditeur a cherché à faire connaître tous les travaux de la pensée humaine compatibles avec les valeurs et la morale catholiques. L'« humanisme intégral » de Jacques Maritain a servi de caution au catholicisme progressiste des fondateurs, inspirés eux-mêmes par l'action de la JEC. On désirait s'approprier l'autorité légitimante et durable du livre pour instruire, divertir et former les esprits. Des collections ont été lancées dans tous les domaines, géographie, histoire, littérature, philosophie, sciences sociales et religieuses, beaux-arts, éducation, et pour tous les milieux, tous les publics, enfants, étudiants, parents, éducateurs, ouvriers et professionnels. L'éditeur généraliste, dès le départ, juxtaposait livres de loisir et ouvrages de culture et rassemblait autour d'un projet homogène les publics hétérogènes d'une société de plus en plus morcelée.

Après la prospérité des années de guerre, l'éditeur a dû faire face à la crise générale de l'édition et réduire ses activités. À partir de 1949, les revenus diminuent, la production baisse et le nombre d'employés doit être réduit[2]. Après la crise de liquidité qui s'est prolongée jusqu'au début des années 1950, la maison connaît à nouveau une période d'abondance. La publication de *L'Élève*, qui lui assurait une présence dans l'enseignement primaire, atteindra des tirages impressionnants et permettra un développement rapide de l'entreprise, le lancement de nouveaux projets et la réalisation d'importants investissements. En deux ans, en 1953 et 1954, Fides devient propriétaire d'une imprimerie, d'un hebdomadaire et d'une librairie à Saint-Boniface. Bientôt, d'autres succursales sont créées dans l'Ouest canadien et dans plusieurs villes du Québec. En 1962, au moment de célébrer son 25e anniversaire, Fides n'a plus rien à envier aux grandes maisons religieuses européennes.

Le poids des investissements et des immobilisations se fait rapidement sentir surtout au moment où, dans les années 1960, à l'heure de la Révolution tranquille, de Vatican II et du rapport de la Commission Bouchard, la direction est amenée à revoir ses stratégies de financement et à redéfinir ses priorités. La multiplicité des activités dans lesquelles elle était engagée, la complexité de l'organisation et l'ampleur des problèmes matériels soulevés par l'expropriation de l'immeuble de la rue Saint-Jacques, ajoutées aux déficits des librairies, au vieillissement de l'outillage des ateliers d'imprimerie et à la nécessité de renouveler les collections pédagogiques, vont accaparer de plus en plus le directeur général qui sera amené à faire des choix parfois difficiles. Un retour à la vocation initiale de la maison s'avérait nécessaire. Fides allait donc se départir de ses canards boîteux et mettre fin à ses ambitions de progrès matériel pour concentrer ses efforts sur l'essentiel, soit l'édition proprement dite qui avait fondé son prestige et sa réputation et qui avait « permis à la maison de se financer et de se développer[3] ».

2. Voir l'Annexe D.

3. Paul-Aimé Martin, « Notes sur les Éditions Fides, préparées en vue de la réunion du 6 mai 1976 », APAM.

Au cours des années, Fides avait hébergé plusieurs services de production et de diffusion, de documentation et de bibliographie, d'abonnement et de librairie, d'aide aux bibliothécaires. Avec le temps, certains secteurs avaient connu de tels développements qu'ils étaient devenus des entités autonomes. Ainsi les services aux bibliothèques s'étaient progressivement détachés de Fides de même que les services d'abonnements et de bibliographies, aujourd'hui assumés par des entreprises indépendantes. Le père Martin avait encouragé toutes ces initiatives à une époque où tout était à faire, mais il avait aussi compris au fil des ans qu'il fallait laisser à d'autres le soin de poursuivre et de développer ces secteurs pour en assurer l'avenir et le succès.

Fides était confrontée ici à un autre défi. Il fallait également protéger l'intelligence contre la propagande, selon les termes d'Otlet. En effet, la publication des cotes morales dans la revue *Lectures* depuis 1946 et leur diffusion par les différents services de la maison, qui les offraient notamment aux librairies et aux bibliothèques, entraient en conflit avec la vocation traditionnelle d'une maison d'édition. La démarche censoriale appliquée à l'industrie du livre était peu compatible avec le métier d'éditeur. Le malaise devait éclater au grand jour en 1960 dans une polémique avec la rédaction de la revue *Cité libre*. Le père Martin ne voulait pas voir ce service disparaître et aurait préféré le confier à un organisme catholique indépendant. Il dut cependant le maintenir au sein de l'entreprise, faute de successeur, jusqu'à la veille de l'abolition de l'Index par Rome. D'ailleurs, c'est à partir de cette époque et avec l'arrivée de nouveaux éditeurs laïques sur le marché littéraire que Fides était amenée à se retirer progressivement du secteur des nouveautés et à se spécialiser dans l'édition des œuvres du patrimoine, des travaux savants et des ouvrages de référence. Elle était la seule à cette époque à pouvoir soutenir ce genre de publications à risque qui commandaient des engagements à long terme. À cet égard, la maison devait jouer un rôle de premier plan tout en demeurant fidèle à sa vocation initiale de formation.

Mais les années 1970 furent des années difficiles pour le milieu de l'édition et pour Fides en particulier, comme le démontrent tous les tableaux statistiques : baisse des tirages et des rééditions, fléchissement du nombre de titres publiés annuellement et déficits successifs atteignant même les six chiffres en 1974-1975. En septembre 1976, le Conseil d'administration commande une étude à la firme de consultant CGGL, qui publie son rapport en avril 1977. Les recommandations de ce rapport amènent le Conseil d'administration à adopter des réformes de structure, notamment en créant trois postes de vice-présidents et en déchargeant le père Martin de la présidence du Conseil. La direction des services d'édition était désormais confiée au père Maurice Dubé, c.s.c. Cette nouvelle structure entraînera le départ du père Martin ; il remettra sa démission le 16 mai 1978, alors qu'il ne se sentait pas tout à fait mûr pour la retraite.

> À cette époque, comme maintenant, il y avait des gens qui souhaitaient prendre leur retraite le plus tôt possible. Ce n'était pas mon cas, affirme-t-il. Je me considérais trop jeune, à 61 ans, pour me retirer complètement et définitivement de la vie active. À la fin de mon année sabbatique, je comptais bien me remettre au travail dans l'un des domaines qui m'étaient familiers[4].

Le père Martin quittait Fides au moment où les difficultés semblaient s'aplanir et où s'annonçaient des jours meilleurs. En effet, à partir de 1976, les signes concrets d'une reprise se multipliaient : les pertes des librairies, qui avaient entraîné le déficit record de 1974-1975, étaient maintenant choses du passé ; après trois années de déficits consécutifs, l'entreprise enregistrait des surplus importants ; en fait le profit net était « le plus considérable enregistré depuis quinze ans et le chiffre des ventes du

4. *Ibid.*, p. 31.

secteur des éditions, le plus élevé jamais atteint[5] » ; le nombre d'ouvrages publiés était aussi en hausse et était revenu au niveau des années 1960[6], alors que le maison était au premier rang des éditeurs québécois[7] ; enfin, le montant qu'il fallait débourser chaque année pour demeurer dans l'immeuble du boulevard Dorchester était en baisse[8] ; en 1977-1978, ce montant ne représentait, en argent liquide, qu'un déboursé d'une quinzaine de milliers de dollars[9]. Étant donné la rentabilité du secteur de l'édition, le père Martin prévoyait même une augmentation importante de la production pour l'année 1978-1979.

L'éditeur laissait derrière lui un héritage de près de deux mille titres, une entreprise qui comptait une quarantaine d'employés, un immeuble imposant et une maison d'édition qui figurait parmi les plus importantes du Canada français. En se retirant, il quittait une maison qui, au-delà des aléas financiers et des partis pris idéologiques, avait réussi à se maintenir et à s'adapter aux réalités nouvelles et à répondre aux besoins du milieu.

Mais la vie active du père Martin ne devait pas s'arrêter avec ce départ, bien au contraire. Après un congé largement mérité, il reprendra du service comme éditeur et comme bibliothécaire. Il sera d'abord directeur du Centre biblique à l'archevêché de Montréal, poste qu'il occupera durant sept ans, de 1980 à 1987 ; puis il sera directeur de la Bibliothèque du Grand Séminaire de Montréal de 1990 à 1992. Il prendra sa retraite en 1992, à l'âge honorable de soixante-quinze ans, soit un an avant de se lancer dans la rédaction de l'imposant document qui a inspiré la rédaction du présent ouvrage.

---

5. Document, n° 27, p. 19. Voir l'Annexe A.

6. Voir l'Annexe B.

7. En 1966, Fides était au premier rang des éditeurs québécois quant au nombre de titres publiés et d'exemplaires imprimés. Voir *Nouvelles de Fides*, n° 9, 12 octobre 1967, p. 3, cité dans Document, n° 22, p. 32.

8. Document, n° 28, p. 19-20.

9. *Ibid.*, p. 19.

LISTE DES TABLEAUX

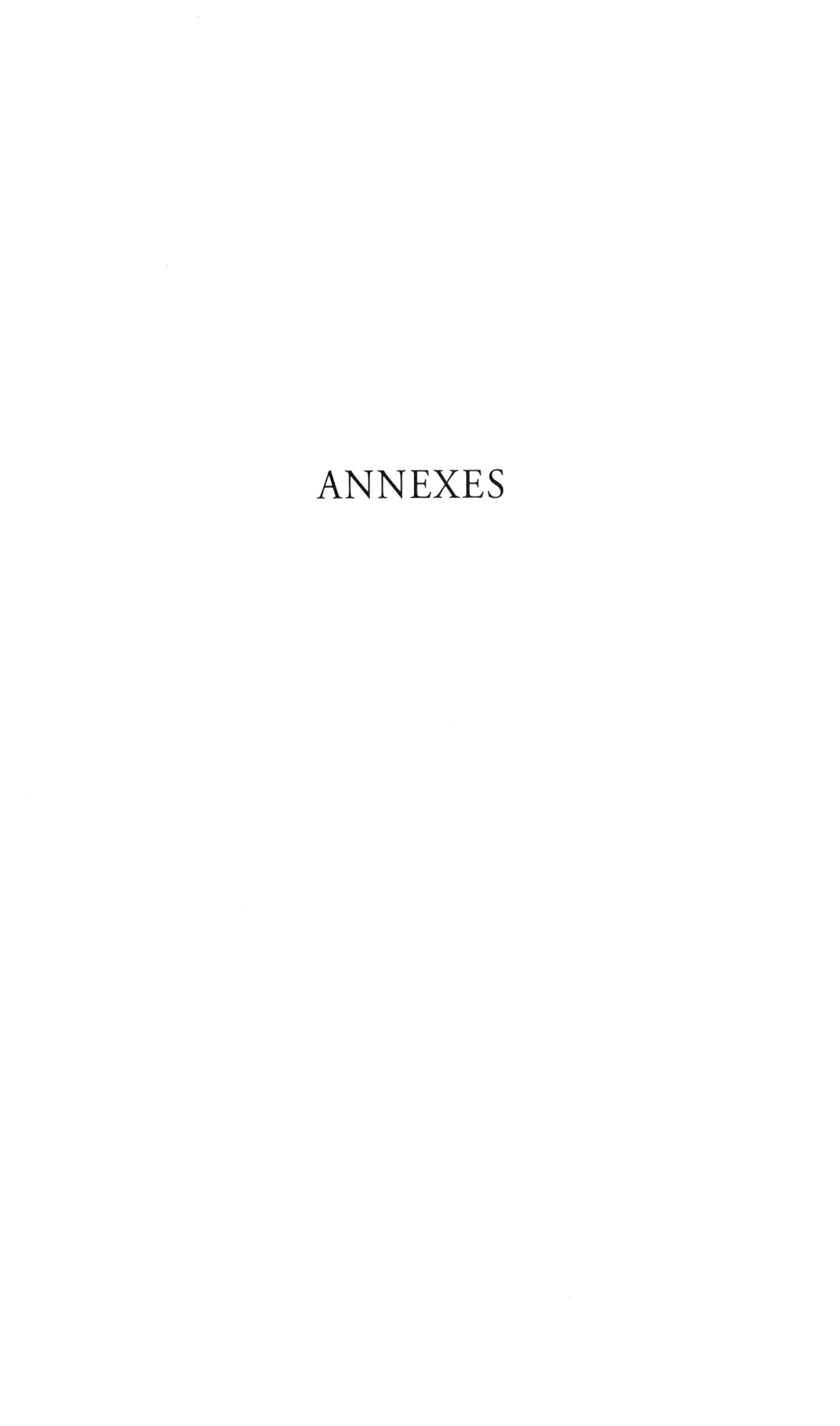

ANNEXES

Annexe A

Tableau des revenus, profits et pertes, 1937-1978

Année financière	*Revenus ($)*	*Profits et pertes ($)*
1937-1938	7 628	2 765
1938-1939	11 170	n. d.
1939-1940	10 170	1 790
1940-1941	36 200	n. d.
1941-1942	89 969	n. d.
1942-1943	140 707	n. d.
1943-1944	219 661	13 582
1944-1945	286 361	4 591
1945-1946	271 127	15 290
1946-1947	314 094	35 672
1947-1948	365 291	10 993
1948-1949	356 459	24 744
1949-1950	312 131	2 706
1950-1951	339 725	4 689
1951-1952	503 210	6 346
1952-1953	707 196	64 147
1953-1954	961 435	69 397
1954-1955	953 374	58 200
1955-1956	1 122 249	90 825
1956-1957	1 194 630	165 357
1957-1958	1 504 027	232 561
1958-1959	1 759 653	188 521
1959-1960	2 104 492	238 027
1960-1961	3 121 993	258 845
1961-1962	3 264 338	145 655
1962-1963	2 929 560	(20 904)
1963-1964	2 866 158	(37 811)
1964-1965	3 000 909	(19 864)
1965-1966	2 618 072	(4 086)
1966-1967	2 970 623	46 103
1967-1968	3 040 254	50 196
1968-1969	3 891 879	(9 300)

Année financière	*Revenus ($)*	*Profits et pertes ($)*
1969-1970	3 200 667	(19 433)
1970-1971	3 017 920	(79 281)
1971-1972	4 266 007	4 220
1972-1973	3 090 619	5 516
1973-1974	2 826 371	(90 800)
1974-1975	2 393 261	(331 827)
1975-1976	2 590 190	(41 432)
1976-1977	1 937 793	136 376
1977-1978	1 654 780	(30 284)

Source: ACEF, compilation de Paul-Aimé Martin, c.s.c. Les déficits sont donnés entre parenthèses.

Annexe B

Production annuelle de livres et brochures au nom de *Mes Fiches* (1938-1940) et des Éditions Fides (1941-1978)

Année	*Nouvelles éditions*
1938	1
1939	3
1940	2
1941	45 (13)[1]
1942	83 (22)
1943	88 (33)
1944	86 (23)
1945	74 (11)
1946	86
1947	61
1948	39
1949	27
1950	45
1951	39
1952	43
1953	38
1954	24
1955	45
1956	64
1957	41
1958	73
1959	46
1960	56
1961	56
1962	51
1963	56

1. Le chiffre entre parenthèses indique le nombre de titres réédités par Fides sous le régime de l'arrêté exceptionnel de 1939, et qui sera en vigueur jusqu'à la fin de 1945. Ce chiffre est compris dans le total des nouvelles éditions.

FIDES

Année	*Nouvelles éditions*
1964	36
1965	54
1966	64
1967	57
1968	56
1969	43
1970	46
1971	36
1972	38
1973	35
1974	39
1975	39
1976	52
1977	45
1978	48
Total	**1960**

Source: GRÉLQ, compilation de Jacques Michon.

Annexe C

Nouveautés et rééditions, 1967-1976[1]

Année	*Nouveaux titres*	*Rééditions*	*Total*
1967-1968	58	87	145
1968-1969	47	71	118
1969-1970	33	76	109
1970-1971	46	36	82
1971-1972	36	58	94
1972-1973	37	38	75
1973-1974	36	28	64
1974-1975	42	39	81
1975-1976	46	32	78
1976-1977	53	36	89

Source: ACEF, compilation de Paul-Aimé Martin, c.s.c.

1. Pour constituer ce tableau, plusieurs documents ont été consultés: pour les années 1967-1968 à 1970-1971, les procès-verbaux du conseil d'administration de Fides ont été utilisés; pour les années 1971-1972 à 1974-1975, les procès-verbaux de l'assemblée générale annuelle de Fides ont été dépouillés; enfin les chiffres concernant les années 1975-1976 et 1976-1977 proviennent des *Nouvelles de Fides* (1965-1977).

Annexe D

Nombre d'employés chez Fides, 1937-1976[1]

Année	*Employés*
1937	1
1938	2
1939	2
1940	5
1941	12
1942	17
1945	41
1946	43
1947	45
1948	41
1949	40
1950	32
1954	125
1960	139
1962	150
1965	124
1968	107
1971	70
1975	57
1976	42

Source: ACEF, compilation de Paul-Aimé Martin, c.s.c.

1. Nombre de personnes à l'emploi de Fides au 31 décembre de chaque année.

Annexe E

Rétrocession du journal *Notre temps* en 1956
par le père Paul-Aimé Martin[1]

Nous reproduisons ici in extenso *le texte du père Martin dans lequel il évoque les circonstances qui ont amené Fides à rétrocéder la propriété du journal* Notre temps *à son directeur et fondateur, Léopold Richer.*

Il paraîtra certes étonnant qu'une collaboration commencée sous des augures aussi favorables se soit terminée après seulement trois ans. C'est que durant cette période il s'était passé bien des événements, qui sans doute n'étaient pas tous d'égale importance, mais qui ne pouvaient laisser M. Richer indifférent et qui l'avaient amené à prendre énergiquement parti, quitte à choquer, dans certains cas, les gens qui ne pensaient pas comme lui. Il convient de mentionner ici spécialement trois de ces événements : 1) la lutte menée en 1954 par M. Maurice Duplessis en faveur de l'autonomie de la province de Québec ; 2) la polémique déclenchée par le voyage de M. Jacques Hébert en Pologne ; 3) les élections provinciales du 20 juin 1956 et l'étude de MM. les abbés Gérard Dion et Louis O'Neill sur les mœurs électorales.

1) La lutte menée en 1954 par M. Maurice Duplessis en faveur de l'autonomie de la province de Québec

M. Richer avait fait partie du personnel du *Devoir* de 1937 à 1944. Dans les articles qu'il écrivait à titre de correspondant parlementaire à Ottawa, il faisait montre d'une façon non équivoque de ses convictions nationalistes. Il ne les abandonna certes pas en fondant *Notre temps*, même si le journal voulait surtout œuvrer dans le domaine social et dans le domaine culturel. Aussi

1. Document, n° 18, p. 8-13.

s'impliqua-t-il avec ardeur dans la lutte constitutionnelle qui s'engagea, au début de l'année 1954, entre le Québec et l'autorité fédérale. Le 14 janvier, le gouvernement de M. Duplessis déposait un projet de loi instituant « un impôt provincial sur le revenu égal à 15 % de l'impôt fédéral et dont on réclamera la déduction » (Robert Rumilly, *Maurice Duplessis et son temps*, Fides, 1973, t. II, p. 482). Le 23 janvier suivant, M. Richer écrivait dans *Notre temps* (p. 1) : « Ce qu'il importe de souligner fortement dès maintenant, c'est moins telle ou telle modalité du projet de loi que le principe même du bill. Le gouvernement de la province de Québec pose enfin le geste que *Notre temps* n'a cessé de réclamer. » Il revint sur la question plusieurs fois, et ne manqua pas de rappeler l'attitude centralisatrice des libéraux tant provinciaux que fédéraux dans un éditorial qu'il avait intitulé : « Pouvons-nous compter sur l'appui des libéraux ? » (*Notre temps*, 27 février 1954, p. 1). Le dimanche 26 septembre, M. Duplessis prononça, à Valleyfield, un important discours ; il répondit à M. Louis Saint-Laurent qui, dans un plaidoyer pour la centralisation formulé peu de temps auparavant, avait dit que le Québec n'était pas différent du reste du Canada. M. Duplessis exposa avec force la thèse de l'autonomie provinciale et affirma que le Québec ne vendrait jamais ses droits fiscaux pour des octrois fédéraux. La réaction de M. Richer à ce discours fut enthousiaste. Le samedi suivant, il en publia de larges extraits qu'il avait empruntés à *La Presse*, et il y consacra son éditorial (*Notre temps*, 2 octobre 1954, p. 1). Son texte débutait ainsi : « On s'accorde à dire un peu dans tous les milieux — excepté, bien entendu, dans les cercles libéraux — que M. Maurice Duplessis a prononcé dimanche dernier à Valleyfield un discours en tous points remarquable. » Plus loin, M. Richer citait La *Presse* qui avait déclaré : « Dans vingt ans on parlera encore du discours de Valleyfield », et il ajoutait : « M. Duplessis s'est élevé à la hauteur de la tâche que les circonstances lui imposent : celle de défendre nos droits contre un gouvernement central envahisseur [...]. »

M. Richer n'était certes pas seul à approuver la démarche du premier ministre, et un tel article plaisait à beaucoup de gens ; mais c'est à M. Duplessis qu'il était de nature à plaire en premier lieu, quoique ce n'était sûrement pas l'effet que recherchait M. Richer. M. Duplessis tint à faire venir M. Richer à son bureau et à lui exprimer de vive voix sa grande satisfaction, et il fit sans doute part de ses sentiments à son entourage. Même si M. Richer tenait à garder son indépendance et n'hésitait pas à le proclamer, il s'établit au sein du gouvernement un climat qui lui était favorable, à lui et à son journal.

Par ailleurs, on sait combien à l'époque l'animosité était vive entre partisans et adversaires de M. Duplessis et de son parti. L'éditorial de M. Richer dont je viens de parler, de même que plusieurs autres qui l'avaient précédé dans les derniers mois, heurtaient énormément de monde dans les milieux favorables au Parti libéral. Il y avait certainement un danger que dans ces milieux on en vienne à considérer M. Richer comme inféodé à l'Union nationale, ce qui malheureusement finit par se produire.

2) La polémique déclenchée par le voyage de M. Jacques Hébert en Pologne

M. Jacques Hébert, directeur de l'hebdomadaire *Vrai* qu'il avait fondé en août 1954, effectua à l'automne 1955 un voyage de deux semaines en Pologne. Il alla, à l'invitation du gouvernement communiste polonais, prendre part au festival en l'honneur du centenaire du poète catholique Adam Mickiewicz (1798-1855). À son retour, il donna, le 12 décembre, une conférence de presse à la télévision de Radio-Canada, et publia une série d'articles dans son journal. Ses déclarations et ses écrits déclenchèrent une violente polémique ; on l'accusa d'accréditer une fausse idée de la situation de l'Église catholique en ce pays. Je ne puis relater ici en détail les péripéties de cette polémique qui dura plusieurs mois et qui eut des échos non seulement dans la presse, mais aussi à la radio et à la télévision. Parmi les journalistes, il en est deux qui s'en prirent avec virulence à M. Hébert : MM. Louis-Philippe Roy et Léopold Richer. Il faut dire que M. Hébert était allé au-devant des coups. En annonçant dans son journal, le 24 novembre (p. 7), qu'il irait en Pologne, il écrivait :

> J'irai donc à mon tour derrière le rideau de fer. Nos grenouilles de bénitier, depuis longtemps agacées par le franc-parler de *Vrai*, doivent s'en frotter les pattes. Je devine déjà les beaux petits articles qu'on me fera dans *L'Action catholique* et dans *Notre temps*, sans parler de « Poubelles et Crottins » où la tartufferie est également à la mode.

En janvier et février 1956, M. Roy consacra à l'événement, dans *L'Action catholique*, une dizaine d'éditoriaux. Le titre du premier (20 janvier, p. 4) donne le ton général de l'ensemble : « Jacques Hébert dupe d'un interprète apostat ». Quant à M. Richer, en se basant sur le numéro de *Vrai* du 24 novembre, il communiqua aux lecteurs de *Notre temps*, dès le 26 (p. 2), que M. Hébert irait en Pologne et il fit remarquer que les gouvernements communistes choisissaient « bien leurs invités depuis quelques années. Pas une erreur. Ils jouent à coup sûr. » Il faisait manifestement allusion au célèbre voyage de M. Gérard Filion en Chine, au cours de l'année 1952. Puis il reprocha vivement à M. Hébert d'effectuer ce voyage en dépit des « mises en garde du Vatican contre le communisme et l'hypocrisie communiste en matière religieuse », et il ajouta :

> Jacques Hébert sera bien récompensé. Comme il lui suffira de deux petites semaines pour comprendre le drame polonais, Radio-Canada s'empressera de l'interviewer à son retour. On l'invitera plus fréquemment encore à divers programmes télévisés. Son avenir est presque assuré.

Par la suite, M. Richer prit la peine d'enregistrer la conférence de presse donnée par M. Hébert le 12 décembre et il en donna le texte dans le numéro de *Notre temps* du 11 février 1956 (p. 7). Il avait auparavant publié plusieurs éditoriaux sur le sujet ainsi que de nombreux documents concernant la situation religieuse en Pologne. Plusieurs de ces documents étaient précédés de la mention : « Pour l'information de Jacques Hébert ». Tous ces textes montraient que M. Hébert avait donné une fausse idée de la situation de l'Église catholique en Pologne. C'était aussi la conclusion à laquelle étaient arrivés non seulement M. Louis-Philippe Roy, mais aussi d'autres personnalités comme, par exemple, M. Robert Keyserlingk, directeur de *The Ensign*.

Il reste que le combat mené par M. Richer ne pouvait que creuser davantage le fossé qui le séparait déjà de M. Hébert et de ses amis ; ce combat a sans doute contribué à préparer l'affrontement qui devait se produire quelques mois plus tard.

3) Les élections provinciales du 20 juin 1956 et l'étude des abbés Gérard Dion et Louis O'Neill sur les mœurs électorales

En 1956, des élections provinciales eurent lieu le 20 juin. M. Léopold Richer publia dans *Notre temps* plusieurs éditoriaux en relation avec la campagne électorale. Dans deux d'entre eux, il s'élevait au-dessus de la mêlée : le 2 juin (p. 1), il rappelait « les principes de morale en période électorale », et le 9 juin (p. 1), il disait aux gens en présence : « Ne devenons pas des frères ennemis ». Dans les autres éditoriaux, il s'en prenait à la collusion entre les libéraux provinciaux et les libéraux fédéraux, et il dénonçait leur politique centralisatrice. C'est d'ailleurs en signalant que « pour les Canadiens français du Québec il n'existe qu'un problème essentiel, qui transcende tous les autres, celui de l'autonomie de la province », qu'il montrait, le 16 juin, pour qui il importait de voter aux élections (« Pour une province autonome », 16 juin, p. 1).

L'éclatante victoire de l'Union nationale devait avoir des lendemains imprévus. Deux prêtres de Québec, professeurs à l'Université Laval, MM. les abbés Gérard Dion et Louis O'Neill, dirigeaient à cette époque un bulletin intitulé : *Ad usum sacer-*

dotum, qui était, du moins en théorie, à l'usage exclusif du clergé. Dans le numéro de juillet, ils publièrent une étude sur les mœurs électorales dans la province de Québec. *Le Devoir*, qui à la suite « d'une fuite heureuse », selon son expression, eut connaissance de l'étude, la publia le 7 août, et de nouveau le 14.

L'étude était en réalité un violent réquisitoire, dont l'un des premiers paragraphes débutait ainsi : « Le déferlement de bêtise et l'immoralité dont le Québec vient d'être témoin ne peuvent laisser indifférent aucun catholique lucide. » Les auteurs développaient par la suite les thèmes suivants : le mensonge érigé en système, l'emploi des mythes, un peuple vénal dont on gagne la faveur par des méthodes frauduleuses, un état d'esprit socialisant, l'utilisation de la religion. En conclusion, ils insistaient sur l'urgence de procéder à un travail d'éducation morale et civique des catholiques et suggéraient la fondation d'une « vraie ligue de moralité publique, indépendante de tous les partis politiques existants ou à créer [...] ».

M. Gérard Filion publia dans *Le Devoir* deux éditoriaux sur l'étude de MM. les abbés Dion et O'Neill. Le 8 août (p. 4), sous le titre : « Réforme des lois et des mœurs électorales », il commentait la prise de position des deux ecclésiastiques, admirait leur clairvoyance et leur courage et appuyait leur suggestion de créer une ligue de moralité publique. Le 11 août (p. 4), il revenait sur le sujet dans un éditorial intitulé : « Il nous faudrait un Bernanos ». Il s'en prenait avec la fougue d'un pamphlétaire à ces catholiques « ni plus ni moins vertueux que la moyenne » qui, au cours de la dernière campagne électorale, s'étaient faits « absolus dans la vérité et sectaires dans le bien ». Parmi eux se trouvaient, selon M. Filion, M. Louis-Philippe Roy et M. Robert Keyserlingk, les pères Joseph-Henri Ledit et Luigi d'Apollonia, s.j. Puis il ajoutait : « Je laisse délibérément de côté les obsédés et les maniaques, genre Léopold Richer. Leur cas relève de la clinique, non du journalisme. » Dans un éditorial intitulé : « Notre Bernanos québécois », M. Richer répondit sur le même ton à M. Filion (*Notre temps*, 18 août 1956, p. 1). Il ridiculisa sa démarche belliqueuse qu'il assimilait à celle de don Quichotte. À propos des mœurs électorales, il rappela qu'il y avait eu dans le passé « des vols d'élections carrément outrageants » : ceux, par exemple, de l'élection provinciale de 1939 et de l'élection fédérale qui avait suivi. En ces deux circonstances, disait-il, les libéraux ont sans doute déboursé de l'argent et beaucoup. Mais leurs armes principales ont été la guillotine, la peur du camp de concentration, la censure de guerre, l'étouffement de toute liberté d'expression. Plus loin, il admettait qu'il fallait des réformes et « qu'on ne saurait approuver des mœurs dépravées, fussent-ce des mœurs électorales ». Mais, poursuivait-il, « il y a plus grave encore que la corruption des mœurs privées, publiques ou électorales. C'est la corruption des esprits. Et la corruption des esprits s'étale devant nous depuis quatre ou cinq ans d'une façon effrayante. Elle gagne du terrain chaque jour, dans toutes les classes de la société ».

Dans son texte, M. Richer, en plus de M. Filion, attaquait « un autre croisé », qui avait « loué hautement » l'étude des deux professeurs de l'Université Laval : M. J.-Z.-Léon Patenaude, fondateur du Comité de moralité publique et secrétaire-trésorier de la Ligue d'action civique. « Il a bouclé, disait-il, la ceinture de la pudeur offensée. » M. Richer se permettait de douter que le Comité et la Ligue aient accompli toutes leurs promesses. Or, à l'époque, la Ligue d'action civique finançait le journal *Vrai* et le considérait comme son organe officieux (Robert Rumilly, *Maurice Duplessis et son temps*, t. II, p. 574). À la demande de la Ligue, semble-t-il, le directeur de *Vrai*, M. Jacques Hébert, voulut frapper un grand coup ; il décida de s'en prendre aux Pères de Sainte-Croix qui, selon lui, possédaient *Notre temps*.

Il aurait été plus normal et plus juste de réagir contre Fides, qui publiait le journal à ses frais et sous sa responsabilité, plutôt que de s'attaquer à la Province canadienne des Pères de Sainte-

Croix qui ne jouait aucun rôle officiel dans *Notre temps*, même si elle avait autorisé Fides à en prendre le contrôle. Au surplus, celui qui avait été supérieur provincial jusqu'au mois de juillet 1956, le père Laurent Lapalme, c.s.c., avait laissé pleine latitude à Fides en tout ce qui concernait le journal.

Mais M. Hébert connaissait depuis longtemps le nouveau supérieur de la Province canadienne des Pères de Sainte-Croix, le père Germain-Marie Lalande, c.s.c.; il savait que le père comptait plusieurs amis parmi ceux que M. Richer appelait « les petits copains de la télévision » (titre de l'éditorial du numéro du 10 décembre 1955 de *Notre temps*), et il devait penser que le père n'approuvait pas les positions prises par M. Richer dans le domaine politique. M. Hébert adressa donc au père Lalande une lettre ouverte dans laquelle il demandait la tête de M. Richer. Il publia cette lettre dans le numéro de *Vrai* du samedi 1er septembre 1956, sous le titre: « Quand nous débarrassera-t-on de Léopold Richer? » Le mercredi 29 août, le père Lalande, qui avait déjà eu connaissance de la lettre, me téléphona pour me faire part du grand ennui qu'elle lui causait. Le lendemain midi, je déjeunai avec M. et Mme Julia Richer, et le soir je rencontrai le père Lalande. Malheureusement, je n'ai pas conservé de notes au sujet de ces entrevues. Dans *Maurice Duplessis et son temps* (t. II, p. 575), Robert Rumilly dit que le père Lalande engagea « le père Martin, directeur de Fides, à empêcher la polémique contre Filion, Hébert ou les abbés Dion et O'Neill, bref à museler *Notre temps* ». Pour ma part, je ne me souviens de rien de tel. Je me rappelle plutôt que, dès le 30 août, j'arrivai à la conclusion que, puisque dans certains milieux on considérait *Notre temps* comme l'organe des Pères de Sainte-Croix, il fallait s'en détacher et convaincre M. Richer de reprendre la propriété du journal. J'y parvins avec un peu de difficulté, car M. Richer se plaisait beaucoup à Fides et jouissait dans notre maison d'une sécurité financière qui lui avait longtemps manqué. Une indemnité dut d'ailleurs lui être versée, car le contrat, qu'il avait signé avec Fides en 1953, était encore valable pour une longue période. Ce n'est pas sans regret que mes collaborateurs et moi-même nous abandonnions *Notre temps* car nous considérions que la publication d'un journal était le couronnement normal d'un œuvre d'édition. Depuis 1953, nous avions de plus constaté qu'un journal constituait un instrument très efficace pour faire connaître nos initiatives.

Ce n'est pas non plus sans une certaine tristesse que nous nous séparions de M. Richer. Il avait su s'entourer de bons collaborateurs, et beaucoup des positions qu'il prenait nous convenaient bien. Comme lui, en particulier, nous n'avions pas apprécié les déclarations de M. Jacques Hébert à la suite de son voyage en Pologne, et nous n'étions pas d'accord au sujet de certaines émissions de Radio-Canada. Mais je ne puis cacher que ses éditoriaux sur des questions politiques nous causaient de plus en plus d'embarras ; de ce point de vue, nous n'étions pas trop peinés de nous séparer de lui.

J'avais eu de très bons rapports avec M. et Mme Richer durant tout leur séjour à Fides, et ils m'avaient souvent reçu à dîner chez eux. Après leur départ, nos relations demeurèrent cordiales. À la suite du décès de son mari, survenu le 2 janvier 1961, Mme Julia Richer quitta le journal. En 1962, elle revint à Fides et accomplit, pendant près de dix ans, un excellent travail comme directrice des relations extérieures.

CHRONOLOGIE

Le père Paul-Aimé Martin et les Éditions Fides 1917-1997

1917

11 février — Naissance à Saint-Laurent de Paul-Aimé Martin, fils de J.-Arthur Martin (1890-1940), courtier en assurances, et de Laurida Deguire (1895-1923), sœur d'Émile Deguire (1896-1992).

1933

2 août — Entrée au noviciat de la Congrégation de Sainte-Croix à Sainte-Geneviève.

1934

16 août — Profession temporaire de ses vœux. Études de philosophie jusqu'en 1936. Résidence au Séminaire Moreau, situé sur le campus du Collège de Saint-Laurent.

1936

Août — Entrée au Scolasticat de Sainte-Croix, 3530 rue Atwater à Montréal. Les cours de théologie sont donnés au Grand Séminaire de Montréal, situé à proximité du Scolasticat.

1937

Mars	Parution du premier numéro de *Mes Fiches.* La rédaction et l'administration de la revue sont logées au Scolasticat. La revue cessera de paraître en mai 1965. Cette première publication constitue, aux yeux de son fondateur, l'acte de naissance de la maison d'édition qui ne tardera pas à s'épanouir et qui sera bientôt connue sous le nom de Fides.
19 avril	Paul Poirier entre à *Mes Fiches* comme secrétaire. Il est nommé secrétaire général en 1939 et secrétaire-trésorier de la Corporation des Éditions Fides en 1942. Il occupera le poste de gérant général de 1945 à 1971, année de sa retraite.
Mai	Le père Martin participe à la fondation de l'École de bibliothécaires de l'Université de Montréal avec Marie-Claire Daveluy, le père Deguire et Ægidius Fauteux qui en sera le premier directeur.
10 juillet	Signature d'un protocole d'entente entre le bureau de rédaction de *Mes Fiches* et la JEC qui s'occupe de l'administration de la revue.

1938

13 février	Profession perpétuelle du père Martin.
Août	Cécile Martin, la sœur de Paul-Aimé Martin, est engagée comme secrétaire à la rédaction de *Mes Fiches.* Elle sera rédactrice de la revue de janvier 1941 à avril 1950 et assumera ensuite la direction de la librairie jusqu'à son départ, en avril 1953.

1939

27 août-9 septembre	Le père Martin fait partie de la délégation canadienne au XVIIIe congrès de *Pax Romana* à Washington et à New York.

1940

17 février	Ordination sacerdotale du père Martin.

2 août	Emménagement de *Mes Fiches* dans leur premier local hors du Scolasticat, au 4286 rue Saint-Hubert. La centrale de la JEC est située au 840 rue Cherrier.
Octobre	Publication par la JEC du premier numéro des *Cahiers d'action catholique*, sous la direction d'Émile Deguire, c.s.c. Le père Martin agira comme secrétaire de rédaction de la revue jusqu'en juin 1941.

1941

23 janvier	Parution du premier titre des Éditions Fides : *Mon fiancé*, premier numéro de la collection « Face au mariage » qui sera suivi de vingt-trois autres numéros en 1941-1942.
27 janvier	Fides achète le fonds de librairie de la JEC au montant de 2038 $. La librairie est située rue Cherrier, dans l'édifice de la Palestre nationale ; elle sera logée plus tard dans l'immeuble de la maison d'édition.
1er février	Première mention du nom de Fides dans *Mes Fiches*, nº 79.
Avril	Le père André Cordeau, c.s.c., fait son entrée chez Fides. Il est nommé responsable des éditions.
Mai	Fides loue un local dans l'immeuble de la JEC qui vient d'emménager au 430 rue Sherbrooke Est près de Saint-Denis.
Juillet	Le frère Placide Vermandere, c.s.c., se joint à l'équipe de Fides. Il est chargé des éditions anglaises et des traductions.

1942

Mai	Fides déménage dans ses propres locaux au 3425 de la rue Saint-Denis, à quelques portes de la JEC en attendant le transfert de l'entrepôt au 3680 de la même rue. La séparation de Fides et de la JEC fait l'objet d'une entente.
Début de l'été	Le père Martin succède au père Deguire comme secrétaire de l'École de bibliothécaires. Il occupera cette fonction jusqu'en octobre 1958.
20 juillet	Fides est constituée en Corporation à but non lucratif. Le conseil d'administration est composé de trois membres de

	la Congrégation de Sainte-Croix: Paul-Aimé Martin, André Cordeau et Émile Deguire.
1er septembre	La Corporation des Éditions Fides obtient un prêt de l'Oratoire Saint-Joseph dans le but d'acheter l'édifice de la rue Saint-Denis dont l'acquisition sera approuvée le 30 octobre.
15 octobre	Les règlements de la Corporation sont acceptés. Le conseil d'administration est composé de trois membres actifs (c'est-à-dire avec droit de vote) qui sont tous de la Congrégation de Sainte-Croix, lesquels peuvent s'adjoindre des membres associés (sans droit de vote).
5 décembre	Le conseil d'administration nomme comme membres associés: Paul Poirier, Cécile Martin, le frère Placide Vermandere, c.s.c., et Benoît Baril.
Décembre	Changement du sigle de Fides: le mot «Éditions» au-dessus de l'octogone est remplacé par le symbole d'un livre ouvert.
	Mise sur pied du Service de bibliographie et de documentation qui s'occupe de la publication de *Mes Fiches*, qui contribue à l'organisation des bibliothèques, en publiant entre autres *Lectures et bibliothèques*, et qui fait la promotion de la bonne lecture.
Au cours de l'année	Lancement des collections «Cahiers d'art Arca», «Collection Alfred», «Études sur notre milieu», «Le Message français», «Philosophie et problèmes contemporains», «Radio-Collège» et «Textes d'action catholique».

1943

Janvier	Sortie du premier tract de la série «Questions sociales», rédigée par le père Gérard Petit, c.s.c.
	Lancement du journal *François*, une revue de la JEC. Fides s'occupera de la publication des Éditions de la JEC jusqu'en 1944.
5 mars	Inauguration de la section «Lectures et bibliothèques» dans *Mes Fiches*.
Août	Le père Martin quitte la maison des Frères située près de l'Imprimerie, où il était chapelain, pour s'installer dans la

	maison provinciale de la Congrégation, au 46 rue Surrey Gardens à Westmount.
Septembre	Premier numéro de *Gants du ciel*, revue dirigée par Guy Sylvestre, qui cessera de paraître après le douzième numéro, en 1946.
30 octobre	Le père Martin rencontre le père Félix-A. Morlion, o.p., à New York.
11 novembre	Le père Martin participe à la fondation de l'Association canadienne des bibliothèques d'institution (ACBI) dont il est élu président. L'ACBI deviendra, en 1945, l'Association canadienne des bibliothèques catholiques (ACBC), puis en 1948, l'Association canadienne des bibliothécaires de langue française (ACBLF) qui sera incorporée en décembre 1960. Celle-ci cessera ses activités le 31 décembre 1973 pour être remplacée par l'Association pour l'avancement des sciences et des techniques de la documentation (ASTED) le 1er janvier 1974.
Automne	Création d'un service indépendant d'aide aux bibliothécaires, rebaptisé Service des bibliothèques en 1944, destiné à venir en aide aux bibliothécaires et à faire la promotion de la fondation de nouvelles bibliothèques.
Au cours de l'année	Fondation de la Société des éditeurs canadiens du livre français. Le père Martin est élu vice-président. Création de « Apostolate Press » par Louis J. Putz, c.s.c., à South Bend (Indiana) qui deviendra Fides Publishers en 1945. Cette société sera fusionnée avec la maison d'édition des Pères Clarétins dans les années 1970.

1944

29 janvier	Le père Martin est nommé président de la Société catholique de la Bible par le cardinal Villeneuve. Le lendemain, fondation de l'Association catholique des études bibliques au Canada (ACEBAC).
Avril	Publication du premier numéro de *Hérauts*, dirigé par le frère Placide Vermandere, c.s.c. ; à l'origine la revue est une traduction de *Timeless Topix*; elle sera publiée jusqu'en 1965.

17 avril — Victor Martin, le frère du directeur général, fait son entrée chez Fides. Diplômé du Collège de Saint-Laurent, il est nommé gérant des ventes. En avril 1960, il deviendra directeur des librairies et, en septembre 1978, directeur de la mise en marché, poste qu'il occupera jusqu'à sa retraite, en août 1984.

Clément Saint-Germain, qui est embauché le même jour, est nommé responsable adjoint du service de la propagande. Le 28 juin 1945, il passera au service de l'édition et deviendra l'adjoint du père Cordeau. Le 23 mai 1947, il sera nommé gérant de l'édition. Il quittera Fides à l'été de 1962.

6 mai — Publication du premier numéro de la « Collection du Nénuphar » : *Me naud, maître-draveur*, de Félix-Antoine Savard.

Au cours de l'année — Lancement des collections « Bibliothèque économique et sociale », « Collection du Nénuphar », « Contes et aventures », « Les Grands Auteurs spirituels » et « Textes bibliques ».

1945

Janvier — Achat de l'édifice de la rue Saint-Jacques.

16 février — Vente de l'édifice de la rue Saint-Denis.

Création d'Editora Fides à São Paulo au Brésil, où les Pères de Sainte-Croix viennent de fonder un collège ; la succursale de Fides est dirigée par le père Oscar Melanson, c.s.c. ; elle sera enregistrée à Rio de Janeiro le 14 juin 1947.

Au cours de l'année — Lancement des collections « L'Hermine » et« Selecta ».

1946

13 janvier — Benoît Baril, qui faisait partie du personnel depuis le début de 1942, revient d'un séjour en France où il a établi des contacts avec des éditeurs et des libraires français. Le 18 juin, B. Baril quittera Fides pour créer sa propre entreprise, l'agence d'abonnement qui sera connue sous le

	nom de Periodica en 1952. Après son départ, Estelle Nepveu assumera la responsabilité du service de la propagande.
28 mai	Inauguration des bureaux de Fides dans l'immeuble situé au 25 de la rue Saint-Jacques Est. Fides était installée dans cet immeuble depuis mai 1945.
Août	Création d'une bibliothèque circulante à l'intention de la Quebec North Shore Paper Company qui la fait circuler dans les camps de bûcherons. Yolande Cloutier participe à cette opération.
Septembre	Premier numéro de la revue *Lectures,* qui sera dirigée successivement par Théophile Bertrand (1946-1951), Jean-Paul Pinsonneault (1951-1954), Rita Leclerc (1954-1965) et Roland Charland (1965-1966). La revue cessera de paraître en mai/juin 1966.
Octobre–décembre	Premier voyage du père André Cordeau en France pour établir des contacts avec les principaux fournisseurs de Fides et d'éventuels clients.
Au cours de l'année	Lancement des collections « Les Archives de folklore » et « Maîtres de la spiritualité ».

1947

Mars-mai	Deuxième voyage du père Cordeau en Europe.
30 juin	Rencontre des dirigeants de Fides Publishers et d'Editora Fides à Montréal.
	Luc Lacourcière est nommé directeur de la « Collection du Nénuphar ».
Septembre	Lancement de *Hérauts* en six éditions, d'autres communautés religieuses s'étant associées à Fides pour faire paraître des éditions conjointes.
Novembre	Inauguration de la section « Bibliotheca » dans la revue *Lectures.* Il s'agit du nouveau bulletin de liaison de l'ACBC qui remplace la *Revue des bibliothèques,* fondée en 1945 ; il paraîtra jusqu'en juin 1954.
22 novembre	À l'occasion du 10e anniversaire de fondation de l'École de bibliothécaires, le père Martin reçoit un doctorat *honoris causa* en bibliothéconomie et en bibliographie de l'Université de Montréal.

Au cours de l'année	Le supérieur général des religieux de Sainte-Croix tente d'obtenir le titre d'éditeur pontifical pour Fides, mais sans succès. Lancement des collections « Amour et aventures », « Bibliothèque d'action catholique », « Figures angéliques » et « Grands Serviteurs de Dieu ».

1948

1er mars–28 mai	Premier voyage du père Martin en Europe.
2 décembre	Le premier grand lancement collectif de la maison d'édition signale la sortie de trois ouvrages de la « Collection du Nénuphar ».
Au cours de l'année	Achat d'une maison au 58 rue Notre-Dame-des-champs, Paris (6e), pour loger les Pères de Sainte-Croix en stage d'études en France. Fides y installera sa première librairie parisienne.

1949

Avril	Lancement d'un nouveau périodique, *Que dois-je lire ?*, qui doit prolonger la mission de la revue *Lectures*; mais la revue ne connaîtra que dix numéros.
1er avril–4 juin	Deuxième voyage du père Martin en Europe. Inauguration de la première succursale de Fides à Paris au 58 rue Notre-Dame-des-Champs. Les statuts de Fides SARL sont signés le 25 mai; la compagnie sera dissoute en 1968.
26 juillet–9 septembre	Stage de formation du Dr Georges Durand à Montréal, le futur gérant de Fides à Paris.
Au cours de l'année	Lancement de la collection « La Vérité sur... ».

1950

27 janvier–15 avril	Troisième voyage du père Martin en Europe. Il participe au Congrès international de la presse catholique à Rome. Ouverture de la Maison du livre canadien, 120 boulevard Raspail (6e). Fides SARL occupera ces

	locaux jusqu'en 1955. Par la suite, la société logera successivement au 5 rue Rousselet (7e) en 1955 et 1956, au 48 rue Mazarine (6e) en 1957 et 1958, et finalement au 3 rue Félibien (6e), près du carrefour de l'Odéon, de 1958 à 1966.
15 avril	Célébration de la première messe du père Martin dans la nouvelle chapelle aménagée dans l'édifice de la rue Saint-Jacques.
7 juillet	Inauguration de la Maison du livre canadien et du siège social de l'Association nationale France-Canada. Cette association, dont le Dr Georges Durand était le secrétaire général adjoint, avait été fondée au début de l'année, lors d'une réunion tenue dans le bureau de Fides, rue Notre-Dame-des-champs.
22 novembre-9 janvier 1951	Quatrième voyage du père Martin en Europe. Il participe au Congrès international des éditeurs catholiques à Rome.
Au cours de l'année	Lancement des collections « La Grande Aventure », « Rêve et vie », « Textes d'action catholique » et « Trésor de la jeunesse ».

1951

28 février	Le vicaire général du diocèse d'Osaka au Japon demande à Fides de créer une succursale dans cette ville. L'offre n'est pas retenue.
21 mai	Première assemblée de l'Association des libraires détaillants ; Victor Martin y représente Fides.
Septembre	Lancement des revues *L'Élève* et *Le Maître* (3e à 7e années). Ces deux publications cesseront de paraître en juin 1966.
	Le père Cordeau cesse de travailler à temps plein pour Fides mais il demeure secrétaire général du conseil d'administration ; il sera remplacé à ce poste par le père Marcel Plamondon, c.s.c., le 2 septembre 1954.
	La direction établit une souscription en faveur de Fides-Paris, mais le succès mitigé de la levée de fonds permet tout au plus de faire des dons de livres à des institutions françaises.

8 octobre	Lancement des fiches de catalogue pour les bibliothèques.
8 octobre-5 novembre	Cinquième voyage du père Martin à Paris, pour s'occuper des affaires de la succursale.
3 novembre	Décès de la grand-mère du père Martin, Exilda Deguire, à l'âge de 85 ans.

1952

Avril	Création du premier Club du livre de Fides.
23 juin-29 juillet	Sixième voyage du père Martin à Paris, pour participer à une réunion des directeurs des succursales de la maison à l'étranger.
Septembre	Lancement des revues *L'Élève* et *Le Maître* (1re et 2e années).
16 octobre	Célébration du 15e anniversaire de Fides.
1er décembre	Lancement des *Poésies complètes, 1896-1899* d'Émile Nelligan dans la « Collection du Nénuphar », texte établi par Luc Lacourcière. Première édition critique d'un auteur canadien-français.
Au cours de l'année	Lancement des albums « Éveil » et de la collection « Histoire du Canada par les textes ».

1953

Janvier	Lancement du Club du livre des jeunes.
25 février	Rapport du père Martin à la commission sénatoriale sur la littérature obscène.
15 juin	Fides fait l'acquisition du journal *Notre temps*. La Corporation en sera le propriétaire et l'éditeur jusqu'en septembre 1956, alors que son directeur-fondateur, Léopold Richer, en reprendra possession. Après le décès de ce dernier, le 2 janvier 1961, le journal cessera de paraître le 24 août 1962.
26 septembre	Lancement du *Nouveau Testament* dans la traduction de l'ACEBAC.
26 novembre	Achat de l'immeuble, de l'imprimerie et du mobilier du journal *Le Canada*, quotidien du Parti libéral fondé en 1903.

Au cours de l'année	Victor Martin représente Fides à la Société des éditeurs canadiens de 1953 à 1980 ; il en sera le président en 1957 et 1958. Lancement de la collection « La Bonne Semence ».

1954

2-30 janvier	Septième voyage du père Martin en Europe. Il y recrute le futur gérant de l'Imprimerie, Bernard Deshusses.
18 mars	Fides collabore à l'ouverture de la librairie diocésaine de Nicolet. Présentation d'un mémoire de la Société des éditeurs canadiens du livre français à la Commission royale d'enquête sur les problèmes constitutionnels (Commission Tremblay), pour réclamer des mesures visant à lever les difficultés qui font obstacle à l'exportation du livre canadien en France.
Avril	Ouverture d'une librairie à Saint-Boniface, qui demeurera propriété de Fides jusqu'en 1964.
30 octobre-12 décembre	Huitième voyage du père Martin en France, pour régler les problèmes de la succursale parisienne.

1955

16 juin-25 juillet	Neuvième voyage du père Martin en France. Il met en vente le local du boulevard Raspail et installe la librairie dans les locaux des Éditions de La Colombe.
10 août	Fides reçoit Georges Cerbelaud-Salagnac à qui a été confié la sort de la Maison du livre canadien en France.
Au cours de l'année	Lancement de la collection « Fleur de lys ».

1956

18 février	Le père Martin est nommé secrétaire du comité exécutif de la Fédération canadienne des éditeurs de journaux et périodiques catholiques. Parmi les membres du comité se trouvait Robert W. Keyserlingk avec qui le père Martin entretenait des relations depuis plusieurs années.

14 mars	Daniel Champy est nommé représentant de la librairie de Montréal à Paris.
12 mai	Le père Martin est hospitalisé d'urgence et opéré pour un calcul urinaire.
19 juin	Le frère Placide Vermandere quitte la direction de *Hérauts*.
17 juillet	Ouverture d'un département de livres scolaires dans la librairie.
18 septembre	Fides rétrocède le journal *Notre temps* (voir l'Annexe E).
1er novembre-4 décembre	Dixième voyage du père Martin en France, pour régler les problèmes de la succursale et assister au lancement de la collection « Classiques canadiens ».
Au cours de l'année	Lionel Groulx et Robert Rumilly font leur entrée chez Fides.
	Lancement des collections « Belles Légendes », « Classiques canadiens » et « Histoire de la province de Québec ».

1957

1er mars	Célébration du 20e anniversaire de Fides.
8 avril	Victor Martin est nommé président de la Société des éditeurs canadiens de langue française.
9-26 août	Voyage du père Martin dans l'Ouest canadien. Il crée des liens qui lui seront précieux, en 1960, lors de la fondation d'une librairie à Edmonton et de l'établissement d'un dépôt exclusif au Centre d'information catholique de Saint-Paul en Alberta.
Au cours de l'année	Lancement des nouvelles collections « Albums du gai lutin », « Le Cornet d'or », « Eaux vives », « L'Élève et le Maître », « Jeunes Intrépides », « Le Pélican » et « Pionniers de la foi ».

1958

4 janvier-7 février	Onzième voyage du père Martin en Europe. Démarches en vue de l'installation de Fides SARL dans le local situé au 3 de la rue Félibien à Paris (6e).
27 mars	Achat de l'immeuble de *La Revue moderne*, adjacent à l'imprimerie, rue de Gaspé ; il servira d'entrepôt pour les publications.

Avril	Participation à l'Exposition universelle de Bruxelles.
1er juin	Ouverture d'une succursale à Rivière-du-Loup. Elle sera vendue le 30 mars 1976.
5 juin	La librairie Garnier de Hauterive devient un dépositaire exclusif de Fides.
18 juin-7 juillet	Voyage du père Martin à Saint-Boniface et à Denver où il a des contacts avec le personnel de la Catholic Press Society Inc. qui publie *The Denver Catholic Register.* Au retour, il s'arrête à Chicago et à South Bend pour rencontrer les directeurs de Fides Publishers, notamment le père Louis J. Putz, c.s.c.
19 novembre	Les librairies diocésaines de Nicolet, Drummondville et Victoriaville deviennent des dépositaires exclusifs de Fides.
Au cours de l'année	Lancement des nouvelles collections « Aventuriers du ciel », « La Gerbe d'or » et « Les Gloires oubliées ».

1959

Janvier	Ouverture d'une succursale à Rimouski. Elle sera vendue en juillet 1975.
2 janvier-12 février	Douzième voyage du père Martin en Europe. Célébration du 10e anniversaire de Fides SARL. Participation aux travaux de la Commission de la presse et de la littérature enfantines du Bureau international catholique de l'enfance réunie à Fribourg en Suisse.
Février	Ouverture d'une succursale à Amqui. Elle sera vendue en avril 1975.
9 avril	La librairie de l'Association des parents et instituteurs de langue française de l'Ontario, à Windsor, devient un dépositaire exclusif de Fides.
Mai	Lancement du bulletin *Équipe Fides*, publication destinée à créer des liens entre les employés de la maison ; treize numéros seront publiés de 1959 à 1962.
25 juin	La Librairie populaire de la paroisse de La Nativité à Montréal devient un dépôt exclusif de Fides.
Août	Ouverture d'une succursale à Thetford-Mines. Elle sera vendue en juillet 1975.

17 septembre	Fin du Club du livre des jeunes.
3 décembre	La Librairie Lac Saint-Jean à Alma devient un dépositaire exclusif de Fides.
9 décembre	La succursale de Rimouski doit être agrandie.
Au cours de l'année	Lancement des nouvelles collections « Légendes dorées » et « P'tits Bouts de chou ».

1960

7 janvier	La Librairie Sirois de Matane devient un dépositaire exclusif de Fides.
24 mars	La Librairie Jalobert de Gaspé devient un dépositaire exclusif de Fides.
12 avril	Création de la Société des éditeurs canadiens de manuels scolaires; Victor Martin en est élu secrétaire-trésorier, et le secrétariat est installé dans les locaux de Fides.
9 mai	Création des collections de poche « Alouette », remplacées en 1965 par la « Bibliothèque canadienne-française » qui deviendra la « Bibliothèque québécoise » en 1979.
12 mai	La Librairie de la Malbaie devient un dépositaire exclusif de Fides.
23 mai-27 juillet	Treizième voyage du père Martin en Europe, en compagnie de Victor Martin et de Raymonde Simard-Martin. Réception au Cercle de la librairie par la section des éditeurs religieux du Syndicat des éditeurs français. Lancement de la collection « Alouette » à Paris. Participation au Congrès international de la presse catholique à Santander en Espagne.
Juillet	Ouverture d'une succursale à Edmonton. Elle sera vendue en 1964.
22-29 octobre	Fides organise un kiosque présentant les publications des éditeurs religieux français au Salon du livre de Québec.
1er novembre	Célébration du 40e anniversaire d'ordination sacerdotale du père Deguire.
6 novembre	Inauguration d'un dépôt exclusif au Centre d'information catholique de Saint-Paul en Alberta.
26 décembre-11 janvier 1961	Quatorzième voyage du père Martin en Europe. Jean Ritzinger est engagé pour succéder à Daniel

	Champy. Il entre en fonction le 5 janvier. M. Champy quitte la Société Fides le 28 février suivant.
Au cours de l'année	Lancement des collections « Alouette blanche », « Alouette bleue », « Alouette des jeunes », « Contes de Maman Fonfon », « Contes de Pierrot » et « La Fontaine d'Élie ».

1961

16 février	La Librairie du Madawaska devient un dépositaire exclusif de Fides.
18 mai	Création d'un département des relations extérieures ; son premier titulaire, Jean-Marc DesRochers, sera remplacé par Clément Saint-Germain en octobre.
24 mai	Création du Conseil supérieur du livre ; Victor Martin fait partie du premier comité de direction.
Octobre	Jean-Paul Pinsonneault, diplômé du Collège de Saint-Laurent, revient chez Fides après avoir été directeur de *Lectures* de 1951 à 1954 ; il remplace Clément Saint-Germain à la direction littéraire. Ce dernier devient directeur des services de l'information et des relations extérieures. Il quittera la maison à l'été 1962 pour occuper un poste au ministère des Affaires culturelles du Québec.
9 novembre	Annonce de l'expropriation de la rue Saint-Jacques Est où est situé le siège social de Fides.
Au cours de l'année	Lancement de la collection « Foi et liberté ».

1962

1er février	La librairie Garnier de Hauterive devient une succursale de Fides. Mais elle devra fermer ses portes le 31 décembre de l'année suivante.
8 février	La librairie du Centre franco-américain de Hartford au Connecticut devient un dépositaire exclusif de Fides.
25 avril	Victor Martin est élu président de l'Association des libraires canadiens.

1er juin	Ouverture d'une succursale à Montmagny. Elle fermera ses portes en 1964.
14 juin	Les librairies Dostie à Lac-Mégantic, Morin au Cap-de-la-Madeleine et Plourde à Matane deviennent des dépositaires exclusifs de Fides.
6 juillet-1er août	Voyage du père Martin dans l'Ouest, pour visiter les succursales de Fides.
7 août	Achat du terrain où sera construit le futur immeuble de Fides sur le boulevard Dorchester.
29-30 septembre	Célébrations du 25e anniversaire de Fides.
6 décembre-9 janvier 1963	Quinzième voyage du père Martin en Europe.
Au cours de l'année	Raymonde Simard-Martin, épouse de Victor Martin. fait son entrée chez Fides. Elle s'occupe du dépôt des archives et de la bibliographie des ouvrages publiés par la maison de 1937 à 1979. Lancement de la collection « Liturgie vivante ».

1963

22 mars	La Commission des écoles catholiques de Montréal demande l'interdiction de *L'Élève* dans ses établissements.
3 avril	Création par le gouvernement du Québec d'une Commission d'enquête sur le commerce du livre, présidée par Maurice Bouchard, professeur au Département d'économie de l'Université de Montréal ; Clément Saint-Germain en est nommé secrétaire.
9 avril	Lancement de « L'École littéraire de Montréal », deuxième numéro des « Archives des lettres canadiennes », collection prise en charge par Fides à partir de cette date ; sept volumes seront publiés de 1963 à 1992.
Mai	Victor Martin est élu président du Conseil supérieur du livre.
27 juin	Présentation du mémoire de Fides rédigé par le père Martin devant la Commission d'enquête sur le commerce du livre dans la province.

17 juillet- 5 août	Voyage du père Martin dans l'Ouest. Décision d'unir les succursales de Saint-Boniface et d'Edmonton au point de vue administratif.
7 août	Comparution de la direction devant la Commission d'enquête au sujet de *L'Élève.*
12 septembre	Eugène Chave assure la direction de l'imprimerie et succède à Léo Robitaille.
Novembre	Lancement du premier numéro du nouvel *Élève*, dirigé par Pierre Billon.
Au cours de l'année	Lancement des collections « Les Albums de l'arc-en-ciel », en coédition avec les Éditions du Cerf, « Écrivains canadiens d'aujourd'hui », « Histoire de la Nouvelle-France » et « Présence ».

1964

24 janvier	Le rapport de la Commission d'enquête sur le commerce du livre est rendu public.
31 janvier	Voyage du père Martin dans l'Ouest, pour procéder à la vente de la succursale d'Edmonton.
20 mars	Fides reçoit les maisons d'édition religieuses pour discuter de l'impact du Rapport Bouchard sur leur avenir.
27 avril	Victor Martin est élu président de l'Association des libraires canadiens.
20 mai	Inauguration du nouvel immeuble de Fides, boulevard Dorchester.
23 juin– 26 juillet	Seizième voyage du père Martin en Europe, pour régler les problèmes de Fides SARL.
6-15 juillet	Réunion du chapitre de la Province canadienne des Pères de Sainte-Croix. Le statut juridique de Fides est mis à l'étude à la demande du chapitre.
Novembre	Démission de l'équipe de rédacteurs des journaux de la JEC qui cessent de paraître.
Au cours de l'année	Lancement des collections « Histoire du Canada (*Mes Fiches*) » et « Les Quatre vents ».

1965

29 janvier	Pierre Billon quitte Fides; le nouvel *Élève* qui n'a pas connu un très grand succès cessera de paraître peu de temps après son départ.
27 février	Célébration du 25e anniversaire de l'ordination du père Martin.
3 mars	Voyage du père Martin à Ottawa. Rencontre avec le délégué apostolique pour l'obtention des traductions françaises des documents pontificaux.
31 mai	La librairie du Centre d'information catholique de Saint-Paul en Alberta cesse d'être un dépositaire exclusif de Fides.
Juin	*Hérauts* et *Mes Fiches* cessent de paraître.
12 juillet–2 août	Dix-septième voyage du père Martin en Europe. Il est décidé que Jean Ritzinger quittera la Société Fides à la fin de l'année.
9 septembre	Changement au conseil d'administration: départ du père Deguire.
8-11 octobre	Dernière participation du père Martin au congrès de l'Association canadienne des bibliothécaires de langue française, à Ottawa. Le père Martin était membre honoraire de l'ACBLF depuis 1964.
18 décembre–24 janvier	Dix-huitième voyage du père Martin en Europe. Il réfléchit aux mesures à prendre après le départ de Jean Ritzinger. Il fait des démarches à Paris et à Rome pour obtenir rapidement les traductions françaises des textes conciliaires et des documents pontificaux.
Au cours de l'année	Lancement des collections « Bibliothèque canadienne-française », « L'Église aux quatre vents » et « La Pensée chrétienne ».

1966

2 mars	Formation d'un comité des éditions religieuses.
Mai	Disparition de la revue *Lectures*, remplacée par les « Fiches bibliographiques de littérature canadienne » et, l'année suivante, par les « Dossiers de documentation sur la littérature canadienne ».

18 septembre–23 octobre	Dix-neuvième voyage en Europe. Première participation du père Martin à la Foire de Francfort.
17-24 novembre	Fides participe aux événements qui commémorent le 25e anniversaire du décès d'Émile Nelligan.
	Lancement de la collection « Histoire économique et sociale du Canada français ».

1967

10 mai	Les religieux travaillant chez Fides seront dorénavant rémunérés.
20 juillet	Le chapitre de la Province canadienne des Pères de Sainte-Croix propose une refonte des statuts de Fides.
3-24 octobre	Vingtième voyage du père Martin en Europe. Inauguration officielle du Centre de diffusion du livre canadien-français (CDLCF). Participation à la Foire de Francfort.
9 novembre	Démission du cardinal Paul-Émile Léger.
Au cours de l'année	Lancement des collections « Dossiers de documentation sur la littérature canadienne-française » et « Études littéraires ».

1968

Janvier	Début de publication de *L'Église canadienne.*
22 février	Lancement du *Boréal Express* diffusé par Fides.
1er avril	Victor Martin est élu président de la Société des éditeurs canadiens de manuels scolaires.
16 avril–7 mai	Vingt et unième voyage du père Martin en Europe. Participation à la réunion des Sociétés bibliques à Rome. Démarches pour la dissolution de Fides SARL. Réorganisation de la distribution des Éditions Fides en France.
12 juin	Victor Martin est nommé membre du comité consultatif du livre de la province de Québec.
26 juillet	Rencontre du délégué apostolique à Dorval qui remet au père Martin en primeur canadienne les traductions anglaise et française de l'encyclique *Humanæ vitae* de Paul VI.
15 septembre-20 octobre	Vingt-deuxième voyage du père Martin en Europe. Participation à la Foire de Francfort. Dissolution de Fides SARL.

Au cours de l'année	Lancement de la collection « Histoire religieuse du Canada ».

1969

10 mai	Célébration du 25e anniversaire de la nomination du père Martin à la présidence de la Société catholique de la Bible. Son mandat prendra fin le 10 avril 1970.
1er-22 juillet	Vingt-troisième voyage du père Martin en Europe. Entente avec la librairie de L'École pour la distribution des éditions religieuses dans le cadre du Centre de diffusion du livre canadien-français. Le CDLCF s'occupait depuis deux ans des éditions d'ordre littéraire et historique.
23 septembre-21 octobre	Vingt-quatrième voyage du père Martin en Europe. Participation à la Foire de Francfort et à la troisième Biennale de la langue française à Liège.
4 décembre	Célébration du 25e anniversaire de la « Collection du Nénuphar ».
Au cours de l'année	Lancement des collections « Les Dossiers d'histoire du Canada » et « Écrivains du Québec » (disques).

1970

17 mars-8 avril	Vingt-cinquième voyage du père Martin en Europe. Participation à la Foire internationale du livre de Bruxelles. Visite à Félix Leclerc qui habite en Suisse.
19 mars	Le septième étage de l'édifice du boulevard Dorchester est mis en location pour diminuer les dépenses de la Corporation. La chapelle est réaménagée au sixième étage.
1er avril	Entrée en vigueur des nouveaux règlements, adoptés en juin 1969, qui augmentent le conseil d'administration de sept à neuf membres (cinq pères de Sainte-Croix et quatre laïcs dont deux membres du personnel) et donnent le droit de vote aux laïcs. En septembre 1975, le conseil repassera de neuf à sept membres (quatre pères de Sainte-Croix et trois laïcs).
1er mai	L'Assemblée épiscopale de la province civile de Québec installe son secrétariat dans l'immeuble de Fides.

29 juin- 4 juillet	Réunion de la Province canadienne des Pères de Sainte-Croix. Le père Maurice Dubé, c.s.c, est élu supérieur provincial.
19 septembre- 12 octobre	Vingt-sixième voyage du père Martin en Europe. Participation à la Foire de Francfort.
24 octobre	Célébration du 50ᵉ anniversaire de l'ordination sacerdotale du père Deguire.
12 novembre	Vente de l'imprimerie aux Frères de Sainte-Croix, propriétaires de l'Imprimerie Saint-Joseph, qui changent la raison sociale de l'entreprise, connue sous le nom des Presses Élite à compter de 1971.

1971

21 janvier	Raymonde Simard-Martin est nommée secrétaire du service des éditions littéraires; elle est également responsable du service des archives depuis 1962.
22 janvier	Le service des éditions pédagogiques est aboli. En matière pédagogique, Fides publie maintenant surtout des ouvrages de catéchèse. Le premier étage de l'immeuble du boulevard Dorchester est mis en location.
3 mai	Publication de la politique du livre du Québec qui va établir l'accréditation des librairies.
20 août	Départ de Julia Richer pour cause de maladie; on apprendra son décès le 20 septembre 1972.
8 septembre	Vente des immeubles de l'avenue de Gaspé (immeuble du *Canada* acheté en 1953 et immeuble de *La Revue moderne* acheté en 1958) qui depuis la vente de l'imprimerie servaient principalement d'entrepôt pour les éditions.
17 septembre	Départ de Paul Poirier qui prend sa retraite à l'âge de 57 ans.
1ᵉʳ-27 octobre	Vingt-septième voyage du père Martin en Europe. Participation à la Foire de Francfort, en compagnie du directeur de l'Office de catéchèse du Québec, l'abbé Paul Tremblay.
1ᵉʳ novembre	La nouvelle loi sur l'accréditation des librairies amène Fides à ouvrir d'autres succursales en région. Ouverture

	d'une succursale à La Sarre. Elle sera vendue le 15 juin 1976.
16 décembre	Lancement de *L'Église du Québec: un héritage, un projet*, rapport de la Commission d'étude sur les laïcs et l'Église présidée par Fernand Dumont.

1972

1er mars	Célébration du 35e anniversaire de Fides.
2 mars	Journée d'étude pour les gérants de cinq succursales de Fides.
10 mars-5 avril	Vingt-huitième voyage du père Martin en Europe. Participation au congrès de France-Canada à Caen. Lancement de la biographie de Georges Vanier de Robert Speaight au Centre culturel canadien.
Mai	Ouverture d'une succursale à Roberval. Elle sera vendue en mars 1975.
6-23 mai	Vingt-neuvième voyage du père Martin en Europe. Participation à la mission des éditeurs québécois en France organisée par le gouvernement du Québec. Le père Martin assiste également au XIXe congrès de l'Union internationale des éditeurs.
Juin	Ouverture d'une succursale à Trois-Rivières. Elle sera fermée en avril 1976.
23 septembre-15 octobre	Trentième voyage du père Martin en Europe. Participation à la Foire de Francfort.
Au cours de l'année	Lancement des collections « Vies canadiennes » et « Voix québécoises ».

1973

11-30 mars	Trente et unième voyage du père Martin en Europe. Participation à la Foire internationale du livre de Bruxelles à titre de représentant officiel de l'Association des éditeurs canadiens et de la Société des éditeurs de manuels scolaires du Québec.
15 juin	Sous l'impulsion de Raymonde Simard-Martin, un service d'édition de littérature de loisirs et de jeunesse

	commence à se constituer. Elle en sera responsable jusqu'à son départ en 1979.
23 août	Fides prend la direction de la librairie du Cégep du Vieux-Montréal. L'entente avec le Cégep prendra fin le 31 mai 1976.
3-28 octobre	Trente-deuxième voyage du père Martin en Europe. Participation à la Foire de Francfort, en compagnie du directeur de l'Office de catéchèse du Québec, Réjean Plamondon. Rencontre avec les responsables de la Coopérative canadienne des éditeurs exportateurs et de sa filiale, Livres du Canada, et avec les directeurs du Centre de diffusion du livre canadien-français, Jean Fabre et Daniel Champy. Participation également à la première session de la Commission de révision de la classe 2 de la classification décimale universelle à Bruxelles.
Au cours de l'année	Lancement de la collection « Héritage et projet ».

1974

20 février	À cause de leur bilan déficitaire, les sept librairies de province sont mises en vente.
25 février	Il est question de mettre en vente l'immeuble du boulevard Dorchester.
7 août	Jean-Paul Pinsonneault quitte la direction littéraire. Il est remplacé par Michel-Jean Godin qui partage cette tâche avec Raymonde Simard-Martin ; il occupera ce poste jusqu'à son départ, en mai 1976.
5-21 octobre	Trente-troisième voyage du père Martin en Europe. Participation à la Foire de Francfort ; pour la première fois Fides y présente, en plus de ses ouvrages religieux, ses livres parus dans les domaines littéraire et historique.
20 décembre	Lancement de la « Collection du Goéland » mise sur pied par le nouveau service d'édition de littérature de loisirs et de jeunesse.
Au cours de l'année	Lancement de la collection « Satellite 2000 ».

1975

5 septembre	L'année financière 1974-75 se présente comme la pire que Fides ait connue sous la direction du père Martin.
4-26 octobre	Trente-quatrième voyage du père Martin en Europe. Participation à la Foire de Francfort.
4 novembre	Le financement de l'immeuble du boulevard Dorchester est assumé par la Province canadienne des Pères de Sainte-Croix.
10 décembre	La marge de crédit de Fides est maintenue à la Banque Canadienne Nationale grâce au cautionnement de la Province canadienne des Pères de Sainte-Croix.
Au cours de l'année	Lancement des collections « Archives québécoises de la radio et de la télévision », « Comment faire... », « L'Église du Québec » et « Regards scientifiques sur les religions ».

1976

8-11 avril	Pour la première fois, Fides est représentée à la Foire du livre de jeunesse de Bologne. Victor Martin est le délégué de la maison et Raymonde Simard-Martin est choisie comme délégué officiel de l'Association des éditeurs canadiens et de la Société des éditeurs de manuels scolaires du Québec.
25 juin	Le père Maurice Dubé, c.s.c., remplace Michel-Jean Godin à la direction littéraire.
2 août	Installation du premier ordinateur chez Fides, un IBM/32, qui permet d'automatiser toutes les opérations comptables ordinaires de la Corporation, y compris la facturation.
2 septembre	Sur la recommandation du chapitre de la Province canadienne des Pères de Sainte-Croix, le conseil d'administration décide de faire faire une étude de gestion sur Fides.
8 septembre	Lancement du *Dictionnaire pratique des auteurs québécois.*
11 septembre-4 octobre	Trente-cinquième voyage du père Martin en Europe. Participation à la Foire de Francfort. Plusieurs démarches pour consolider la diffusion des ouvrages de Fides.

19 octobre	Le père Martin assiste pour la première fois à une réunion du comité de financement de l'Office des communications sociales. Il avait été nommé peu de temps auparavant membre de ce comité. Par ailleurs, Fides était membre corporatif depuis janvier.
29 novembre	Pour la première fois, le père Martin évoque dans une conversation privée avec le supérieur provincial, le père Jean-Marc Chicoine, la question de son avenir chez Fides.
3 décembre	Décès de Daniel Champy.
25 et 30 décembre	Célébrations du 80e anniversaire de naissance du père Deguire.
Au cours de l'année	Lancement des collections « Cahiers de recherche éthique », « Intermondes » et « Loisirs et culture ».

1977

18 janvier	Célébration du 40e anniversaire de Fides.
11-12 février	Célébrations du 60e anniversaire de naissance du père Martin.
9 juin	Présentation de l'étude de gestion de Fides aux membres du conseil d'administration qui apporte des modifications à la structure d'organisation de la Corporation.
3 octobre	Une nouvelle demande de prêt, qui porte à un million de dollars la participation de la Province canadienne des Pères de Sainte-Croix, est consentie à Fides.
9-26 octobre	Trente-sixième voyage du père Martin en Europe, en compagnie du père Maurice Dubé. Participation à la Foire de Francfort.
Au cours de l'année	Lancement de la collection « Éducation et religion ».

1978

6 février	Le conseil d'administration décide que *L'Église canadienne* deviendra une corporation autonome.
29 mai	Départ du père Martin. Il est remplacé à la direction générale par le père Maurice Dubé, c.s.c.
10 juin	Le père Martin quitte l'immeuble de Fides pour s'installer dans une maison appartenant à la Congrégation de

	Sainte-Croix située près de l'Oratoire Saint-Joseph, au 4961 de la rue Coronet.
Au cours de l'année	Lancement de la collection « Espace-temps ».

1980

Septembre	Le père Martin est nommé directeur du Centre biblique à l'archevêché de Montréal. Il occupera ce poste jusqu'au mois d'août 1987.

1982

Août	Fides quitte l'édifice du boulevard Dorchester pour s'installer rue Decelles. L'immeuble ne lui appartenait plus déjà depuis 1979.

1983

31 mars	Le père Dubé quitte la direction générale ; il est remplacé, le 15 août suivant, par sœur Micheline Tremblay, c.s.c. Pendant l'intérim, la direction générale est assumée par Marc Poupart, de la firme Samson Bélair, du 5 avril au 10 juin, et par le frère Lucien Poitras, c.s.c., président des Presses Élite, du 13 juin au 12 août.

1987

29 mars	Le père Martin est nommé personnalité de la semaine du journal *La Presse.*
17 mai	À l'occasion du 50e anniversaire de fondation de Fides, le père Martin reçoit la médaille de la Société historique de Montréal. Au cours de la même année, le Conseil de la langue française lui accorde l'Ordre des francophones d'Amérique.

1990

Janvier	Fides s'installe à Saint-Laurent, dans un édifice situé au 165 de la rue Deslauriers.
Février	Fides acquiert les Éditions Bellarmin.

Septembre	Le père Martin est nommé directeur de la Bibliothèque du Grand Séminaire de Montréal; il occupera ce poste jusqu'à sa retraite en août 1992.

1991

Au cours de l'année	Création par l'Association pour l'avancement des sciences et techniques de la documentation (ASTED) d'un prix Paul-Aimé Martin destiné à signaler publiquement les mérites du travail de recherche d'un étudiant en bibliothéconomie et sciences de l'information.

1992

Janvier	Antoine Del Busso est nommé directeur général de la Corporation. Il devient le premier laïc à occuper ce poste.
Avril	Le père Martin est décoré de l'Ordre du Canada.

1997

Novembre	À l'occasion du Salon du livre de Montréal qui souligne le 60e anniversaire de Fides, le père Martin reçoit le prix Fleury-Mesplet.

BIBLIOGRAPHIE

Ouvrages de Paul-Aimé Martin

Manuscrits

« Culture humaine et ascétisme chrétien », mémoire présenté à la Faculté de théologie de l'Université de Montréal en vue de l'obtention de la licence en théologie, Montréal, 1940, 24 f.

« Fides. Historique et œuvre accomplie (1937-1950). Rapport présenté à l'assemblée annuelle », Montréal, Fides, 30 septembre 1950, 34 f.

« Note sur les librairies Fides présentée aux membres du comité exécutif lors de leur réunion du 20 février 1974 », ACEF.

« Notes sur les Éditions Fides, préparées en vue de la réunion du 6 mai 1976 », APAM.

« Fides au fil des jours, 1937-1978. Notes sur ma vie, mes activités et les principales réalisations des Éditions Fides », rédigées à l'intention de Jacques Michon, documents n°s 1 à 28, 1993-1997, 700 f.

Livres et brochures

Religion, théologie, droit canonique, coll. « Comment classifier "Mes Fiches" », n° 2, Montréal, Mes Fiches, 1938, 118 p.

Sa Sainteté Pie XI. Essai de bibliographie méthodique, sous la dir. de Paul-Aimé Martin, Montréal, Mes Fiches, 1939, 24 p.

Éditions et lectures, Montréal, Fides, 1944, 94 p.

Livres et humanisme, interview accordée à Théophile Bertrand par Paul-Aimé Martin, c.s.c., Montréal, Fides, [1944], 15 p. (Texte de l'entrevue parue dans *Le Devoir* du 15 avril 1944.)

« Rapport annuel », Montréal, Fides, 30 octobre 1944, 22 p. ; 30 octobre 1945, 27 p. ; 31 octobre 1946, 39 p. ; 31 octobre 1947, 24 p. ; 30 septembre 1948, 29 p. ; 30 septembre 1949, 33 p.

Le Livre français dans l'Ouest canadien, allocutions de Mgr Maurice Baudoux et Paul-Aimé Martin prononcées le 2 octobre 1954, lors de la bénédiction de la nouvelle librairie de Fides à Saint-Boniface, Montréal/Paris, Fides, [1954], 16 p.

Sa Sainteté Pie XII. La presse et les lectures, Montréal/Paris, Fides, 1959, 167 p.

Tables abrégées de la classification décimale universelle, révisées et annotées à l'intention des lecteurs de *Mes Fiches* avec la collaboration de Cécile Martin-Potvin, Montréal, Fides, coll. « Publication de la Fédération internationale de documentation », n° 242, 1961, 227 p.

Mémoire présenté par la Corporation des Éditions Fides à la Commission d'enquête sur le commerce du livre le 27 juin 1963, 2e éd., Montréal, Fides, 1965 (1re éd. : 1963), 30 f.

Vatican II. Les seize documents conciliaires. Texte intégral, sous la dir. de Paul-Aimé Martin, Montréal/Paris, Fides, 1966, 671 p. ; 2e éd. revue et corrigée, coll. « La Pensée chrétienne », 1967, 671 p.

Le Mouvement biblique au Canada : l'Association catholique des études bibliques au Canada dans les années 1940 et 1950, Montréal, Fides, 1996, 61 p.

Articles

« On ne doit pas admirer sans réserve l'œuvre du Duce... Mussolini... sa vie, son œuvre... Mais il faut reconnaître qu'il est une volonté, un caractère », *JEC*, octobre 1936, p. 6-7.

« Garde-toi de lire intelligemment... », *JEC*, janvier 1937, p. 3-4.

(Anonyme), « "L'influence" de G. Carlier », *Mes Fiches*, n° 1, mars 1937, [p. 6].

(Anonyme), « “La moralisation du film par l’opinion”, dans *Dossiers de l’Action populaire* », *Mes Fiches*, n° 1, mars 1937, [p. 4].

(J.-H. LANGOUMOIS) « *Journal de Gérard Raymond* », *Mes Fiches*, n° 12, 15 octobre 1937, couv. p. 3.

(J.-H. LANGOUMOIS) « Raymond-M. Charland, *L’Index* », *Mes Fiches*, n° 21, 1er mars 1938, couv. p. 4.

« Notes sur un traité d’ascétique et de mystique », *Cahiers d’action catholique*, n° 1, octobre 1940, p. 1-4.

(J.-H. LANGOUMOIS) « Propositions sur la spiritualité étudiante », *Cahiers d’action catholique*, n° 2, novembre 1940, p. 1-6 ; n° 3, décembre 1940, p. 7-11 ; n° 5, février 1941, p. 13-18 ; n° 15, décembre 1941, p. 19-27.

(J.-H. LANGOUMOIS) « Messes du matin et messes du soir », *Cahiers d’action catholique*, n° 4, janvier 1941, p. 1-4.

(J.-H. LANGOUMOIS) « Y a-t-il deux saintetés ? À propos d’une expression équivoque », *Cahiers d’action catholique*, n° 7, avril 1941, p. 1-6.

« Pour mieux servir », *Mes Fiches*, n° 101, 5 mars 1942, p. 1-2.

« Les Éditions Fides », *Cahiers d’action catholique*, n° 18, mars 1942, p. 305-310 ; n° 19, avril 1942, p. 359-364.

« L’esprit de nos critiques et nos cotes morales », *Lectures*, t. I, n° 1, septembre 1946, p. 8-12.

« La Société des bienfaiteurs de Fides », *Lectures*, t. II, nos 5-6, juillet-août 1947, p. 284-285.

« Au service des bibliothèques », *Le Canada*, 11 décembre 1948, p. 8.

« Éditions canadiennes de propagande des Livres saints », *Lectures*, t. VI, n° 4, décembre 1949, p. 193-197.

(J.-H. LANGOUMOIS) « La première traduction canadienne des Saints Évangiles faite sur le texte original grec », *Lectures*, t. VIII, n° 4, décembre 1951, p. 180-181.

« Le Secrétariat international de la presse catholique », *Lectures*, t. VIII, n° 7, mars 1952, p. 321-322.

« Une collection canadienne de livres de poche : “Alouette” », *Lectures*, nouv. série, vol. 6, n° 9, mai 1960, p. 284-285.

« Lettre ouverte à Gérard Pelletier », *Cité libre*, 11e année, nº 28, juin-juillet 1960, p. 29-30.

« La politique de Fides en est-elle une de "discrimination" ? », *Lectures*, nouv. série, vol. 10, nº 6, février 1964, p. 142.

(Avec Paul-A. Poirier et Victor Martin), « Déclaration en marge du rapport de la Commission d'enquête sur le commerce du livre », *Lectures*, nouv. série, vol. 10, nº 6, février 1964, p. 161.

« Quelques précisions à propos de Fides », *Nouvelles de Sainte-Croix dans le monde*, nº 6, mai 1964, p. 2-3.

« S'adapter au présent pour que l'œuvre dure dans l'avenir » (texte de l'allocution prononcée lors de la bénédiction de l'immeuble Fides, le 20 mai 1964), *Lectures*, nouv. série, vol. 10, nº 10, juin 1964, p. 277-279.

« Allocution prononcée à l'Oratoire Saint-Joseph, le dimanche 5 octobre 1980, à l'issue du dîner marquant le 60e anniversaire de sacerdoce du père Émile Deguire », *L'Oratoire*, vol. 70, nº 2, mars-avril 1981, p. 4-5.

« Le Centre biblique de Montréal », *Nouvelles et documents*, nº 75, 1er novembre 1985, p. 13-16.

« Le Grand Séminaire de Montréal et sa bibliothèque », *Nouvelles et documents*, nº 120, mars-avril 1991, p. 2-11.

« Le père Benoît Lacroix et les "Classiques canadiens" », dans *Dits et gestes de Benoît Lacroix, prophète de l'amour et de l'esprit*, sous la dir. de Giselle Huot, Saint-Hippolyte, Éd. du Noroît, et Montréal, Fondation Albert-le-Grand, 1995, p. 339-341.

« Hommage au Docteur Georges Durand », *Parallèle 48. Journal de l'Association France-Canada*, nº 139, janvier 1997, p. 11-12.

Ouvrage sur les Éditions Fides

Catalogues, bibliographies, revues et index

Brault, Jean-Rémi, *Bibliographie des Éditions Fides, 1937-1987*, Montréal, Fides, 1987, 299 p.

Catalogue 1956 pour récompenses et bibliothèques scolaires, Montréal, Fides, 1956, 32 p.

Guide des lectures et des bibliothèques : liste des ouvrages et brochures en librairie, classés par ordre de sujets et par catégories de lecteurs..., Montréal, Fides, 1945, 86 p. ; *Guide des lectures et des bibliothèques : liste des ouvrages de langue française imprimés en Amérique, qui sont actuellement en vente au Canada*, Montréal, Service de bibliographie et de documentation de Fides, 1946, 93 p. ; *Guide des lectures et des bibliothèques*, numéro spécial de *Lectures*, t. VII, n° 2, octobre 1950, 93 p. ; *(supplément pour 1952)*, numéro spécial de *Lectures*, t. VIII, n° 2, octobre 1951, 61 p.

Hérauts, vol. 1-22 (avril 1944 – mai/juin 1965), Montréal, Fides, 1944-1965.

Lectures, t. I-X (sept. 1946 – juin 1954) ; nouv. série, v. 1-12 (sept. 1954 – mai/juin 1966), Montréal, Service de bibliographie et de documentation de Fides, 1946-1966.

Lectures et bibliothèques : liste des ouvrages et brochures en librairie classés par ordre de sujets et par catégories de lecteurs, suivie d'un index des auteurs cités, Montréal, Service de bibliographie et de documentation de Fides, [1943 ?], 59 p. ; Montréal, Fides, 1944, 80 p.

Mes Fiches, 1re année, n° 1 – 23e année, n° 400 (mars 1937 – mai 1965) ; nouv. série, vol. 1, nos 1-10 (sept. 1965 – juin 1966), 24 vol., Montréal, Fides, 1937-1966.

Mes Fiches. Tables des matières, nos 1-60, 1937-1940, Montréal, Mes Fiches, 1940, 120 p. ; 2e éd. revue et corrigée, Montréal, Mes Fiches, 1940, 120 p. ; *Tables des années 1937-1942 (numéros 1 à 100)*, sous la dir. de Paul-Aimé Martin, Montréal, Fides, 1942, 162 p. ; 2e éd., Montréal, Fides, 1947, 162 p. ; *Tables systématique et analytique des années 1942-1945 (numéros 101-160)*, sous la dir. de Cécile Martin, Montréal, Fides, 1945, 67 p. ; *Tables systématique et analytique des années 1945-1949 (numéros 161 à 240)*, Montréal, Fides, 1949, 62 p. ; *Tables systématique et analytique des années 1949-1952 (numéros 241 à 270)*, Montréal, Fides, 1952, 47 p. ; *Tables systématique et analytique des années 1952-1957 (numéros 271 à 320)*, Montréal, Fides, 1957, 70 p.

Nouvelles de Fides, Montréal, Fides, nos 1-42, juillet 1965 – octobre 1977.

Un programme de lecture: bibliographie méthodique des principaux volumes et périodiques mentionnés dans Mes Fiches, Montréal, Mes Fiches, 1939, 16 p.

Livres, parties de livres, brochures et mémoires

Ferron, Jacques, « Du côté de chez Fides », *Historiettes*, Montréal, Éd. du Jour, 1969, p. 167-171.

« Fides », dans *Sainte-Croix au Canada, 1847-1947*, [Montréal], Imprimerie Saint-Joseph, 1947, p. 445-450.

Filion, Pierre, *Petite histoire de l'édition québécoise*, cahier n° 2 (Les Éditions Albert Lévesque et les Éditions Fides), Montréal, Services des transcriptions et dérivés de la radio de Radio-Canada, 1984, f. 5-12.

Giguère, Richard, « Alfred DesRochers et ses éditeurs: des relations d'affaires tendues », dans *L'Édition littéraire en quête d'autonomie. Albert Lévesque et son temps*, sous la dir. de Jacques Michon, Sainte-Foy, PUL, 1994, p. 13-24.

Hébert, François, « Analyse statistique de la revue *Hérauts*, publiée par les Éditions Fides, de 1944 à 1965 », mémoire de maîtrise (études littéraires), Université Laval, 1981, xiv, 160 p. + appendices.

Historique des Éditions Fides, 1937-1987, sous la dir. de Guy-Marie Bertrand *et al.*, Montréal, Fides, 1987, 59 p.

Lafrance, Hélène, « Fides, œuvre de propagande catholique », dans *L'Édition littéraire au Québec de 1940 à 1960*, sous la dir. de Richard Giguère et Jacques Michon, Sherbrooke, Université de Sherbrooke, 1985, p. 83-119.

Lepage, Yvan G., « Du manuscrit au livre imprimé: le cas du *Survenant* de Germaine Guèvremont », dans *L'Édition littéraire en quête d'autonomie. Albert Lévesque et son temps*, sous la dir. de Jacques Michon, Sainte-Foy, PUL,1994, p. 25-38.

Mes Fiches, *comment les classifier?*, Montréal, Éd. de la JEC, 1937, 32 p.

Michon, Jacques, « Traduction, édition et transfert culturel », dans *Nouvelles technologies, modèles sociaux et sciences de l'écrit*, actes du 13e colloque international de bibliologie et 2e colloque bilatéral algérofrançais publiés sous la dir. de Robert Estivals, Paris, SBS éd. / Delagrave, 1996, p. 263-270.

Quinze ans d'apostolat par le livre, 1937-1952, allocutions prononcées par le cardinal Paul-Émile Léger, Paul-Aimé Martin, Esdras Minville, Raymond Tanghe et Jean-Marie Laurence au Cercle universitaire, le 16 octobre 1952, à l'issue du dîner du xve anniversaire de Fides, [1952], 40 p.

Richer, Julia, *Fides, œuvre d'apostolat intellectuel, 1937-1962*, Montréal/ Paris, Fides, 1962, 73 p.

Villeneuve, J.-M.-Rodrigue, *Le Problème des lectures*, allocution prononcée le 28 mai 1946 à l'occasion de la bénédiction de l'immeuble Fides, Montréal, Fides, 1946, 27 p.

Articles

« Allocution du Dr Georges Durand », *Lectures*, t. VII, n° 1, septembre 1950, p. 18-23.

Barnard, Jacques, « Une carrière unique, le père Paul-Aimé Martin », *L'Église canadienne*, vol. 11, n° 21, 6 juillet 1978, p. 642.

« La bénédiction de l'Imprimerie Fides », *Lectures*, nouv. série, vol. 5, n°s 19-20, 1er-5 juin 1959, p. 289-290, 308-309.

Bernier, Conrad, « Fides reflète 40 ans de la vie québécoise », *La Presse*, 26 février 1977, p. D2.

Billon, Pierre, « La nouvelle revue *L'Élève*. Une aventure dans la pédagogie moderne », *Lectures*, nouv. série, vol. 10, n° 10, juin 1964, p. 267-268.

Champagne, Jean, « Fides a fêté son 15e anniversaire », *Lectures*, t. IX, n° 3, novembre 1952, p. 125-126.

[Champagne, Jean] (C.R.), « La Société Fides et la campagne du livre canadien », *Lectures*, t. IX, n° 2, octobre 1952, p. 65-67.

Charland, Roland, « Une de perdue, deux de retrouvées », *Lectures*, nouv. série, vol. 12, n°s 9-10, mai-juin 1966, p. 230.

Cloutier, Yvan, « L'incursion des communautés religieuses dans l'édition littéraire : les franciscains, les dominicains, les frères et les pères de la Congrégation de Sainte-Croix », *Papers of the Bibliographical Society of Canada / Cahiers de la Société bibliographique du Canada*, vol. 32, n° 2, automne 1994, p. 121-134.

DAVELUY, Marie-Claire, « L'organisation de la lecture chez nous. La revue *Mes Fiches* célèbre son dixième anniversaire, 1937-1947 », *Le Devoir*, 5 avril 1947, p. 8.

DURAND, Georges, « Fides-Paris, témoignage », nouv. série, *Lectures*, vol. 10, nº 10, juin 1964, p. 269-270.

FERLAND, Guy, « La revue *L'Élève* subirait de grandes transformations », *La Presse*, 26 mars 1963, p. 3 et 4.

FERLAND, Guy, « Un comité de la CECM demande l'interdiction de la revue *L'Élève* dans les écoles de Montréal », *La Presse*, 22 mars 1963, p.14.

« Fides a 40 ans », *Lettres québécoises*, nº 6, avril-mai 1977, p. 28.

« Fides et la Commission d'enquête sur le commerce du livre », *Lectures*, nouv. série, vol. 10, nº 2, octobre 1963, p. 53-54.

« Fides, une maison qui est en plein essor, entrevue avec le R.P. Martin, c.s.c. », *Le Devoir*, 30 octobre 1948, p. 22.

FOURNIER, Thérèse, « Les Éditions Fides », *La Revue populaire*, février 1945, p. 13.

GRANDPRÉ, Jacques de, « Fides lance des livres à Paris », *Le Devoir*, 16 décembre 1946, p. 7.

GRENIER, Raymond, « Après l'audition de Fides à l'enquête sur le livre, un éditeur laïc réclame que Québec mette fin à la concurrence des clercs », *La Presse*, 28 juin 1963, p. 35 et 39.

[HAMELIN, Jean] (J.H.), « Fides quittera le domaine de l'édition purement littéraire », *Le Devoir*, 29 septembre 1962, p. 15.

HUOT, Maurice, « Le Canada français et le livre. Au service de la vérité parmi le peuple », *Le Canada*, 28 juin 1943, p. 5.

LACOURCIÈRE, Jean, « La Société Fides en France et le rayonnement du Canada à l'étranger », *Lectures*, t. VIII, nº 9, mai 1952, p. 414-415.

LAPLANTE, Rodolphe, « *Contes populaires gaspésiens* de Carmen Roy », *Lectures*, t. IX, nº 1, septembre 1952, p. 33-34.

LECLERC, Rita, « Le Club des deux livres », *Lectures*, nouv. série, vol. 2, nº 10, 7 janvier 1956, p. 73.

LECLERC, Rita, « Le Club des deux livres du mois devient le Club canadien du livre », *Lectures*, nouv. série, vol. 4, nº 10, 15 janvier 1958, p. 145.

LECLERC, Rita, « Nos livres en ambassade », *Lectures*, nouv. série, vol. 4, n° 17, 1er mai 1958, p. 257.

LECLERC, Rita, « Les 25 ans de Fides », *Lectures*, nouv. série, vol. 9, n° 2, octobre 1962, p. 30.

« Lectures et bibliothèques », *Mes Fiches*, n° 121, 5 mars 1943, p. 1.

« M. Paul-A. Poirier, 25 ans de service », *Lectures*, nouv. série, vol. 8, n° 9, mai 1962, p. 275.

MAJOR, André, « Ciel de l'écrivain québécois. Les noces d'argent du Nénuphar », *Le Devoir*, 8 décembre 1969, p. 10.

MARCOTTE, Gilles, « Le coup de bambou », *Cité libre*, n° 20, mai 1958, p. 32-33.

MARTEL, Réginald, « Fides : 50 ans, 1935 titres originaux, 984 auteurs », *La Presse*, 21 mars 1987, p. E1, E6.

« *Mes Fiches*, une réalisation de la JEC au service de toute la masse étudiante », *JEC*, février 1937, p. 16.

MICHON, Jacques, « L'effort de guerre des éditeurs : L'Arbre et Fides, entre de Gaulle et Pétain », *Bulletin d'histoire politique*, vol. 3, nos 3-4, printemps-été 1995, p. 341-349.

MICHON, Jacques, « Jean-Rémi Brault, *Bibliographie des éditions Fides, 1937-1987* », *Papers of the Bibliographical Society of Canada / Cahiers de la Société bibliographique du Canada*, vol. 27, 1988, p. 122-124.

MONTPLAISIR, Albert, « *Mes Fiches* », *JEC*, janvier-février 1938, p. 13-15.

« Mystique », *Mes Fiches*, n° 16, 15 décembre 1937, p. 1.

O'NEILL, Louis, « Fides, un vaste effort de ressourcement intellectuel et spirituel », *L'Église canadienne*, vol. 10, n° 4, avril 1977, p. 122-123.

O'NEILL, Louis, « Une association étroite de la foi et du patriotisme, le 40e anniversaire de Fides », *Le Devoir*, 2 mars 1977, p. 5.

PINSONNEAULT, Jean-Paul, « L'édition littéraire chez Fides. Principes et réalisations », *Lectures*, nouv. série, vol. 10, n° 10, juin 1964, p. 260-261.

« Pour un succès c'est un succès [*Mes Fiches*] », *JEC*, avril 1937, p. 16.

« Retour d'Europe du directeur général de Fides, incorporation de Fides à Paris », *Le Devoir*, 11 juin 1949, p. 9.

RICHER, Julia, « Victor Martin : "Notre librairie ne présente que des livres choisis" », *Lectures*, nouv. série, vol. 10, n° 10, juin 1964, p. 265.

SAINT-GERMAIN, Clément, « Une collection pour jeunes : "Le Pélican" », *Lectures*, nouv. série, vol. 4, n° 8, 15 décembre 1957, p. 115-117.

SCULLY, Robert Guy, « Fides a 35 ans », *Le Devoir*, 2 mars 1972, p. 6.

STUCKER, Eugène, « Fides, œuvre des religieux de Sainte-Croix », *La Patrie*, 7 mars 1943, p. 10-11.

SYLVESTRE, Guy, « *Gants du ciel* », *Revue d'histoire littéraire du Québec et du Canada français*, n° 6, 1983, p. 65-67.

THÉRIAULT, Jacques, « Fides, le 30e anniversaire de la Collection du Nénuphar », *Le Devoir*, 25 avril 1974, p. 12.

TRUDEL, Clément, « Un homme et son œuvre : P.-A. Martin, éditeur », *Antennes*, n° 18, 1980, p. 41-45.

TRUDEL, Marcel, « Une œuvre date dans la mesure où elle répond à un milieu », *Lectures*, nouv. série, vol. 10, n° 10, juin 1964, p. 256-257.

« Une réalisation au service de la jeunesse étudiante [*Mes Fiches*] », *JEC*, mars 1937, p. 8-9.

V., A., « L'enquête la plus vaste jamais entreprise sur la littérature canadienne-française », *Lectures*, nouv. série, vol. 4, n° 7, 1er décembre 1957, p. 103.

V., R., « Les Éditions Fides à Paris », *Lectures*, nouv. série, vol. 4, n° 12, 15 février 1958, p. 190-191.

ENTREVUES

Entrevue avec le père Paul-Aimé Martin, c.s.c., émission « Dialogue », Radio-Canada AM, 5 juillet 1981, 10 min.

« L'éditeur de *Menaud* raconte... Entrevue avec le père Paul-Aimé Martin », propos recueillis par Aurélien Boivin, *Cap-aux-Diamants*, vol. 3, n° 4, hiver 1988, p. 35-36.

« La Collection du Nénuphar », entrevue de Luc Lacourcière avec Réjean Beaudoin, émission diffusée sur les ondes de Radio-Canada FM, réalisée par André Major, le 10 décembre 1984, transcription de Jacques Michon, 1993, 11 p.

Autres publications

Livres, parties de livres et mémoires

BÉLANGER, André-J., *Ruptures et constantes. Quatre idéologies du Québec en éclatement: la Relève, la JEC, Cité libre, Parti pris*, Montréal, Hurtubise HMH, 1977, 219 p.

BELLEFEUILLE, Pierre de, Alain Pontaut *et al.*, *La Bataille du livre au Québec, oui à la culture française, non au colonialisme culturel*, Montréal, Leméac, 1972, 139 p.

BOUCHARD, Maurice, *Rapport de la Commission d'enquête sur le commerce du livre dans la province de Québec*, Montréal, s.é., 1963, 250 p.

BOUVAIST, Jean-Marie, *Pratiques et métiers de l'édition*, Paris, Éd. du Cercle de la librairie, 1991, 384 p.

CATTA, Étienne, *Le Frère André, 1845-1937, et l'Oratoire Saint-Joseph du Mont-Royal*, Montréal, Fides, 1965, xxxv, 1146 p. + [54] p. de planches, cartes et portraits.

CAU, Ignace, *L'Édition au Québec de 1960 à 1977*, Québec, Ministère des Affaires culturelles, 1981, 229 p.

CHARBONNEAU, Robert, *La France et nous*, Montréal, Éd. de l'Arbre, 1947, 79 p.

CLÉMENT, Gabriel, *Histoire de l'Action catholique au Canada français.* Commission d'étude sur les laïcs et l'Église, deuxième annexe au rapport, Montréal, Fides, 1972, 331 p.

DUBOIS, Jacques, *L'Institution de la littérature*, Paris, Fernand Nathan, Bruxelles, Éd. Labor, 1978, 189 p.

DURAND, Marielle, « L'École de bibliothécaires de l'Université de Montréal, 1937-1962 », dans *Livre, bibliothèque et culture québécoise.* Mélanges offerts à Edmond Desrochers, s.j., Montréal, ASTED, 1977, p. 485-507.

Éditeurs transatlantiques. Études sur les Éditions de l'Arbre, Lucien Parizeau, Fernand Pilon, Serge Brousseau, Mangin, B.D. Simpson, rassemblées et présentées par Jacques Michon, Sherbrooke, Ex Libris, Montréal, Triptyque, coll. « Études sur l'édition », 1991, 245 p.

ESCARPIT, Robert, *Sociologie de la littérature*, coll. « Que sais-je? », 777, 8e éd., Paris, PUF, coll. « Que sais-je? » n° 777, 1992 (c1958), 127 p.

FARLEY, Paul-Émile, *Livres d'enfants*, Montréal, Clercs de Saint-Viateur, 1929, 99 p.

GENETTE, Gérard, *Seuils*, Paris, Seuil, coll. « Poétique », 1987, 392 p.

LACHANCE, Micheline, *Le Frère André. L'histoire de l'obscur portier qui allait accomplir des miracles*, Montréal, Éd. de l'Homme, 1980, 415 p.

LANDRY, François, *Beauchemin et l'édition au Québec (1840-1940). Une culture modèle*, Montréal, Fides, 1997, 367 p.

LÉGER, Jacqueline, « Bio-bibliographie du R.P. Paul-Aimé Martin, c.s.c. », Montréal, École de bibliothécaires, 1947, 36 p.

MADORE, Édith, *La Littérature pour la jeunesse au Québec*, Montréal, Boréal, coll. « Boréal Express », 1994, 127 p.

MORLION, Félix-A., *L'Apostolat de l'opinion publique*, Montréal, Fides, [1944], 274 p.

NYSSEN, Hubert, *Du texte au livre, les avatars du sens*, Paris, Nathan, coll. « Le Texte à l'œuvre », 1993, 188 p.

OTLET, Paul, *Traité de documentation : le livre sur le livre, théorie et pratique*, Liège, CLPCF, 1989 (réimpression de l'éd. de 1934), XVII, 443, [10] p.

Sainte-Croix, 150 ans de présence et de service, sous la dir. de Robert Morin, [Montréal], Imprimerie Bowne, 1997, 90 p.

VINCENT, Josée, *Les Tribulations du livre québécois en France (1959-1985)*, Québec, Nuit blanche éditeur, 1997, 234 p.

Articles

LES CAHIERS, « Le journal *JEC* », *Cahiers d'action catholique*, n° 2, novembre 1940, p. 39-42.

COUSINEAU, Jacques, « Un rapport à reprendre ? », *Relations*, mars 1964, p. 71-73.

DAVELUY, Marie-Claire, « L'École de bibliothécaires, son but, son enseignement », *L'Action universitaire*, vol. 11, juin 1945, p. 119-125.

DAVELUY, Marie-Claire, « L'École de bibliothécaires, son histoire, ses buts, ses initiatives », *Lectures*, t. III, n° 5, janvier 1948, p. 303-309.

DENIS, Louis, « L'industrie du livre français au Canada », *Notre temps*, 19 janvier 1946, p. 3.

DUHAMEL, Georges, « Manque à travailler », *Le Figaro*, 17 août 1945, p. 1.

GREENWOOD, Thomas, « Le Conseil catholique de la Presse canadienne », *Lectures*, t. V, n° 9, mai 1949, p. 532-534.

LEGAULT, André, « Un anniversaire : 20 ans au service de la Société catholique de la Bible », *Lectures*, nouv. série, vol. 10, n° 8, avril 1964, p. 221.

LEGAULT, Émile, « Notre aumônier [Émile Deguire, c.s.c.] », *JEC*, octobre 1936, p. 3.

MARTIN, Cécile, « Bulletin bibliographique de la Société des écrivains canadiens », *Mes Fiches*, n° 127, 5 juin 1943, p. 1.

MICHON, Jacques, « Croissance et crise de l'édition littéraire au Québec (1940-1959) », *Littérature*, n° 66, mai 1987, p. 115-126.

MICHON, Jacques, « L'édition littéraire saisie par le marché », *Communication*, vol. 12, n° 1, printemps 1991, p. 29-47.

PARÉ, Jean, « Oraison funèbre devant le cadavre du ridicule », *Cité libre*, 11e année, n° 26, avril 1960, p. 23-24.

PELLETIER, Gérard, « Chronique d'un défunt », *Cité libre*, 11e année, n° 27, mai 1960, p. 32.

PELLETIER, Gérard, « Rapport de la J.E.C. au conseil général de l'A.C.J.C. (12 octobre 1940) », *Cahiers d'action catholique*, n° 2, novembre 1940, p. 47-52.

« Le père Émile Deguire, c.s.c., soixante ans de sacerdoce », numéro spécial, *L'Oratoire*, vol. 70, n° 2, mars-avril 1981, p. 3-15.

POTVIN, Gilles, « Joseph Vermandere (frère Placide), 1901-1971 », dans *Encyclopédie de la musique au Canada*, [éditée par] Helmut Kallmann, Gilles Potvin et Kenneth Winters, Montréal, Fides, 1983, p. 1042.

« Le Problème des lectures », *Mes Fiches*, n° 48, 15 juin 1939, p. 753-768.

SAVARD, Pierre, « Pax Romana, 1935-1962 : une fenêtre étudiante sur le monde », *Les Cahiers des Dix*, n° 47, 1992, p. 279-323.

« Votre fiche Bouchard », *La Presse*, 5 septembre 1963, p. 14.

INDEX GÉNÉRAL

B

INDEX

C

Q

R

S

INDEX DES COLLECTIONS DE FIDES

TABLE DES MATIÈRES

AGMV
MARQUIS
Québec, Canada
1998